西南大学马克思主义学院出版基金资助

国家社科基金抗日战争研究专项重大项目"中国抗战大后方文献资料整理与研究"（项目编号 19KZD005）阶段性成果

四川消费合作社研究
（1931—1949）

熊斌◎著

九州出版社
JIUZHOUPRESS

图书在版编目（CIP）数据

四川消费合作社研究 ：1931-1949 / 熊斌著. -- 北京 ：九州出版社，2021.11
  ISBN 978-7-5225-0757-6

  Ⅰ．①四⋯ Ⅱ．①熊⋯ Ⅲ．①消费合作社－研究－四川－1931-1949 Ⅳ．①F721.2

中国版本图书馆CIP数据核字（2021）第259084号

四川消费合作社研究：1931-1949

作　　者　熊　斌　著
责任编辑　曹　环
出版发行　九州出版社
地　　址　北京市西城区阜外大街甲 35 号（100037）
发行电话　（010）68992190/3/5/6
网　　址　www.jiuzhoupress.com
印　　刷　北京旺都印务有限公司
开　　本　710 毫米 ×1000 毫米　16 开
印　　张　15.25
字　　数　210 千字
版　　次　2022 年 2 月第 1 版
印　　次　2022 年 2 月第 1 次印刷
书　　号　ISBN 978-7-5225-0757-6
定　　价　78.00 元

前　言

晚清以降，中国社会处于由传统向近代的转型时期，为西方各种思想在中国传播提供了丰厚土壤，合作思想即值此背景传入中国。20世纪20年代前后，一些知识分子纷纷翻译介绍合作思想，并进行了初步实践。四川近代意义上的合作思想可追溯至清末，即光绪年间杜用选提倡蚕业组合以改善蚕民生活，四川各学堂相继开设课程讲授产业组合，并产生了四川最早的合作讲义——"茶叶组合"讲义。成都普益书报室、农工合作储蓄社值此背景成立，后因政府压制与经营不善而失败。

抗战初期，民间舆论分析了20世纪20年代合作运动失败的原因，均不约而同地认为是政府未有合作立法保护所致。鉴于民间合作立法的舆论诉求与合作实践扶危济困的社会功效，南京国民政府于1934年颁布了《合作社法》，合作社因此获得了合"法"性地位。为复兴农村经济，国民政府遂将工作重心放在推进农村信用合作社发展方面，四川消费合作社发展水平因此较低。然而，民间舆论及国民党人士通过对三民主义与合作运动的关系梳理，最终确立了三民主义合作政策，为四川消费合作社的推进提供了政策依据。

七七事变前后，四川省作为抗战大后方的中心地位确立。虽然全国经济环境十分严峻，四川却在推动消费合作社发展方面存在着诸多有利因素：

首先，以李敬穆、伍玉璋为代表的合作专家出版刊物介绍消费合作理论与全国合作事业发展概况，为四川消费合作运动的开展提供了理论依据，筹组消费合作社的实践又提供了经验基础；其次，军阀混战的防区制时代结束，川政渐趋统一为消费合作社发展提供了良好的社会政治环境；最后，高校内迁、政府机构、工矿企业的内迁与沿海游资汇集成都、重庆等有利条件为四川消费合作社的发展奠定了人才基础与资金支持。与此同时，国民政府制定的统制经济政策、物价政策、免税政策与推行的节约运动协助了消费合作社平抑物价、调剂物资功效的发挥。

全面抗战阶段，人口相继内迁导致四川省人口压力与消费压力骤增。国民政府鉴于消费合作社平抑物价、调节物资等功效，开始"自上而下"大力推动消费合作社发展，先后制定了《四川省各县市公务员学校教师消费合作社推行办法》《消费合作社推进办法》《陪都及迁建区消费合作督导办法》等具体办法，逐渐形成了比较完备的法规体系。同时，中央地方合作行政体制的建立，组建与登记程序的监管，人才训练班的创办以及合作金融机关的贷款促进了四川消费合作社的快速发展。由于国民政府优先推动城镇公教消费合作社发展，四川消费合作运动因此呈现出明显的行业差异性与地域不平衡性的发展特点，即主要集中在以成都、重庆等市及其附属乡镇区域；部门行业以机关消费合作社发展最好，普通居民消费合作社因缺乏资金支持、管理不善而明显滞后。

在组织结构方面，消费合作社由社员大会或社员代表大会、理事会、监事会、社务会议构成。社员大会是消费合作社的最高权力机关，负责基本方针的拟定、重要事务的决策；理事会是业务执行机关，综理社内具体事务；监事会负责监督业务运营，三者相互依存。消费合作社确立了社内民主运营原则，建立了内部协商制度、选举制度、调控制度等权力制约机制。为方便物资分配与降低运营成本，消费合作联合社逐渐打破行政区域限制，与合作金融体制等形成了比较完善的消费合作组织网络。

在业务经营方面，消费合作社在政府法规下运营，资金主要来源于社股、主管机关提倡股与合作金融的贷款，社股是消费合作社运营基础资金，提倡股由城镇公教系统主管机关免费筹拨，在促进公教系统消费合作社迅速发展的同时，也是导致公教消费合作社过度依赖政府、独立性被削弱的直接原因。资金贫乏的乡镇消费合作社主要依靠合作金融贷款以维持基本运营，因贷款额度少以及诸多限制而难以为继。消费合作社运营在遵行现金交易、售价高于成本低于市价、禁止对非社员交易等原则的同时，实际还恪守"由小而大"、避免竞争、诚实守信、国货优先等经营原则。由于加强货物购运与物资分配监管，重视广告宣传，培训社职员，开展合作竞赛，发展公用、专营及兼营业务，一些消费合作社成效明显。就乡镇消费合作社而言，以重庆市沙坪坝消费合作社效益最好，这是它重视增进社职员感情、加强财务收支管理、注重业务训练等诸多因素综合作用的结果。然而，大多数消费合作社普遍存在资金短缺、经营不善等诸多问题。

总之，四川消费合作社的运营减轻了民众生活负担，发挥了平抑物价的功效，特别在配合战时统制经济政策实施、稳定四川社会秩序等方面成效明显，为抗战胜利做出了巨大贡献。由于社会经济政治环境恶化、金融机关支持乏力、管理人才缺乏以及社职员合作意识淡薄等因素的影响，全面内战爆发后的四川消费合作社日渐式微。随着国民党当局退踞台湾，四川消费合作运动也黯然淡出了历史舞台。

目 录

绪　　论

　　从鸦片战争到抗日战争、解放战争，中国民众不断探索各种救国之道，希望实现中国独立与富强。国人向西方学习探索的历程，也是中国与世界接触改造中国、实现近代化的过程。在这一历史进程中，国人自古以来重农抑商的观念开始消退，以商立国的观念逐渐盛行，中国经济重心由此也开始了农村自然经济向城镇商业经济的转换。随着城镇商业化进程的不断加快，人口聚集众多的城镇如何维持正常运转逐渐成为政府、社会关注的焦点。抗日战争爆发后，中国沿海沿江大城市相继沦陷，战时经济中心转移至四川、云南、贵州等西南省份，军事压力与人口压力的剧增迫使国民政府开始思考如何采取有效手段保证战时军民最基本的生活需要问题。鉴于消费合作社平抑物价、调剂物资的经济功效，国民政府制定了各种优惠政策鼓励城镇消费合作社发展，以实现战时物资的优化配置，满足战时军民最基本的物资生活需要。

一、选题缘起

　　自人类活动初始，即有互助合作，它是人类抵抗自然、征服自然的本能需要。互助与合作二者关系紧密，互助即"互相扶持协助"之意，"互助是合作的精神基础，合作是互助之力的表现，两者互为表里而密不可

1

分"。① 关于合作记载，中国古已有之，如《周礼·地官司徒》记载："令五家为比，使之相保；五比为闾，使之相爱；四闾为族，使之相葬；五族为党，使之相救；五党为州，使之相周；五州为乡，使之相宾。"意即以比、闾、族等为单位"相爱""相葬"与"相救"，本质上就是加强生产、消费、分配合作以济时困。② 公元584年，工部尚书长孙平奏请隋文帝鼓励各地普设义仓防止水旱灾，通过"劝课出粟及麦于当社造仓窖贮之"，遇饥荒"以此谷赈给"。按合作史专家蒋玉珉先生的研究，隋唐以后普设的"社仓"即可视为"消费合作社的萌芽"。③ 随着时代不断变迁，互助合作救济的思想成为中华民族传统美德中的重要组成部分，危难之际的互助合作实际承担了扶危济困的社会功能。

近代以来，有识之士为挽救国家危亡，开始向西方探求救国之路，合作经济思想即在此种背景下传入中国。20世纪20年代前后，游学欧美日的社会精英们先后出版刊物介绍西方各派合作思想，华北、东南各省市一些知识分子按合作经济原则相继组织成立各种合作经济组织，希望避免流通环节中间商的盘剥，进而真正保障弱者经济利益及其最基本的生活需要。因合作经济思想倍受舆论推崇，由华北、东南各地迅速向其他省市扩散，地处偏远的四川省也投以持续关注，同时进行了初步实践。一般认为，20世纪20年代的成都农工合作储蓄社是四川合作事业之肇端。事实上，四川对合作的关注可追溯至清末。光绪末年，曾游学日本的酉阳县合作专家杜用选早即提倡蚕业组合以"改进蚕丝，增加生产，发展外销，夺我市场"，1908年，杜用选撰成《蚕丝业团体组织法》力倡蚕业合作，1909年，四川公立法学堂讲授信用组合、购买组合与生产合作等课程，并产生了最早的合作讲义——"茶叶组合"讲义。在合作思想影响下，成都市聚兴银行职员伍玉璋、甘焕名、冯月樵等受薛仙舟思想影响组设普益书报室，出

---

① 严芬芬主编《合作经济理论与实务》，北京出版社，1990年，第1页
② 蒋玉珉《合作经济思想史论》，安徽人民出版社，2008年，第6页
③ 蒋玉珉《合作经济思想史论》，安徽人民出版社，2008年，第10—11页

版部相继刊印合作期刊宣传合作思想，成都农工合作储蓄社即是值此背景下成立。① 可见，四川合作思想倡导甚早，虽受东南沿海影响较大，同时也有其自身的发展理路，因此具有重要的学术研究价值。

1935 年川政统一后，国民政府的倡导与支持推动合作运动进入了新的历史发展时期。为适应"剿匪"与发展农村经济需要，国民政府通过国家立法对合作社加以规范控制，同时期望消费合作社发挥平抑物价、调剂物资功效，并制定了相关政策推动消费合作社发展。在战时社会政治经济环境中，国民政府厘定的各种法规，制定的各项措施办法为消费合作社发展提供了制度保障。在消费合作社运营过程中，外部经营环境以及内部组织结构安排均不同程度地影响着经营效益，治理结构设置是否科学合理、社职员合作意识淡薄与否、经费是否充足、运营原则是否适应战时需要等均有深入挖掘探讨的必要。

目前关于消费合作社的研究还多集中于新中国成立初期的探讨，不过随市场经济的发达而渐趋冷落，研究成果也十分有限。抗战时期、解放战争时期农村城镇消费合作社研究更为学界所忽视，即使有一些零星论文，也仅是集中在对中共革命根据地消费合作社的研究上。从国统区合作运动研究来看，学术界主要关注的是农村合作运动，研究也主要集中于农村信用合作社与生产合作社两方面，农村及城镇消费社完全为学术界所忽略，宏观微观研究均是凤毛麟角，因此实有进行探讨的必要。本书通过对档案资料及当时杂志的梳理，希望能延伸合作运动研究范围，对当前的合作运动研究做一些有益补充。

七七事变后，国民政府迁都重庆，四川战时经济政治中心地位完全确立。随着高校、工厂、公务机关内迁，人口与消费压力剧增的四川粮食供应日趋紧张。鉴于消费合作社避免中间商盘剥、平抑物价之功效，国民政府厘定法规政策鼓励消费合作社发展，四川省消费合作运动因此进入了

---

① 伍玉璋《四川省合作建设之实际及其问题》，《合作事业》，1941 年第 3 卷第 1—4 期，第 42 页

快速发展时期。由于四川省市县及附属乡镇分布特征与西南其他省市颇为相似，因此研究四川省市消费合作运动可为我们提供了解大后方城镇公教系统、普通居民生存样态的窗口，进而展现四川人民为抗战所做出的巨大贡献。

研究战时消费合作社仍具有重要的现实意义。1949年国民党当局退踞台湾之后，其推行的消费合作运动并未因此而中断，反而在台湾继续推行，普遍设立的消费合作社自主性更强，经营效果更好，在推动台湾地区政治经济发展方面作用明显。中华人民共和国建立之后，中国共产党以马克思主义合作思想为指导，借助消费合作社优化资源配置、推动社会经济发展。尽管台湾与大陆社会政治经济政策取向各异，但均不约而同采取消费合作社解决经济问题，说明消费合作社仍具有较强的现实适应性。因此，梳理战时消费合作社有助于我们了解现当代消费合作运动的历史发展轨迹，还可为当前依然存在的消费合作社运营提供一些有益启示。

二、研究现状及资料来源

进入20世纪八九十年代，学界开始关注合作运动研究，相关资料收集整理逐渐增多。抗战初期的合作运动史料载于《革命文献》的第84—87辑，收录了国民政府及所属机关拟定的合作事业发展方针政策；七七事变后的史料则主要收录于《革命文献》第96—101辑之中。另外，杨德寿主编的《中国供销合作社史料选编》第三辑（中国财经出版社，1986年）、《中华民国档案资料汇编》（第五编），荣孟源所主编的《中国国民党历次代表大会及中央全会资料》（上下）等也收录了相关史料，这些史料集成为合作运动史研究的重要资料来源。蒋玉珉先生的《合作经济思想史论》（安徽人民出版社，2008年）第二章第一节、第五章对消费合作思想与国民政府消费合作实践进行了简单梳理，赖建诚《近代中国合作经济运动》（台北中正书局，1990年）是近些年来研究合作运动的重要参考资料。张绍俊的《马克思主义合作制思想发展史》与米鸿才的《合作社发展简史》（中央党校出版社，1988 年）均属通论性著作，脉络梳理清晰，虽对消费合作涉及甚少，却有利于本书谋篇布局。

　　近些年来，学界对民国时期消费合作研究甚少，现有研究大多将重点放在农村合作运动方面，相关论文期刊亦复不少，此不一一列举。就硕博论文而言，诸如谷秀青《近代农村信用合作社的制度分析（1928—1940年）》（华中师范大学，2005 年硕士论文）探析了南京国民政府时期农村信用合作社制度流变，从合作社内部组织形式、经营方式、管理形式等方面进行了剖析，指出了合作社发展的现代性特征。其他还有孙少柳的《南京国民政府的农村合作运动与乡村社会变迁研究》（湖南师范大学，2007 年硕士论文），郗玉松《国民政府的农村合作运动研究——以乡村借贷关系的变动为中心》（广西师范大学，2006 年硕士论文），闵帅《近代两种农业合作运动之比较研究》（湘潭大学，2003 年硕士论文），李莉《南京国民政府时期农村合作运动研究——以农村金融合作为中心》（南京师范大学，2002年硕士论文），雷芳《论南京国民政府的农村合作运动》（河南大学，2002年硕士论文），侯春华《论抗日根据地的农业互助合作运动》（郑州大学，2007 年硕士论文）等等。农村合作运动的研究深化还体现在区域性农村合作运动的研究成果越来越多。如张永刚《试论抗日战争时期晋察冀边区的合作社经济》（河北大学，2003 年硕士论文）一文对中共合作社组织管理原则、经营方式等进行了考察，认为边区合作社经济活动既有自己的组织方式和运行特色，相互之间发生了联系，促进了边区农村经济发展，支持了公营经济与战时供给，还推动了边区文教卫生等事业发展。周铁军《民国时期江苏省农村合作运动发展研究》（南京农业大学，2008 年硕士论文）对民国时期（1927—1937 年）江苏省农村合作运动进行了考察，分析了兴起历史背景和发展历程，阐明了支撑合作运动的资金来源和历史作用，认为农村合作运动有助于改造社会风尚、改善农村经济与农村金融、增加农民收入，此文还对制约因素进行了分析。此外，还有万勇《民国时期安徽的农村合作运动——以和县乌江为中心的个案分析》（安徽大学，2007 年硕士论文），魏本叔《近代江西农村合作运动述论》（江西师范大学，2003年硕士论文）。关于四川省合作运动的研究，王辉秀《二十世纪三四十年代四川省三台县合作社研究》（四川师范大学，2006年硕士论文）一文介绍了三台县农村合作社发展情况，分析了合作社相关人员及组织构成、合作社借款、合作社业务与成绩等；成功伟《抗战时期川省农村合作运动研究》（四川大学，2004年硕士论文）一文从整体上对四川农村合作运动进行了考察，此文概述了战时合作行政、合作金融以及合作教育基本概况，在肯定积极作用同时也指出了存在的严重弊端，这两篇硕士论文是研究四川农村合作运动的较好成果，虽对消费合作社略有提及，但未对城镇公教系统、普通市民消费社进行阐释。博士论文方面，李玉敏《民主革命时期国共两党合作社经济政策比较研究》（东北师范大学，2007年博士论文）一文对国共两党合作政策演变规律进行了比较研究，从静态政策文本层面与政策实践层面进行比较研究，分析了国共两党合作理论与政策的共性与差异性；朱永《中国早期的合作经济思想：1918—1937》（北京大学，2000年博士论文），张士杰《近代农村合作经济的理论与实践研究（1918—1937）》（南京农业大学，2008博士论文），赵泉民《政府·合作社·乡村社会——国民政府农村合作运动研究》（上海社会科学院出版社，2007年）以及成功伟、周海峰《合作组织与乡村社会：民国时期四川农村合作运动研究》（四川大学出版社，2017年）等是近年来研究抗战前后农村合作运动的代表性论著，资料翔实，论证深刻，在资料查找与写作方法方面给予本书诸多启发，但因以农村合作运动为考察主体，对消费社仅是略有提及。

就抗战前后消费合作社研究而言，学术期刊论文方面，仅有吴正详《安源路矿工人消费合作》（《金融博览》，2007年第7期），王卫斌《苏区消费合作社与红色股票》（《党史文苑》，2009年第21期），周重礼《闽浙赣省苏区的红色股票》（《党史纵横》，2004年第4期）及《七十年前的"红色股票"》（《档案与史学》，2004年4期），谨言、中流《土地革命战争时期闽西根据地消费合作社》（《福州大学学报》，1996年第2期），陈意新

《二十世纪早期西方合作主义在中国的传播与影响》(《历史研究》，2001 年第 6 期)，赵泉民《"主义"话语与 20 世纪中国合作经济思潮的兴起》(《东方论坛》，2005 年第 1 期)，柳镛泰《农民协会和合作社：走向民粹主义》(《"1920 年代的中国"国际学术研讨会论文集》，2004 年，第 628—640 页)，刘宝联《闽西第一个消费合作社》(《福建党史月刊》，1985 年第 5 期)，毛传清《论五四前后合作主义在中国的传播》[《华中师范大学(哲学社会科学版)》，1997 年第 11 期]等些许论文，这些论文对合作主义、早期消费合作社与红色股票进行了初步考察，然而对抗战时期、解放战争时期基本未予涉及。

事实上，研究合作运动的高潮应属民国时期。有关翻译介绍、研究性著较多，诸如：中国合作学社编辑《中国之合作运动》(黎明书局，1947 年 7 月)，郑厚博著《中国合作运动之研究：中国之合作运动》(农村经济月刊社，1936 年 4 月)，王世颖著《合作运动》(浙江省党务指导委员会宣传部总务科，弘文印书局，1928 年 11 月)，喻志东著《我国工业合作运动》(黎明书局，1930 年 1 月)，季德著、吴克刚编译《俄国合作运动》(商务印书馆，1931 年)，中国合作事业协会编《抗战以来之合作运动》(中国合作事业协会出版，1946 年 5 月)，侯哲荪著《农村合作运动》(黎明书局，1931 年)，斯密斯·戈登著、王世颖译《丹麦合作运动》(中国合作学社，1929 年 12 月)，爱琳诺霍芙著、赵恩廊译《印度合作运动》(商务印书馆，1939 年 7 月)，卫惠林译《世界合作运动》(民智书局，1929 年 11 月)，尹树生著《世界合作运动史》(中华书局，1937 年 9 月)，万行浩、谭天愚著《世界合作运动百年史纲》(合作与农村出版社，1945 年 6 月)，张辅良著《国际智识合作运动史》(商务印书馆，1929 年 10 月)，J.P Warbasse 著《合作运动与世界改造》(中央合作金库，1948 年 5 月)，苏淮特别区合作社联合会编《合作运动辅导者必携》(苏淮特别区合作社联合会，1943 年)，寿勉成、郑厚博著《中国合作运动史》(正中书局，1937 年 3 月)，吴克刚著《法国合作运动史》(商务印书馆，1933 年 12 月)，陈仲明、罗虔英著《世界大战中各国合作运动总检阅》（合作供销月刊社，1943年1月），王世颖译《世界合作运动鸟瞰》（第二版），童玉民《合作运动纲要》（新学会社，1931年7月），基特著、郭竞武编译《农业合作》（商务印书馆，1931年10月），朱朴《评合作运动》（南华丛书社，1932年11月），方显廷著《中国之合作运动》（天津南开大学经济学院，1934年5月），日本评论社编《日本之合作运动》（正中书局，1933年5月），张镜予著《中国农村信用合作运动》（商务印书馆，1930年初版），陶番姆（Topham,E.）、霍乌（Hough,J.A.）著、章元善译《英国合作运动》（商务印书馆，出版年不详），胡品芳、程芳译《意大利合作运动》（民智书局，1930年11月），王志薪编著《印度农村合作运动》（黎明书局，1933年11月），王云五主编《东方文库续编·现代合作运动》（商务印书馆，1933年12月），卢广绵著《半年来西北区工业合作运动的开展》（中国工业协会西北区办事处出版，出版年不详），寿勉成《合作与国民经济建设》（1943年4月），季德著、吴克刚译、何炳松等主编《英国合作运动史》（商务印书馆，1931年2月），中国国民党中央执行委员会宣传部《合作运动宣传纲要》（《民国丛书》编辑委员会，1929年4月影印），都德·班色著、彭师勤译《班色论合作主义》（合作与农村出版社，1943年6月），王振武编《合作概要》（商务印书馆，1947年8月），泽村康著、唐易庵，孙九录译《苏俄合作制度》（商务印书馆，1935年11月），寿勉成编《中国合作经济问题》（正中书局，1938年6月初版），徐渊若编著《日本之农村合作与农业仓库》（商务印书馆，1936年8月），行政院新闻局编《一年来的我国合作事业》（出版社、出版地不详），伍玉璋编《中国合作运动小史》（中国合作学社，1929年12月），侯哲荪著《合作运动之理论与实际》（上海太平洋书店，1929年4月），许心武译《建筑合作运动》（民智书局，出版年不详），社会部合作事业管理局编《合作行政》（中央训练委员会，1943年5月），行政院新闻局《中国合作事业》（行政院新闻局，1948年4月），王武科著《战时合作事业》（正中书局，1941年）等，这些论著对国内外合作运动思想与实践进行了大量的翻译介绍。抗战时期，随着一些合作专家学者对合作思想研究渐趋系统深入，对消费合作的专题研究也日渐增多。

在20世纪20—40年代，关于消费合作的研究，无论是简单译介，还是创见性专论，成果甚多。主要有王效文著《消费合作》（商务印书馆，1929年10月），侯厚培著《消费合作浅说》（中国合作学社，1929年4月），王效文编译《消费合作纲要》（商务印书馆，1924年4月初版、1926年6月再版），谢允庄著《消费合作簿记》（中华书局，1947年7月）以及翻译过来的本位田祥男著、林骙、唐敬杲编译《消费合作运动》（商务印书馆，1924年7月），奥本松治著、孟昭杜编译《日本消费合作年表》（汉口国华印务公司，1934年），第三战区合作社物品供销联合办事处编写《怎样组织消费合作社》（第三战区合作社物品供销联合办事处，出版年不详），屠绍祯著《消费合作之经营》（正中书局印行，1947年7月），陈维藩著《消费合作之研究》（上海教育日报馆，1936年），于树德著《消费合作社之理论与实际》（中华书局，1932年11月），侯哲荪著《消费合作原理》（大东书局，1929年11月）及《消费合作经营论》（太平洋书店，1930年2月），吴藻溪著《消费合作经营论》（农村科学出版社，1940年），章鼎峙著《消费合作社发票制度之研究》（中国合作学社，1933年），基特著、楼同荪、于能模编译《消费协社》（商务印书馆，1927年6月初版）等，这些资料大部分来源于高等学校中英图书数字化国际合作计划中的图书资料，蕴藏着丰富信息。然而据笔者所见，学界未加利用，因此有进一步深入挖掘的空间。就1941年前四川消费合作的概况介绍涉及的论著有许昌龄编《四川合作事业概览》（四川省合作事业管理处编印，1941年）与重庆市社会局编《重庆市合作事业一览》（重庆市社会局，1940年）两书，资料弥足珍贵。

此外，当时一些报刊对消费合作多有论及，也是本书研究的重要资料来源。主要有：《东方杂志》《现代评论》《合作月刊》《合作事业》《合作事业月刊》《重庆合作》《新新新闻》《消费合作》《四川省合作通讯》《四川合作》《合作业务通讯》《成都市政府月刊》等。当然，四川省档案馆、成都市档案馆、重庆市档案馆、重庆市图书馆与重庆市图书馆地方文献室所藏消费合作资料，同是本书研究的资料基础。

三、若干概念界定

1935年川政统一之后，四川合作运动开始由统一合作行政机关负责推进，四川真正意义上包括消费合作在内的合作运动由此逐步发展，一直到抗战胜利结束是其发展的黄金时期。直至全面内战结束的1949年，四川消费合作社才逐渐淡出历史舞台，本书因此主要以1935年至1945年作为研究时段。

至于四川这一地理空间概念，笔者根据战时行政区域作为基准，将战时地位特殊的重庆市纳入四川省这一地域范畴进行考察。又因这一时期消费社主要集中于市、县、乡镇，特别是集中于中心城市及所属乡镇与县市公教系统，县镇之下的农村实际筹建消费社甚少，加之囿于资料散乱与收集困难，本书仅以中心城市成都、重庆及所辖乡镇作为探讨的主要地域。

为行文方便、避免概念混淆，有必要对几组概念进行界定。

（一）合作社与消费合作社

合作社是近代资本主义发展到一定历史阶段的产物，所形成的合作思想以罗虚戴尔原则为典型代表。罗虚戴尔原则可归纳为民主管理，社员出入社自由，实行一人一票制，遵循现金交易原则、市价或低于市价原则、按交易额分配原则、政治中立原则等，按此原则组织的经济组织即为合作社。具体而言，合作社就是"将合作的原理应用到经济制度上，以'社团'的形式来从事经济活动"，强调以人为本，"在互助组织之基础上，以共同经营方法，谋社员经济利益与生活之改善，而其社员之人数及股金总额均可变动之团体"。总之，合作社是"集合经济上的弱者于一处，以从事其经济利益和生活改善"。①

消费合作社在罗虚戴尔原则基础之上建立。1937 年，"国际合作社原则"即据此制定而成，它包括："（1）会员入会退会自由；（2）民主经营；（3）分红按利用量计算而不按出资金多少计算；（4）对分红的比例要有限制；（5）对政治及宗教持中立态度；（6）用现金买卖；（7）促进教育"。② 按此原则组成的消费合作社也是"群众性的社会经济组织"，它既是一种"社会运动"方式，"也是合作经济的一种形式"。③ 本书讨论战时消费合作社主要是指城镇公教系统、居民消费社，不包括农村消费社；④ 城镇消费社是指"谋其消费上之利益所组织之团体，由此团体批购消费用品或生产消费用品，依市价或比市价低廉之价，以售卖于其团体员，将来结算有盈余，除提出一部充公积金及谋社员共同福利之基金外，余额仍按购买额之多寡退还给各团体员"。⑤

（二）合作经济

合作经济是"资本主义经济发生矛盾而成长的民主经济运动"，⑥ 是劳动者在自愿互助和平等互利基础上，按照合作社原则建立的共同入股、联合经营的经济组织形式，它试图直接沟通生产者和消费者之间的联系，以避免中间商的从中盘剥，进而维护生产者与消费者两者的经济利益；它以自愿联合劳动为基础，遵循入股退股自由与民主平等原则，是各种合作社经济活动的综合。需要指出的是，本书行文过程提到的"合作社""合作经济""合作运动""合作主义"等，最初均以消费合作社为对象进行设计，包括消费合作组织及思想的双重面相。

---

① 《合作社的一般概念》，《合作法规》，四川省档案馆馆藏，第 314、316 页
② 李铁桥《消费与生活——消费合作运动》，中国工人出版社，1993 年，第 7 页
③ 李铁桥《消费与生活——消费合作运动》，中国工人出版社，1993 年，第 1 页
④ 农村消费合作"是集合农村中大家的经济力，以求得价廉物美的消费品，免除中间商人的剥削"，也称农村购买合作社。参见王世颖《农村经济及合作》，黎明书局，1934 年，第 231 页
⑤ 于树德《消费合作社之理论与实际》，中华书局，1932 年，第 1 页
⑥ 陈仲明《合作经济学》，中国合作经济研究社，1947 年，第 1 页

四、本书结构安排

本书主要围绕以下几个部分论述，绪论部分介绍选题缘由、研究现状，并对时间地域、消费合作等概念进行界定，叙明结构安排，具体思路如下：

第一章为中国消费合作事业的兴起。西方消费合作思想是资本主义发展到一定阶段的产物，罗虚戴尔原则是消费社成立的基本依据。五四时期，中国知识分子积极宣传翻译介绍消费合作思想，并进行了初步实践；南京国民政府建立后，合作运动上升到国家政策层面加以实施，推动了消费合作社的发展。

第二章为四川消费合作社的发展。四川消费合作社在内迁人口骤增与消费压力大的条件下发展，早期有识之士的合作实践与消费合作理论的介绍为四川消费合作运动的推进奠定了实践依据与理论基础。同时，由于川政统一、合作人才与游资增多等有利条件，四川消费合作社进入快速发展时期。

第三章为国民政府消费合作政策及法律法规。为推动消费合作社发展，国民政府建立合作行政指导机关加强管理，在设立合作讲习会培养合作人才的同时，还制定了物价政策、统制经济政策及其他配合消费合作社发展的优惠政策，消费合作社平抑物价、调剂物资的功能也配合了相关经济政策实施；国民政府又制定了法律法规来规范合作社运营，登记、视察督导等制度的建立提供了良好的制度环境。

第四章为四川消费合作社的治理结构。消费合作社社员出入社均有严格规定；消费合作社、联合社设置社员（代表）大会、理监事会、联席会议解决社内外事务，逐渐形成了比较完善的内部制约机制。

第五章为四川消费合作的经营管理。因社务管理混乱严重影响业务经营，社会舆论与政府人士均主张将工作重心放在社务管理上；禁止消费合作社对非社员交易，但与非社员交易普遍存在；运营经费主要来源于社股、贷款及提倡股，机关消费合作社因有提倡股与贷款优先权而发展迅速，乡镇社发展则相对滞后；经营区域以城镇行政区域划分为主，货品价格一般按照高于成本、低于市价原则售卖；消费合作社在严格执行盈余分配方案、会计制度的同时，还遵循具体的经营原则；由于重视运用广告宣传、提高营业员素质、开展合作竞赛、训练业务人才、发展公用、专营与兼营业务，一些消费合作社取得了较好成绩；因国民政府采取重点扶植城镇公教系统消费合作社发展的政策，消费社呈现出明显的行业差异性与区域性发展不平衡性等特征。

第六章为个案研究——以重庆市沙坪坝消费合作社为中心的考察。重庆市沙坪坝消费合作社是乡镇消费合作社发展甚好的典型代表，存续时间长，经营状况良好；由于注重社职员品德、融洽社职员感情、加强财务收支管理与供货监管，并严格按照章程规则办事，沙坪坝消费合作社因此发展成为国统区内经营状况最好的乡镇消费社。

第七章为四川消费合作社的历史意义与现实困境。战时四川消费合作社一定程度上平抑了物价、调剂了物资供应，还培养了社员爱国感情。与此同时，监管不力、资金贫乏、人才缺乏等诸多因素制约了消费社的发展。

结语在总结全书基础上，总体考察政府与消费社互动关系，阐释四川消费合作社的历史局限与历史意义。

第一章　中国消费合作事业的兴起

合作运动在近代中国的兴起，是清末民初有识之士为挽救民族危亡向西方学习社会经济思想的结果，发端于清末京师大学堂开设"产业组合课"。五四前后形成了译介合作思想的高潮，知识分子还进行了初步实践，但终因政府压制与经营不善而失败。南京国民政府成立之后，鉴于合作社的社会政治经济功效，加快立法步伐以保护合作社发展；同时，国民党人对三民主义与合作运动关系的梳理渐趋成熟，最终形成三民主义合作政策，这些因素成为推动战时四川消费合作社快速发展的重要原因。

第一节　近代西方消费合作思想发展历程

一、空想社会主义与合作思想

近代西方消费合作思想萌芽于空想社会主义学说。众所周知，19世纪工业革命使世界经济发生了巨大变化，机器被大量使用，生产效率明显提高。然而机器的使用并未改变工人生活窘况，资本主义的基本矛盾日益暴露，空想社会主义者对此进行了猛烈批评，要求进行改造。他们一方面通过罢工与资本家进行斗争，另一方面通过组织合作社避免资本家剥削，满足工人最基本的物质生活需要。合作社思想逐渐成为空想社会主义者改造社会的重要社会经济思想。

空想社会主义者的奠基人是英国的莫尔。英国圈地运动迫使农民离开土地、沦为雇佣工人，莫尔在此环境下写成《乌托邦》一书，在对资本主义制度进行无情鞭笞的基础上，希望建立消灭私有制的理想社会，初步奠定了空想社会主义学说。18世纪的法国人格拉古·巴贝夫力主张推行国民公社制度，在财产共有基础上，依靠公社优越性与共和国支持促使私有者自愿放弃财产而加入公社，实现"社会公正地对待一切人"的目标。[①]19世纪初，空想社会主义者傅立叶、欧文、威廉·金等开始将合作思想作为解决社会问题的重要工具，思考因此也日渐深入。

法国合作运动的倡导者以傅立叶最为有名。有着经商经历的傅立叶认为"生产对于人类来说，已经成为一种阴险的礼物和对本性的嘲弄，甚至是一种惩罚。因为它使生产所依靠的雇佣工人和奴隶阶级陷于绝望的境地"。[②]为改变此种状况，他强调工人必须进行协作，"协作精神就是它的特点"。[③]在傅立叶合作思想中，"协作精神"的组织表征即是"法郎吉"。按傅立叶设想，法郎吉人数限定1620人，设厨房、餐厅、工厂、学校、旅社和交际厅。[④]作为最高权力机关的评判会负责日常事务和公共福利事业，管理处内各小组有权"自己决定本组的工作"。至于生产方面，法郎吉以农业为基础，工业位居次要地位，它是"农业的附属和补充"，反对过度重视工业、轻视农业；商业方面完全交由政府掌控，法郎吉不得兼营。[⑤]股金金额与报酬分配方面，法郎吉"由自由以资金入股的人组成，报酬分配应当分红化，在扣除最低的生活资料后，剩余实行按劳（劳动占十二分之五，才能占十二分之三）和按股（占十二分之四）相结合的分配原则，并

---

① 吴易风《空想社会主义经济学说简史》，商务印书馆，1975年，第66页

② 《傅立叶选集》第四卷，商务印书馆，1964年，第247页

③ 《傅立叶选集》第三卷，商务印书馆，1982年，第93页

④ 白东明《空想社会主义者代表著作评价》，吉林人民出版社，1984年，第217页

⑤ 白东明《空想社会主义者代表著作评价》，吉林人民出版社，1984年，第219、220页

留有节余实行积累"。公职人员通过民主方式选举产生，社员拥有建议批评之权；还规定"每天工作应该变动八次，每样工作的兴趣不能超过 1—2 小时；……分工应照顾到性别和年龄，劳动者应自由选择工作；在新秩序中，劳动者应保持最低限度的满足，享有幸福保障"。[①]1832 年，傅立叶及门徒开始将合作理论应用于实践，计划募集股金 2400 股，每股 500 法郎，但结果仅募集 31.8 万法郎，参加者仅 150 人，支撑不到五年即以失败而告终，[②]但我们从中可以看出，法郎吉已经具备合作社的雏形，并为后继者走向实践奠定了理论基础。

欧文是英国合作思想的积极倡导者。他在猛烈抨击资本主义私有制的基础上意识到，创造财富与消费额度之间存在的利润是对工人的不尊重，他为此主张通过集体劳动、共同分配方式加以改造。1816 年，英国工厂大量倒闭，工人生活困苦不堪，欧文关注焦点转向如何消除工人失业现象；1817 年，他在《致工业贫民救济委员会的报告》中力主建立合作新村解决贫民住宿问题；到 1820 年时，欧文合作认识渐趋成熟，主张公社须在财产公有基础上建立，强调私有制"过去和现在都是人们所犯的无数罪行和所遭受的无数灾祸的原因"，[③]"在理论上是那样不合正义，而在实践上又同样不合乎理性"。[④]但欧文并不主张立即废除私有制，认为可在一定条件下加以保留，[⑤]并通过建立合作工厂予以改造。1821 年，欧文组织合作社经济协会，1824 年，赴美建立了第一个示范性公社——"新协和"，根据"联合劳动、联合消费、联合保有财产和特权平均建立"，[⑥]每一公社"形成一个由农、工、商、学结合起来的大家庭"，[⑦]实行财产共有，社内职员权责

---

① 蒋玉珉《合作经济思想史论》，安徽人民出版社，2008 年，第 53、54 页
② 蒋玉珉《合作经济思想史论》，安徽人民出版社，2008 年，第 54 页
③ 《欧文选集》下卷，商务印书馆，1965 年，第 13 页
④ 《欧文选集》下卷，商务印书馆，1965 年，第 14 页
⑤ 蒋自强、张旭昆、袁亚春、王如芳《经济思想通史》（第二卷），浙江大学出版社，2003 年，第 306—307 页
⑥ 《欧文选集》上卷，商务印书馆，1965 年，第 320 页
⑦ 《欧文选集》上卷，商务印书馆，1965 年，第 129 页

平等；"通过简易、正常健康和合理的工作，生产出满足其消费欲望还有余的为数极多的剩余产品"，让社员"都随随便到公社的总仓库领取他要领的任何物品"，①达到"改善贫民和劳动阶级的生活并使雇主获得利益"。②

由于缺乏经验及不同阶层冲突加剧，"新协和"濒临破产边缘。欧文转而以契约形式将新村土地投入资金运营，期限一万年，规定"凡是不以合作主义为目的而使用土地时立即取消契约"。由于新村产业完全"由个人商店代替"，竞争营利"占了上风"，至 1828 年即以失败告终。③失败后的欧文转回英国继续宣传合作思想，试图将合作思想与工人运动相结合，英国合作运动因此进入了快速发展阶段。1832 年，欧文组织成立了"全国劳动产品公平交换市场"。然而，直接交换劳动产品虽有利于解决原材料与交易问题，但在商品经济发达的情势下却显得过于理想化，两年后仍以失败告终。1833 年，欧文主持成立"大不列颠和爱尔兰全国产业部门大联盟"，后因当政者反对而不得不解散。1839 年，他又建立"和谐大厦"进行"共产主义公社"实验，合作实践最终还是归于失败。

威廉·金是英国倡导消费合作思想的重要代表，素有"销售合作社之父"之美称。威廉·金在反思欧文合作思想基础上，于 1828 年创立消费合作社，并通过《合作杂志》《合作者》等期刊积极宣传消费合作思想。为避免中间商人盘剥，威廉·金认为可通过知识、资本、劳动力即合作社三大要素的相互配合予以实现，强调这三者是合作社成立的基本前提，同时，"有了合作社的制度，工人就能在固定的计划基础上保障自身的生活"。④威廉·金一再强调，资本与劳力"有相因关系，只有在合作组织之下，才可以看出它的真正意义"，劳动者缺乏知识会成为"合作运动的障碍"，因此"必须有受教育的时间和机会，取得合作的知识，以便发展合作事业"。⑤

---

① 《欧文选集》上卷，商务印书馆，1972 年，第 347 页
② 《欧文选集》上卷，商务印书馆，1965 年，第 195 页
③ 杨坚白主编《合作经济学概论》，中国社会科学出版社，1992 年，第 31 页
④ ［俄］马林卡夫《论空想社会主义》，北京大学出版社，1987 年，第 43 页
⑤ 吴藻溪《近代合作经济史》上册，棠棣出版社，1950 年，第 54—55 页

可以看出，威廉·金的消费合作思想是欧文合作思想进一步深化，逐渐摆脱了欧文思想的空想性。不过，威廉·金与欧文两人的合作思想差异明显，在欧文的合作思想体系中，合作组织"必须有大量的资本""竞争为扰乱社员经济主旨的主因""要改造个人必先改善环境""上层社会和资本家出钱救济劳动者""管理分给资金""注意生产由共产村着手"；威廉·金则凸显了"人"的重要性，认为"劳力为合作的基础""竞争为世界进步的原因""从本身力量逐渐达到自给的地位""完全由劳动者自动解决社会问题无须富人帮助""人人的服务平等及权利平等"及"注重分配由联合店着手"。[①] 在威廉·金合作思想影响下，英国消费合作社在短时间内增至三百多家，其中以罗虚戴尔为典型代表。

综上所述，近代西方合作运动是建立在对私有制批判基础之上，主要目的是避免资本家剥削，维护工人群体最基本的生活需要。欧文、傅立叶等人建构的合作思想虽因空想性失败，却为后来的合作专家如威廉·金等人的消费合作实践奠定了思想基础。整体而言，消费合作运动是"资本主义时代的合作运动的主流"，消费合作思想"在整个思想中也最发达"。[②]

二、罗虚戴尔原则（Rochdale）

随着西方合作经济日益发展，消费合作思想与消费合作组织因而也渐趋成熟。世界上最早的消费合作社——罗虚戴尔公平先锋社即是在这种背景下成立，它确立了科学合理的经营原则，这就是后来蜚声中外并共同遵守的罗虚戴尔原则。罗虚戴尔为英国曼彻斯特一个小镇，人口近三万，依靠纺织业维持基本生活。由于机器大量使用与商人居间盘剥，小镇居民生活每况愈下，罗虚戴尔公平先锋合作社即是适应改善工人生活需要而生。先锋社由公会会员、大宪章运动者、社会主义者、欧文社会主义者28人组成，根据民主原则管理，以"谋本社社员金融上之利益，及改造其社会的

---

① 吴藻溪《近代合作经济史》上册，棠棣出版社，1950年，第55页
② 吴藻溪《近代合作经济史》上册，棠棣出版社，1950年，第70页

即家庭的境遇"为目的。① 初创之时受"趸卖商底牵制和垄断",加之"交易额小",批购货品得到折扣有限,零售价格因此较高。有鉴于此,1863年英国各地消费合作社联合成立曼彻斯特中央消费合作社,规定"凡加入批发合作社的合作社,于入社时须纳金五镑,作为批发合作社底基金"。社职员由各地代表民主选举产生,社内一切事务和收支"均须于开大会时详细地宣布",大会每半年召开一次。由于向生产者廉价购入商品分售各地,中央消费合作社营业日渐好转,各国因此纷纷仿效。②

罗虚戴尔公平先锋社的主要贡献在于它创立了重要的经营原则:

(一)每个社员都可以认购每股五镑金额的股票,认股的数额不受限制;股金只能收回利息,不能分红,股金的主要目的为供给资本;(二)不管每个社员握有若干股票,他在企业管理方面,只有一票权,即实行表决权之平等(所谓民主管理);(三)贩卖物品与社员,根据市价,概用现金(所谓市价主义,现金主义);(四)年终盈余,不依股额之多寡,而依交易额之多寡,平均比例分配于社员,换言之,利润被撤除(所谓特别分红主义);(五)任何消费者均有入社之机会,不得因其种族、宗教及色别之不同,而拒绝参加(所谓大同主义);(六)严守政治与宗教中立性,不参加任何政治斗争与宗教斗争。③

不难看出,经营原则包含了一人一票、现金主义、市价主义、盈余平均分配、平等入社以及中立性原则,因更注重实际操作性,影响力与日俱增,特别是对早期国际合作运动产生了巨大影响,并成为近代以来合作社共同遵守的经营原则,1895 年成立的国际合作联盟以及近代中国的合作社即是根据罗虚戴尔原则组织而成。

---

① 吴藻溪《近代合作经济史》上册,棠棣出版社,1950 年,第 71 页

② 孙锡麒《消费者之希望(续)——消费合作》,《东方杂志》,1922 年第 19 卷第 5 号,第18—19 页

③ 陈仲明、罗虔英《合作经济学》,中国合作经济研究社出版社,1947 年,第 50 页

第二节　消费合作理论在中国的传播及实践

　　五四运动时期，知识分子通过各种刊物介绍西方合作思想。其实，西方合作思想传入中国可追溯至清末，即京师大学堂仿效日本学界开设"产业组合"课程介绍西方合作主义，"产业组合"即是"合作社"之意。自此开始，国内报刊杂志如《东方杂志》《现代评论》《新教育》《平民杂志》《大公报》《民主报》均以一定篇幅介绍西方消费合作思想，具体包括戴季陶的《产业协作社法草案》（1921 年）、《平民周刊》（1920 年—1924 年）、于树德《信用合作经营论》（1921 年）、孙锡祺《合作主义》（1924 年）、林验《消费合作运动》（1924 年）、楼桐荪《协作》（1925 年）等。①论著方面又如《中央商学》《银行制度论》《经济学原理》等相继开设专栏介绍国外合作社发展概况及不同流派合作思想，主张成立平民银行，发展互助合作制度，改善贫苦民众的生活。然而，影响范围比较有限。纵观时人的言论，合作社被寄予了拯救中国的厚望，正如留学日本的覃寿公所言："唯有推行合作，才可解决我国的展业问题，唯有推行合作，才可以救中国于危亡之中，以独立于世界。"②朱朴在《东方杂志》撰文指出，合作组织"乃一种有组织之潜力，自有史以来，世上所发现之各种社会运动，其在精神上与实力上有如合作运动若是之伟大者，殊不多见"。③一些人还认为合作主义可以实现"资本主义和社会主义的过渡"，而且会成为"最适宜的过渡"。④合作主义因此还被当成第三条救国路线而倍加推崇，正如杨端六撰文表示："资本主义不好，社会主义又办不通，只有合作主义了。"⑤

---

　　① 于永滋《中国合作社之进展》，《东方杂志》，1935 年第 32 卷第 1 期，第 23 页
　　② 陈岩松《中华合作事业发展史》（上册），商务印书馆，1983 年，第 94 页
　　③ 朱朴《评合作运动》，《东方杂志》，1923 年第 20 卷第 5 期，第 60 页
　　④ 陆宝璜《合作主义的宣传和实施》张允侯等编《五四时期的社团》（四），三联书店，1979 年，第 81 页
　　⑤ 《合作原理》，《东方杂志》，1923 年第 20 卷第 7 期，第 121—122 页

当时，游学欧美日的知识分子开始大量翻译介绍西方合作主义著作。由于合作思想属于新鲜事物，译介又属知识分子内部的浅近介绍，时人对合作思想的认识颇为朦胧，有人简单地认为合作即是"互相实行工作"，①更有甚者将经济层面的合作运动视为反对战争的"和平运动"。②在翻译过程中，"合作"这一概念译名各异。受日本合作思想的影响，存有"协作社""协同组合""协社"等不同译名，如戴季陶即译成"产业协作社"。③欧美留学生的译名颇符原意，如薛仙舟就将"cooperative"译成"合作社"。尽管薛仙舟、马君武、戴季陶、朱进之等人试图统一译名，但仍"有译'协作'的，有译'合作'的，也有译'互助'的"，直至1919年上海国民合作储蓄银行成立后，才最终确定"合作"的译名，④并逐渐为学界及舆论报刊所沿用。

在翻译介绍西方合作理论的过程中，知识分子的合作思想明显带有欧美日合作思想的痕迹。戴季陶拟定《协作社的效用》《产业协作社法草案理由书》《产业协作法草案》时，就明确表示曾"参以日本民治33年所分布之产业组合法"。⑤具有留日背景的覃寿公与于树德二人，其文章、论著也均带有日本合作思想印迹。其实，当时合作思想译介的主体是英国的罗虚戴尔先锋原则，如《平民杂志》即充满了这些原则的介绍，还视罗虚戴尔商店为"实行合作主义的始祖"。⑥同时，合作思想不失俄、法合作思想背景。戴季陶《协作社的效用》《产业协作社法草案理由书》《产业协作法草案》即是依据"俄国里俄夫内阁所发布之产业协作法为模范"撰写而成。⑦在报刊传播合作思想之时，时人还不约而同地提及了法国人查理·季特的

---

① 陆宝璜《合作主义的宣传和实施》，张允侯等编《五四时期的社团》（四），三联书店，1979年，第81页
② 郑林庄《战争和平与合作运动》，《东方杂志》，1944年第40卷第17期，第4页
③ 戴季陶《产业协作法草案理由书》，《新青年》，1921年第9卷第1期，第2—3页
④ 张允侯等《五四时期的社团》（四），三联书店，1979年，第54页
⑤ 赖建诚《近代中国合作经济运动》，正中书局，1990年，第32页
⑥ 陆宝璜《合作主义的宣传和实施》，张允侯等编《五四时期的社团》（四），三联书店，1979年，第81页
⑦ 赖建诚《近代中国合作经济运动》，正中书局，1990年，第32页

合作思想，如《平民杂志》与《东方杂志》就对其进行了粗略介绍。但完整系统介绍其消费合作思想的是楼同荪，他的主要贡献在于将季特《协作》一书在国内翻译出版，国人自此才真正开始系统了解消费合作思想。一些人根据季特合作思想认为，合作社全体社员应有"共同的目标，图共同的利益，互相亲睦，互相谅解，本善意互助的热诚，行同心一德的合作，使大而全体，小而个人，都一律平等而无猜忌"。[①] 然而，若从当时合作社组建原则来看，季特合作思想痕迹似乎并不明显，大多数合作社系依据罗虚戴尔原则组织成立，如湖南大同生产社即是参照"英国基台尔消费合作社的办法"组织成立，以"抵制资本家的专横强夺，避去商人居间垄断欺诈种种地弊害"，按"售出的物品比市价所获的盈余，并按各人消费品的多少，分期发还"[②]。薛仙舟虽赴英德学习合作理论，但其论著中的季特合作思想淡薄。[③] 此外，德国合作思想也对中国合作思想有一定的影响，如有人在综合比较各种合作思想之后就认为，德国合作意义"最正确"，实已"成为一种科学"。[④]

在大势译介合作思想过程中，消费合作社、合作主义、合作社等概念多是混用，知识分子均未予以严格界定，有人视消费合作为"公共节俭之法"，甚至还看作是"普通营业的商店""慈善机关"，更有甚者"居然把合作商店和托竦斯混为一谈"。[⑤] 王世颖认为合作社是"消费合作社"的简称，理由为合作运动是"多以消费合作社为起点"。[⑥] 尽管名称各异，时人的合作思想多是指消费合作思想，探讨也主要是围绕消费与生产之间关系以及如何避免中间商的盘剥等方面展开。如陆宝璜就认为，消费合作原理

---

① 王世颖《合作主义通论》，世界书局，1929 年，第 3—4 页
② 《大同合作社简章》，张允侯等编《五四时期的社团》（四），三联书店，1979 年，第 97—98 页
③ 薛仙舟《消费合作》，《中国供销合作社史料选编》第 3 辑，中国财政经济出版社，1991 年，第 50 页
④ 钱然《合作主义纲要》，上海法学社，1929 年，第 1 页
⑤ 陈登皞《消费合作问题》，《现代评论》，1927 年第 6 卷第 146 期，第 9 页
⑥ 王世颖《农村经济及合作》，黎明书局，1935 年 3 版，第 32—33 页

是"使人生得着均等的消费"，生产"必为消费而生产，然后需要和供给恰合其度"。[①]平民学社的马君武也表示，合作运动的理论依据"实甚简单"，即"生产人与消费人两者间直接的结合，废除中间人这一个阶级"。[②]王效文也强调合作主义"起于'消费'，而非起于'生产'"，生产"乃合作主义最后之目的"，是"非为生产者之生产，乃为消费社者之消费"。[③]还有人主张通过集体购买方式进行。[④]至于具体的实现方法，时人表示："由若干统一兴趣的经济上的弱者，各以自由意志相结合，而且立在同等的责任及相同的利益底基础上，大公无私地来创办一种或一种以上联合的事业，而将经济上底机能，完全委托于这个联合的事业机关去办理。"[⑤]上述诸多阐释改变了传统重生产、轻消费的观念，突出了"消费""消费者"的重要地位。

　　知识分子在加强合作理论宣传的同时，还积极从事组织成立消费合作社的实践。1919年，复旦大学薛仙舟及学生创办国民合作储蓄银行，以"补助小本营业，提倡合作主义，鼓励同胞储蓄，解放平民经济"为宗旨。1920年，改组成立消费合作社。[⑥]1920年初，平民学社借助《平民杂志》宣传合作主义，希望通过合作方式过渡到社会主义，强调"欲使劳动者渐渐脱离资本家羁绊，而用和平手段的，非合作主义不为功"。因《平民杂志》接受留日的于树德、留美的徐志摩、上海《银行周报》主任徐沧水等人投稿，影响力日增。然而，《平民杂志》对合作主义大体属于"零碎的

　　①　陆宝璜《合作主义的宣传和实施》张允侯等编《五四时期的社团》（四），三联书店，1979年，第81页
　　②　《合作的理论与历史》，《东方杂志》，1923年第20卷第10期，第136页
　　③　王效文《万有文库第一集一千种消费合作》，商务印书馆，1929年，第9页
　　④　《消费合作》（1920年），《中国供销合作社史料选编》第3辑，中国财政经济出版社，1991年，第47页
　　⑤　钱然编《合作主义纲要》，上海法学社，1929年，第2页
　　⑥　戚其章《复旦大学底合作运动（节录）》，张允侯等编《五四时期的社团》（四），三联书店，1979年，第25、27页

介绍"，致使读者"未免有些顾此失彼，没有系统的观察"。[①] 不过，成立后的平民学社合作购买部却可视为"消费合作社的初步"，[②] 它以"谋社员共同利益"为宗旨，经营货品以"以代购文具书籍为限"，货品卖价"较批发价格微高"，盈余扣除开支后全部作为公积金"以谋将来之扩充"。[③] 合作购买部实际初步具备了消费合作社的基本特征。

在平民学社、合作储蓄银行宣传影响下，全国各地先后成立了一大批合作社团体，大致情况如下表所示：

表 1-1：20 世纪 20 年代前后全国合作社概况表 [④]

合作社名称	所在地	组成分子	成立期
一、信用合作类			
1. 上海国民合作储蓄银行	上海	复旦大学教职员学生及上海热心合作同志	1919.12
2. 成都农工合作储蓄银行	四川省成都城内络华街二十四号	满十六岁的男女	1921.8
3. 香河县城内第一信用合作社	河北省（前直隶省）香河县城内	住居本县人民	1923—1924.2
二、消费合作类			
1. 北京大学消费公社	北京大学	北京大学教职员学生等	1918.7 / 1922.4
2. 汕头米业消费合作社	广东汕头	潮汕铁路工人	1922.7
3. 安源路矿工人消费合作社	湖南安源老街	安源铁路矿工人俱乐部全体职员	1922—1923.4

① 陆宝璜《本刊一周年的回顾》，张允侯等编《五四时期的社团》（四），三联书店，1979年，第22—23页
② 张允侯等《五四时期的社团》（四），三联书店，1979年，第31页
③ 《平民学社章程》，《五四时期的社团》，张允侯等编《五四时期的社团》（四），三联书店，1979年，第34页
④ 寿勉成、郑厚博《中国合作运动史》，正中书局，1937年，第78—82页

续表

合作社名称	所在地	组成分子	成立期
4.上海职工合作商店	上海职工俱乐部后迁于上海民国路（地址不明）	上海职工俱乐部部员	1922
5.新会消费合作社	上海	商务印书馆职工	1922.11
6.同孚消费合作社			
7.武昌时中合作书报社	湖北武昌	社员不分省界及性别	1923.1
8.宁波第一消费合作社	浙江宁波	社员不分男女	1923.3—1927
9.上海消费合作社	上海宝兴路		1926.4
三、生产合作类			
1.湖南大同合作社	湖南长沙三里乡间	住居长沙至之知识分子社友分生产的与消费的两种	1920.12
2.萧山衙前农民协会	萧山衙前	当地农民	1921.9
3.长沙笔业工人生产合作社	湖南长沙	笔业工人	1922.12

根据上表可以看出，消费社在各类合作社中占绝大多数，参与群体限于城市知识分子与工人，原因在于中产阶层日益困苦，希望"能够得着均等的消费"，最低限度是"得到一种维持生活的消费"。[1]

现就上述表格中的一些消费合作社进行简单梳理。中国第一个消费合作社是北京大学胡钧等人组织成立的北京大学消费合作社。北京大学王建祖教授强调，北大应仿行欧美校园流行的消费合作社以推动个人与社会进步，[2] 胡钧则希望消费社在国民经济之中"寓社会教育之精义"，[3] 提高社会

---

[1]　陆宝璜《合作主义的宣传和实施》，张允侯等编《五四时期的社团》（四），三联书店，1979年，第81页

[2]　陈仲明《合作史料——北京大学消费公社成立纪要及社章》，《合作月刊》，1932年第3卷第6期，12—18页

[3]　陈仲明《合作史料——北京大学消费公社处理纪要及社章》，《合作月刊》，1931年第3卷第6期，第14页

教育水平。1918 年 3 月 20 日，北大消费社开始营业，4 月 12 日，正式成立开张。[①] 每股股金五元，资本总额一万元，分设图书部、杂货部二部，图书部办理图书文具事项，杂货部"专备教职员、学生日常消费物品，在校内所出售"。[②]

上海消费合作社是当时国内经营状况甚好的消费社。它是 1926 年由李登辉、王云五等人组织成立，欲通过"救济贫困的节俭运动，化除贫富阶级的新事业，道德的博爱的营业方法，消弥劳资冲突的建设运动，服务社会的经济教育，创造公平互利的新社会"。[③] 初期社员 30 人，合作社不专对社员交易；资本总额 5000 元，营业限于煤米。截至 1928 年 11 月，社数增至 221 人；年交易额数千元；合作社纯益百分之二十提存公益金，百分之十划归职员酬劳金，其余百分之五十除去股息后，依社员购买额按比例分配。为吸引新社员入社，规定非社员"亦得依其购买数量，享受社员应得的半数"；要求社员必须出席大会，无论出资多少每人仅限一权；[④] 社员大会分常会、临时会，另设理事长、副理事、书记、司库、理事、查账员等职员，社员以基督教徒居多，同时必须承担有限责任。[⑤] 然而，消费社经营状况不甚理想，发展至 1928 年时，全年仅 130 人购买货品，最热心者仅仅 18 人。为了维持正常的经营，规定社员必须在社内购买行货，具体营业状况参见下表：

---

① 朱永《中国早期的合作经济思想（1918—1937）》，北京大学博士研究生学位论文，2000 年，第 31 页，页下注

② 张允侯等《五四时期的社团》（四），三联书店，1979 年，第 54 页

③ 郭铁民《中国合作经济发展史》上册，当代中国出版社，1998 年，第 75 页

④ 《上海消费合作社》，《合作讯》，1928 年第 30 期，第 7—8 页

⑤ 郭铁民《中国合作经济发展史》上册，当代中国出版社，1998 年，第 75—76 页

表 1-2：上海消费合作社营业状况表 [①]

单位：元

营业状况	营业额	费用	房租收入	营业利润	净利
1927 年 6 月	95.36	173.86	20.00	5.72	-148.14
7 月	234.55	136.99	20.00	14.07	-102.92
8 月	838.00	122.61	20.00	50.28	-52.33
9 月	785.92	152.68	20.00	47.16	-85.52
10 月	898.45	141.02	20.00	53.91	-67.11
11 月	1221.11	141.75	20.00	73.27	-47.75
12 月	1493.19	124.48	20.00	89.59	-14.89
1928 年 1 月	1689.02	125.39	20.00	111.34	+5.95
2 月	1356.51	100.74	20.00	81.39	+0.65
3 月	1039.95	101.09	20.00	62.39	-18.70
合计	9690.53	1320.51	200.00	589.12	-530

　　根据上表可以清晰看出，1927 年 6 月至 1928 年 3 月，消费社一直处于亏损状态之中。营业额度虽逐年不断增加，但每月净利额度甚小，八月内负债额度 530 元，仅能勉强维持经营而已。

　　安源路矿工人消费合作社是早期中国共产党人努力倡导的结果，作为工人运动的重要组成部分而存在。1922 年 7 月，毛泽东、李立三、刘少奇等人组织成立以维护工人利益为目的的安源路矿工人消费社，要求全体职员加入，共计 13000 余人。1923 年 2 月 7 日正式开始营业后，一定程度上减轻了工人生活负担，培养了工人的组织管理能力。因经营数月之间"三换总经理，以致社内事权和经济不能统一"，加之资金周转不灵、"账务的清理甚难"，虽然工人俱乐部特制定《安源路矿工人消费合作社办社公约》加强监管，[②] 但该社仅短存两年就因北京政府破坏而失败。除此之外，学校组织成立的消费社还包括中国大学消费公社、中华大学消费公社、神州女

　　① 张世文《上海消费合作社调查》，《中国合作供销社史料选编》第 3 辑，中国财政经济出版社，1991 年，第 677 页

　　② 迟孝先《中国供销合作社史》，中国商业出版社，1988 年，第 41—42 页

学消费公社、春晖中学消费公社以及南京消费社等，[1]1926 年湖北咸宁县三眼桥农民协会组织的农民消费社、咸宁县店员工会城区职工消费社及 1922 年海南琼海县第一高等小学消费社等。[2]

概而言之，20 世纪 20 年代是合作思想传播时期，消费合作社发展程度较低。截至 1925 年底，全国 26000 个合作社中，信用社占 58.8%，生产社占 38.4%，消费社仅占 2.8%。消费社所占分量小的原因主要在于："一、为拘牵于工业落后的国家消费合作社必难发展之观念；二、为经营之困难。三、即记账之烦琐。"[3] 大多数消费合作社经营三四年之后均以失败而告终。1924 年 7 月 19 日，平民学社结束营业，1927 年消费社"几于全部失败"。失败原因一方面由于北京政府将合作主义"当作甚么无政府主义、共产主义一样事物禁锢起来"，并从成立到经营多方阻挠，[4] 平民学社即因政府"疑为过激"而遭禁止；[5] 另一方面，合作主义者缺乏实际工作能力，即"十人中倒有九个是不能的"，加之"真正想为合作主义尽力的人太少"，不过是"对新的主义'见猎心喜'，随便拿来介绍"而已，但专靠介绍宣传亦"于实际无益"。即使经营良好的上海国民合作储蓄银行、湖南长沙大同合作社、四川成都农工储蓄社也是"或规模很小，能力薄弱，或者人才缺乏，组织简单"。[6] 马君武还将失败归结于列强输入产品、中小商人的盘剥，即"大商人来垄断外洋物品，由他们分配给小商人，再由小商人分配给消费者"，因此主张"非先自己尽力生产不可，……生产合作实较消费合作为尤紧急"。[7] 其实，消费社失败还在于绝大多数农民没有消费合作的需求，农

---

[1] 张允侯等《五四时期的社团》（四），三联书店，1979 年，第 58 页

[2] 郭铁民《中国合作经济发展史》上册，当代中国出版社，1998 年，第 78 页

[3] 张国田《应赶快组织消费合作社的刍议》，《农村合作月报》，1937 年第 2 卷第 11—12 合期，第 36 页

[4] 陆宝璜《本刊一周年的回顾》，张允侯等编《五四时期的社团》（四），三联书店，1979 年，第 23 页

[5] 张允侯等《五四时期的社团》（四），三联书店，1979 年，第 55 页

[6] 陆宝璜《合作主义的宣传和实施》张允侯等《五四时期的社团》（四），三联书店，1979 年，第 81 页

[7] 《合作的理论与历史》，《东方杂志》，1923 年第 20 卷第 10 期，第 138 页

村自然经济属于"自给性质"，消费社"似非农村之迫切需要"，自然不能引起"大多数人之注意"；薪俸人员、师生流动性强的特点也决定了消费社难以保持人才的稳定性，特别是青年学生，"生活上本不需要合作，只以醉心合作思想之故，乃勉强加入社员，一旦生活改变，则其所组织之合作社，亦立即随之消灭"。工人合作社多由"知识分子所主持，其目的大抵别有所属，合作社之组织不过其手段耳"。[1]加之，消费合作业务是"一种非商人的商业"，社职员缺乏必要的商业知识及业务监督方法，因此失败也属必然。[2]

　　然而，早期合作思想译介及其实践，具有重要的历史意义。它为国民政府合作运动准备了合作人才。1920年12月12日，复旦大学合作社委员会中除薛仙舟外，还包括陈果夫、邵力子、王世颖等国民党诸人。[3]陈果夫、邵力子、王世颖等人都或多或少受到薛仙舟影响，这在陈果夫、王世颖等回顾合作运动历程时经常谈及薛仙舟的《中国合作化方案》就能得到很好的印证。1920年，受薛仙舟影响的陈果夫在国民党中央党政训练所时即开设了合作理论课程，宣传合作思想。此外，平民学社任职的许绍棣（图书馆及合作购买部主任、周刊责任编辑、总干事）、侯厚培（出版部主任、总干事）、张廷灏（丛书编辑、周刊编辑委员、副总干事）、王世颖（出版部主任、周刊编辑委员、丛书编辑）[4]等人也在后来国民政府合作运动中发挥了重要的领导作用。

———

①　于永滋《中国合作社之进展》，《东方杂志》，1935年第32卷第1期，第23页

②　冯紫岗《消费合作社业务监督之必要及其方法》，《合作事业》，1939年第1卷第3期，第16页

③　戚其章《复旦大学底合作运动（节录）》，张允侯等《五四时期的社团》（四），三联书店，1979年，第27页

④　《平民学社历届职员名单》，张允侯等《五四时期的社团》（四），三联书店，1979年，第35—35页

第三节　国民政府的合作理论与制度选择

近代中国知识分子对西方合作思想并不是机械地接受与宣传，而是根据当时中国社会经济环境进行了一定程度的发展。随着民间消费合作实践的影响日益扩大，国共两党人士愈来愈意识到合作运动的重要性，围绕三民主义与合作运动之间的关系不断进行阐释，逐渐形成了三民主义合作理论，为消费社的运营提供了理论基础。南京国民政府建立后，合作实践开始突破知识分子的民间范畴，进而转变成为政府主导的经济活动，在地域空间上也开始了从东南沿海向全国其他内陆省区蔓延的过程。

一、早期国共两党与民间人士对合作的认识

其实，国共两党与合作思想之间均存在着千丝万缕的联系。在英国合作运动初步发展之时，身处英国的孙中山即受到了合作思想一定程度的影响。孙中山在建构三民主义理论的过程中也对合作社思想进行了阐释。1912年，孙中山在《中国之铁路计划与民主主义》一文中就对合作推进经济政治民主化抱有较高的期望，强调"将来中国之实业，建设于合作的基础上，政治与实业均实现民主化，……对于待开发之实业，人人皆得按其应得之比例，以分沾其利益，享受其劳力结果之全部"。[1] 孙中山又在《建国方略》《地方自治法》中主张，合作社应与实现地方自治相结合，在"清户口，立机关，定地价，修道路，垦荒地，设学校"初有成效之后，地方自治组织应立即办理"农业合作""工业合作""交易合作""银行合作""保险合作"等合作经济组织。[2] 此处的"交易合作"实际就是指消费合作。在孙中山的消费合作思想中，消费合作社还有利于实现"分配社会化"，可

---

[1]　孙中山《中国之铁路计划与民生主义》，陈岩松《中华合作事业发展史》（上），商务印书馆，1983年，第53页

[2]　《地方自治实行法》（1919年），中山书局《中山全书》三册，上海大中书局，1928年，第98页

避免中间商人的盘剥，降低消费者的损失，即"省去商人所赚的佣钱，免去消耗者所受的损失"。① 但就消费合作如何实现"分配社会化"，孙中山并未进一步进行阐释说明。合作意识模糊的孙中山后又根据戴季陶拟定的合作计划在广东建立工农消费社，但因广东局势动荡而失败。②

第一次国共合作时期，民间人士组织的合作社主要以消费社与产业社为主，前者"以救济工场工人为主"，后者"以救济中产以下农民为主"。由于"工业不发达，工人组织不健全"，导致消费社"发展性甚低"。同时，合作专家"皆精于合作社之高深的理想"，往往"忽略于农民间之合作组织"。到 1923 年，北平中国华洋义赈救济总会方才"认定合作组织有救济中小农民之功用"，"决定积极提倡，从信用合作社入手"。③《平民杂志》也开始号召合作主义者"到民间去"，建立农村合作社。④ 鉴于"农民缺乏资本，向人借贷非常困难"，章元善表示建立合作社"就是要农民自己帮助自己，彼此相助，使得大家自立"，⑤ 否则，"农民永远没机会"。⑥ 章元善欲借此达到稳固合作社、农民"个个都成为合作者"的目标，⑦ 这一时期倡导设立的合作社主要是消费合作社。

社会各界还将合作主义与国民党的党纲、政策结合起来进行考察，试图建立两者的联系，如张廷灏就主张合作主义"不能不与中国国民党合作"。⑧ 鉴于舆论倡导与实践推动，1926 年，国民党第二次全国代表大会通

---

① 《民生主义》第一讲（1924 年 8 月 3 日），《孙中山选集》，人民出版社，1981 年，第 815—816 页，

② 王世颖《薛仙舟先生小传》，《纪念特刊》，第 57—60 页，又见《十年来的中国合作运动》（1937 年），萧继宗《革命文献》第 84 辑，台北"中央"文物供应社，1976 年，第 193—205 页

③ 于永滋《中国合作社之进展》，《东方杂志》，1935 年第 32 卷第 1 期，第 24 页

④ 温崇信《今后平民学社应当做的事情》，《民国日报·平民》，1923 年第 139 期

⑤ 章元善《我们为什么在此听讲》（1925 年 11 月 27 日），《中国华洋义赈救灾总会丛刊·乙种》，1926 年乙种本 17 号，第 29—30 页

⑥ 章元善《我们为什么在此听讲》（1925 年 11 月 27 日）《中国华洋义赈救灾总会丛刊·乙种》，1926 年乙种本 17 号，第 31 页

⑦ 章元善《我们为什么在此听讲》（1925 年 11 月 27 日），《中国华洋义赈救灾总会丛刊·乙种》，1926 年乙种本 17 号，第 32—33 页，

⑧ 张廷灏《合作主义者为什么应该加入政党》，张允侯等《五四时期的社团》（四），三联书店，1979 年，第 89 页

过的《农民运动议决案》就积极"提倡农民合作事业"。[①] 随后，国民党对合作社愈来愈重视。1928 年 10 月 25 日，国民党中央第 179 次会议就将合作运动纳入夏季党部工作纲领。1929 年 2 月 4 日，国民政府常务委员会通过的《下层工作七项运动推行办法》又将合作运动交由农矿部、工商部共同商拟，2 月 7 日，《下层党部工作设计委员会组织条例》的颁布则为合作社推行提供了准法律上的保证。[②] 不难看出，国民政府已将"合作事业作为其政治活动的一个组成部分"。[③] 1928—1930 年三年之间，据不完全统计，国民政府先后颁布的合作议案、细则多达 19 项，1931—1936 年 21 项，九年之间 40 余项，平均每年达 4 项之多，[④] 总之，"凡中央历次举行各种重要会议，多列有关推行合作事业之议案"。[⑤] "四一二"反革命政变后，共产党对城市消费社也甚为重视，1927 年 7 月，中共第二次全国代表大会通过的《附加议决案》就要求组织工人消费社，将工人消费社视为"工人利益的自卫组织"。[⑥] 同年，毛泽东在《湖南农民运动考察报告》中甚至将合作运动列为农民运动"十四件大事"之一。

与此同时，地方政府也颁布了各种规章条例推进合作事业。1928 年，江苏省颁布《江苏省合作社暂行条例》，并成立江苏农民银行协助其发展，1929 年，颁定《江苏省立民众教育实验区民众消费合作社简章》，以"用最经济之方法贩卖普通日用品以满足本实验区社员之需要，并使一般民众起而仿效组织为宗旨"。[⑦] 在江苏省合作运动影响推动之下，其他省市纷纷仿效。1929 年，山东、浙江分别通过《山东省合作社暂行章程》《浙江省

① 荣孟源《中国国民党历次代表大会及中央全会材料》（上册），光明日报出版社，1985 年，第 134 页
② 寿勉成、郑厚博《中国合作运动史》，正中书局，1937 年，第 109 页
③ 王志莘《合作运动》，《中国经济年鉴》，商务印书馆，1936 年，第 882 页
④ 赵泉民《政府·合作社·乡村社会——国民政府农村合作运动研究》，上海社会科学院出版社，2007 年，第 74 页
⑤ 陈岩松《中华合作事业发展史》（上册），商务印书馆，1983 年，第 157 页
⑥ 李铁桥《消费与生活——消费合作运动》，中国工人出版社，1993 年，第 61 页
⑦ 《江苏省立民众教育实验区民众消费合作社简章》，《民众教育月刊》，1929 年第 1 卷第 10 期，第 5 页

农村合作社暂行条例》；1930—1931 年，河北、江西、湖南相继颁布各种条例规程，保证了合作社有章可循。鉴于地方性法规标准不一、各行其是的现状，国民政府在 1931 年 4 月 18 日颁行《农村合作社暂行规程》力求统一。规程详细规定了合作社设立条件、社员资格、职权责任、分类标准、盈余分配等等，合作运动的国家意志及社会动员能力因此开始得到增强。

二、三民主义与消费合作关系梳理

南京国民政府形式上统一全国后，一些合作实践者、有影响的合作理论专家分别从不同侧面阐释三民主义与消费合作的同一性，试图将消费合作纳入三民主义范畴。最早意识到三民主义与合作主义具有内在统一性的应属合作理论专家薛仙舟，他认为要实现三民主义节制资本的目的，"固不专在合作一种，然而最根本、最彻底而于民众本身上做起的，则舍合作莫属"，同时为达到平均地权的目标，"舍合作外，亦没有其他较好的办法"。[①]薛仙舟阐释的重要性在于它确立了三民主义与合作之间的联系，开始倡导"以国家的权力，用大规模的计划，去促成全国的合作化，实行全国合作共和"。[②] 但就合作社如何节制资本、平均地权，薛仙舟并没有给予进一步解释。一些合作理论专家在此基础上又进行了深入探讨，其中以寿勉成、郑厚博为代表。寿勉成认为三民主义与消费合作是"一而二，二而一"的关系，三民主义"无不以消费合作为中心"，表示"要是相信三民主义的人，还不能努力提倡三民化的经济制度——消费合作"，至少不是孙中山所认可的三民主义者。他还强调消费社预算"无不以私立为归"，目的"全在于公利"，因此"亦不可不办"。[③] 这些言论初步梳理了消费合作与三民主义的关系，肯定了消费合作在实现三民主义过程中的重要作用。1928 年 2 月，国民党在《组织合作运动委员会建议案》又提出："解决民生问题的一

---

① 《中国合作化的方案》（1927 年），《中国供销合作社史料选编》第 3 辑，中国财政经济出版社，1991 年，第 59—60 页
② 寿勉成、郑厚博《中国合作运动史》，正中书局，1937 年，第 49 页
③ 寿勉成《三民主义与合作主义》，《东方杂志》，1928 年第 25 卷第 2 期，第 37—39 页

个重要方法，不止一种，但合作运动（消费、生产或屋宇合作社及合作银行等运动）却是最稳妥的、最切实的，最合于民生主义的一个重要方法"。[①]

七七事变前后，合作理论专家继续从整体上梳理合作社、合作运动与三民主义之间的逻辑关系。寿勉成表示，合作社有助于推动民权主义的实现，强调合作社是"采用所谓的一人一票的制度，那自然没有比这更民权化的组织了"。[②]寿勉成、郑厚博一再强调："要三民主义实现，必须推行合作运动"，合作运动目的是"推进三民主义的实现"。[③]同时，寿勉成还认为三民主义是"抗战建国的最高准绳"，一切建设方案"均应以三民主义为依据"，合作主义"虽远在三民主义以前"，但必须"以三民主义的理论为基础"，即三民主义是合作主义的理论基础；反之，合作主义有利于"全国人民组织化，经济权利大众化，生产分配合理化，社会关系情感化，并能以和平的手段达革命的目的"，与三民主义精神"固完全一致，而与其实施尤有密切的关系"，因此"欲求三民主义的实现，必注重合作政策的推行"。[④]寿勉成随即又撰文强调，必须"竭诚奉行三民主义，必须使三民主义发扬光大，合作事业才能积极进展"。[⑤]可以看出，对于三民主义与合作运动的关系梳理日益清晰。到1942年时，寿勉成总结了三民主义、合作运动之间相互依存的关系，即：

（一）中国的合作运动是三民主义的合作运动。三民主义是我们的理想与目标，合作运动是实行三民主义的方法。（二）合作组织是人们联合起来以实行三民主义社会经济建设的方法，不是联合起来以请求借款救济的机构。（三）国家为实现三民主义而施行经济的计划统制与合作运动，似相反而实相成。……（四）根据三民主义以推进合作运动，不是合作运动的变质，而是合作运动的进

---

①　寿勉成、郑厚博《中国合作运动史》，正中书局，1937年，第107页

②　寿勉成《合作事业与计划经济》，《合作月刊》，1933年第5卷第1—2期合刊，第3页

③　寿勉成、郑厚博《中国合作运动史》，正中书局，1937年，第321—322页

④　寿勉成《合作运动之原理体系与目标》，《合作事业》，1939年第1卷第2期，第2页

⑤　寿勉成《全国合作人员应守的信条》，《合作事业》，1940年第2卷第3—4期，第4页

步。因为过去的合作运动处处要受资本主义的压迫，而今日的合作运动，则处处可受三民主义的扶植。

　　寿勉成在此基础上又进行了进一步延伸，认为合作运动是"实力的改造，不是暴力的反动"，是"和平的革命，不是妥协的调整"，虽"由政府负责推进"，但"不是由政府负责包办"，因此合作行政"应充分保持其合作运动的姿态或形势"。① 就消费合作而言，寿勉成认为消费合作可促进民生主义"养民"目标的实现，两者之间关系"甚为密切"。② 既然民生主义经济政策"以养民为目的，以消费者的利益为前提"，合作运动又以"消费者为主体，使一切皆为消费者而生产，为消费者所生产，为消费者之生产"，即是"以养民为目的"，寿勉成因此认为合作运动"与民生主义经济政策适相吻合"。③

　　至于合作主义、合作运动与民族主义、民权主义、地方自治、营利主义的关系，章元善认为合作主义依靠"组织的力量，经济的效用"来"增厚抗敌的力量"，同时"于民族主义的实现，确有甚大的贡献"，因此应"注重训练社员，时时予社员以自治的经验促成自治"，进而"实现民权主义"。同时，合作资本还可与"私人资本、国家资本形成鼎足之势"。④ 时人还认为合作运动是"完成地方自治、实行三民主义之重要工作"，对宪政"尤其有促进其实现及稳固其基础之功用"。⑤ 此外，寿勉成还对合作主义寄予了抵制资本主义、共产主义的厚望，即"节制私人资本的发展，复以防止马克思思想的蔓延"，强调合作主义"最适当"。⑥ 合作专家侯哲荞

---

① 寿勉成《现阶段我国合作政策的检讨》，《合作界》，1941年第5期，第4页
② 陈维藩《消费合作之研究》，上海教育日报馆，1936年，第4页
③ 寿勉成、朱延本《合作运动与中国》，《合作月刊》，1935年第7卷第7—8期，第13页
④ 章元善《合作与经济建设》（1938年5月6日），商务印书馆，1938年，第48页
⑤ 《第二十二届国际合作节宣传大纲》（1944年），成都市档案馆，《成都国际电台消费合作社成立登记章程、业务计划、议录、社员名册、图戳、支付预算呈报及市府指令》，民38全宗，第7目录，第165号，1942年
⑥ 寿勉成《合作与三民主义的社会经济政策》，《中央周刊》，1942年第4卷第45期，第5页

还从合作主义、消费主义与营利主义角度对消费合作进行了考察，认为消费合作的前提与"营利主义相对立"，前者是"消费而设立"，"以废止余利为目的"，后者是"为买贱卖贵而设立的"，完全"立基于谋利之上"，[①]消费合作是消费者为抵抗生产者而"结合的反营利主义的一种自治制度"。[②]伍玉璋则从与其他合作社关系角度认为，消费社与生产合作社、交易合作社、农业合作社等是"运动的促进、需要的促进、互助的促进"，联合会是"消费者联合上之具有理智性的，而两者皆是同属于消费者合作社支配之下"，强调合作是"以人的联合为基础，而以行为的联合为归宿"。[③]

总之，抗战前后包括消费合作在内的合作运动是"为民族抗战，为民权自治、为民生改善的运动"，其使命是"基于民族的，民权的、民生的需要"，即通过合作运动"动员国民经济所有部门和民众力量为抗战必胜复苏，为实现民权自治"，进而"提高民众教育，坚强民众组织，实施民主政治"，最终实现民生主义、"提高人们生活水准，增厚国家财富，彻底实行节制资本，平均地权"的目标。[④]由于三民主义与合作运动"有其理论上之适应性"，国民政府也已意识到"从速建立三民主义及中国本位合作理论体系之必要"，[⑤]进而希望促使合作运动"予整个的计划统制以极大的助力"。[⑥]

① 侯哲葊《合作运动之理论与实际》，上海太平洋书店，1929年，第50页
② 侯哲葊《合作运动之理论与实际》，上海太平洋书店，1929年，第57页
③ 伍玉璋《从食物与工作说到合作的形式》，《合作月刊》，1929年第1卷第8期，第13页
④ 许昌龄《战时四川合作事业推进方针——代发刊词》，《四川合作》，1940年第1卷第1期，第6页
⑤ 张达《合作行政》，中央训练委员会、内政部印行，1943年，第16页
⑥ 寿勉成《合作与三民主义的社会经济政策》，《中央周刊》，1942年第4卷第45期，第5页

第二章　四川消费合作社的发展

　　四川省对合作的关注可追溯至清末。光绪末年，曾游学日本的酉阳县合作专家杜用选认为，利用日本蚕业组合可以"改进蚕丝，增加生产，发展外销，夺我市场"，强调"中国成千成万之蚕民的生活与值千值万之蚕丝的生产有所改进而保持我固有销售场"则"必自组蚕民始"。1908年，杜用选写成《蚕丝业团体组织法》力倡蚕业合作；1909年，杜用选又呈送《蚕丝改良策》力请工商部采用，并附写《共济社改良蚕丝之社则》以供参考。同年，四川省公立法学堂开设合作课程，应用经济学课程农业政策的第十章就包括了信用组合、购买组合与生产合作等内容。与此同时，四川法政学校、志诚法政学校、四川农业专门学校、四川商业学校等经济学和农业学课程均讲授产业组合，"所可异者，大都把产业组合列在'营利的团体'章目中讲述"，颇与"'合作社为不以营利为目的之组织'的公共主张有所出入"。此外，当时还产生了四川省最早的合作讲义，即四川茶叶讲习会所编印的"茶叶组合"讲义。总体而言，这一时期的四川省比较重视合作理论介绍，"殊少实施"，因此被称为合作思想"播种时期"。在合作思想影响下，成都市聚兴银行职员伍玉璋、甘焕名、冯月樵等为"贯注我国之文艺复兴（五四运动）的精神"以"振起夔门深锁之民气"，在1919年组织设立普益书报室，以"宣传合作主义，发展平民经济，提倡社会教育"为宗旨，但"不仅限于改造经济之效益而亦有提倡教育之深意"。普益协社成立后，出版部通过刊印不定期专号及平民学社的合作丛刊介绍合作思想，成都农工合作储蓄社即是受此影响而成立的。[①]

1921 年 8 月，成都农工合作储蓄社[②]组织成立，社址设于成都市纯化街二十四号。实际上，农工合作储蓄社"差不多就是平民合作银行的变相"，资本并无定额，规定"凡年满 16 岁的男女，皆可认股社员，每股定额 5 元"。[③]1922 年 9 月 10 日，成都市又成立了中坝农业协社分社，以"专门提倡农业合作、资助农人经济"为宗旨。除一部分储金分作经营资本外，又另外筹集 2000 元作为扩充资本，每股 5 元，共 200 股，一切责任由分社与储蓄社共同承担。[④]20 世纪 20 年代中前期的农工合作储蓄社社员人数较少，资本额度逐年下降，如下表所示：

表 2-1：成都市农工储蓄社发展概况表[⑤]

年份	资本（元）	公积金（元）	教育基金（元）	社员（个）
1922	1445	30.8	30.84	66
1923	1905	93.72	93.72	69
1924	325	102.42	102.42	32
1925	315	118.74	118.74	30

初创之时经营状况之所以较差，主要在于农工储蓄社"鲜有成规遵循"，一般民众"安于大贫，未至悬殊"，对合作"似无所需"，加之"思想方面之旧的坚为保持，于是新的自难接受"。[⑥]同时，农工合作储蓄社中

---

① 伍玉璋《四川省合作建设之实际及其问题》，《合作事业》，1941 年第 3 卷第 1—4 期，第 42 页

② 上海合作联合会成立曾将由伍玉璋创办的成都农工合作储蓄社误认为是农工消费合作社。《上海合作联合会成立纪念大会记》，张允侯等《五四时期的社团》（四），三联书店，1979 年，第 128 页

③ 张允侯等《五四时期的社团》（四），三联书店，1979 年，第 55 页

④ 张允侯等《五四时期的社团》（四），三联书店，1979 年，第 56—57 页

⑤ 郭铁民《中国合作经济发展史》上册，当代中国出版社，1998 年，第 83 页

⑥ 伍玉璋《四川省合作建设之实际及其问题》，《合作事业》，1941 年第 3 卷第 1—4 期，第 42—43 页

"真正想为合作主义尽力的人太少，不过是对新的主义'见猎心喜'，随便拿来介绍"而已。① 1924 年负责人韩治甫逝世后，农工合作储蓄社实际上形同虚设。

第一节　四川消费合作社兴起的历史背景

七七事变前后，四川省人口压力与消费压力剧增。国民政府在物资奇缺、物价飞涨的环境下开始有意识地借助消费合作社来平抑物价、方便民众生活、"节省钱币之流通，而济纸币之不足"、②"缩短生产与消费之距离"、满足消费者"为自己之消费而生产"，最终实现"整个合作运动之理想"。③ 同时，抗战前农村合作社实践为消费社的运营提供了经验基础，以李敬穆、伍玉璋等人为代表的合作专家积极从事消费合作理论宣传又为消费社的发展奠定了理论基础。

一、人口压力与消费压力

全面抗战爆发前，四川省作为战时政治经济中心的地位确立。1935 年 3 月 2 日，蒋介石在重庆表示："就四川地位而言，不仅是我们革命的一个重要地方，尤其是我们中华民族立国的根据地。无论从哪方面讲，条件都很完备。人口之众多，土地之广大，特产之丰富，文化之普及，可说谓各省之冠，……因此四川同胞对于革命的成败，与国家民族兴亡存灭的责任非常重大。"④ 10 月 29 日，蒋介石在国防最高会议上所作题为《国府迁渝与抗战前途》的讲话确定了四川大后方政治经济中心的地位；30 日，国民

---

① 陆宝璜《合作主义的宣传和实施》张允侯等编《五四时期的社团》（四），三联书店，1979 年，第 81 页

② 《我国消费合作之重要及其推进之方针》，《合作事业》，1940 年第 2 卷第 12 期，第 2—4 页

③ 《战时消费合作之任务》，重庆市沙坪坝消费合作社《沙坪坝消费合作社三周年纪念特刊》，重庆市沙坪坝消费合作社，1943 年 9 月，第 5 页

④ 周开庆《民国川事纪要》（1938 年 1—6 月），台北四川文献研究社，1974 年，第 573 页

政府决定迁都重庆，31日，国民政府通电前线将士迁都重庆以继续抗战。11月20日，国民政府正式宣布迁都重庆，以便"此后将以最广大之规模，从事更持久之战斗"。四川省政府主席刘湘随即发电以示欢迎。[①]12月1日，国民政府在重庆开始正式办公，其他各机关相继迁入重庆。

整体而言，七七事变前后，四川物资供应相对充足，物价指数相对平稳，以1936年6月为100，1937年重庆市物价指数为98，货币购买能力指数仅为抗战前的102.02%，[②]增幅不大。1937—1939年，成都、重庆物品价格上涨和缓，通货膨胀不甚明显，城镇居民生活节奏基本未受影响，粮食供应、物价问题及公务员生活等问题因此也未引起国民政府的足够重视。四川省政府仅是从节约备战出发制定了《四川省节食运动实施规则》，号召各专员、各县市长"以身作则，并督励所属各级公务员、保甲人员及学校学生，实行一日两餐，以资提倡。"[③]然而《四川省节食运动实施规则》并未引起较大反响。随着战事日趋激烈，迁川人口激增，特别是重庆的人口增长尤为明显，详见下表：

表2-2：重庆逐年人口增长表[④]

年份	人口总数	年代	人口总数
1927	208000	1937	474000
1928	238000	1938	529000
1929	238000	1939	401000
1930	249000	1940	417000

① 重庆市地方志编纂委员会总编辑室《重庆市志》第一卷，四川大学出版社，1992年，第146页

② 重庆市地方志编纂委员会总编辑室《重庆市志》第一卷，四川大学出版社，1992年，第147页

③ 朱汇森《中华民国史纪要》，台北"国史馆"，1989年，第98页

④ 《西南实业通讯》，1946年第13卷第6—7期，第24页

年份	人口总数	年代	人口总数
1931	257000	1941	421000
1932	269000	1942	782000
1933	280000	1943	890000
1934	310000	1944	911000
1935	408000	1945	1050000
1936	446000	1946	1250000

1935—1938 年间，重庆市人口猛增 10 余万人。到 1945 年，重庆市区人口净密度达到每平方公里 9.16 万人，东部地区每平方公里甚至达到 11 万人以上。[①] 抗战时期的人口内迁，打破了四川成都、重庆等地的物资供需平衡。1940 年，宜昌、沙市失陷，江运阻断，四川物资供应受到严重威胁。太平洋战争爆发后，日本切断滇缅公路，重庆、成都物资严重缺乏，通货膨胀日益加剧。[②]1941 年重庆、成都的物价指数是 1940 年的三倍多，详见下表：

表 2-3：大后方商品物价指数表

地区 年份	整个中国	重庆	成都	康定	兰州	西安	贵阳
1938	131	126	128	137	146	146	105
1939	220	220	225	225	217	245	187
1940	513	569	665	587	399	497	413
1941	1296	1576	1769	1352	1061	1270	969
1942	3900	4408	4559	4388	2553	4120	3395
1943	12541	13298	14720	12982	10047	16229	9428
1944	43197	43050	56965	49229	26533	39679	34940
1945	163160	156195	170379	171053	88655	155341	167025

以重庆为例，食品类物价指数起伏明显，1937 年为 100，1939 年

---

① 周勇《重庆：一个内陆城市的崛起》，重庆出版社，1989 年，第 293 页
② 国民党政府统计处 1948 年《中国统计要览》刊登文字，参见张公权《中国通货膨胀史》，文史资料出版社，1986 年，第 242 页

是 151，到 1940 年增加了近千倍，1941 年与 1940 年相较激增至 3100；1940—1941 年期间，纤维、燃料、金属、木料、杂项等生活必需品均成倍增长，详情参见下表：

表 2-4：重庆分类商品物价指数表 [①]

1937 年 1—6 月 =100

物品 年份	总指数	食物	纤维	燃料	金属	木料	杂项
	22	10.5	3	2.5	2	1	3
1937	98	95	96	125	186	148	54
1938	104	89	156	213	400	217	64
1939	177	151	262	576	922	249	102
1940	1094	1129	715	1669	1453	1095	208
1941	2848	3100	1550	3508	2394	2607	596
1942	5741	5098	7688	13942	28286	10340	1173
1943	20033	19173	33842	29454	32688	16046	6376
1944	54860	49850	71210	145500	56260	78860	70250
1945 年 8	179500	158500	315100	486400	274400	229500	97500

商品物价指数的增高，直接反映了城镇居民生活水平的恶化，公务人员也不例外。公务人员薪俸虽有上升，但实际收入相较物价飞涨而言却是明显下降，以重庆市公务员的真实收入指数为例：

表 2-5：重庆市公务员真实收入指数表 [②]

1936 年 7 月—1937 年 6 月 =1

时期	平均	简任	荐任	委任	时期	总平均	简任	荐任	委任
1937	0.883	0.873	0.878	0.895	1941	0.141	0.0835	0.111	0.213
1938	0.681	0.654	0.667	0.714	1942	0.088	0.0549	0.0754	0.153
1939	0.402	0.408	0.416	0.446	1943	0.0881	0.0504	0.0684	0.134
1940	0.175	0.160	0.168	0.201	1944	—	—	—	—

---

① 贾秀岩、陆满平《民国价格史》，中国物价出版社，1992 年，第 156 页
② 孔敏等《南开经济指数资料汇编》，中国社会科学出版社，1988 年，第 353—358 页

续表

时期	平均	简任	荐任	委任	时期	总平均	简任	荐任	委任
1月	0.227	0.206	0.217	0.290	1月	0.088	0.047	0.067	0.137
2月	0.260	0.249	0.254	0.272	2月	0.078	0.040	0.059	0.125

　　1940年公务员平均收入指数仅为0.175，与1937年的0.883比较，是其近八倍。1937—1940年，无论简任、荐任，还是委任公务员，真实收入均大幅下降。从下表可以看出，重庆市各行业人员真实收入均存在不同程度的下降，1941年为1937年的16%，1943年更降低至10%，教师实际工资快速下降，1940年下降到32%。急剧下降直接反映了薪俸阶层购买力被严重削弱，他们的实际生活受到严重影响。

表2-6：重庆市各业人员实际工资降低情况表①

1937年=100

年度	公务员	教师	一般服务员	一般工人	产业工人	农业劳动者
1937	100	100	100	100	100	100
1938	77	87	93	143	124	111
1939	49	64	64	181	95	122
1940	21	32	29	147	76	63
1941	16	27	21	91	78	82
1942	11	19	10	83	75	75
1943	10	17	57	74	69	58

　　到1939年，重庆市人口达到401074人，若以1937年6月100为准，重庆市物价指数220，教师工资指数为64，公务员工资指数为49，购买力指数是1936年的28.17%。②1940年10月前后，成都市中小学教职员因米价高扬不得不呈请省政府"每月津贴白米五斗，以维生活"。③公务员方

---

① 本表根据张公权《中国通货膨胀史》第43页编制，该书于1986年在文史出版社出版，又见《四川省志·统计·工商行政管理·劳动志》，第410页
② 重庆市地方志编纂委员会总编辑室《重庆市志》第一卷，四川大学出版社，1992年，第166页
③ 《教职员请发米津》，《新新新闻》，1940年10月4日，第7版

面又因"薪饷收入有限，而用费骤增，家庭负担日重，精神物质，两受痛苦"，开始影响到政府办公的"行政效率"。① 四川省政府为此特令各县市普设公教消费社以适应战时需要。② 就消费社的重要性，正如时人所言，改善方法虽"非一端"，但"切近易举、成效易著者，厥为利用消费合作组织"。③ 在稳定秩序、改善公教系统生活方面，消费合作社日益被国民政府寄予厚望。

二、四川合作事业的初步实践

20 世纪 30 年代前后，由于四川军阀之间的混战，合作社发展水平十分有限，不过却开始了消费合作实践。1932 年，李敬穆等人组织成立成都裕生消费社，采办日用必需品供给社员。简章规定：民众入社必须满 20 岁，每社员认购一股，不论入股多少仅有一票选举权和表决权；社员自由退社；股息年息一分二厘；盈余 30% 作公积金，其中 20% 分作教育基金，10% 作教育奖励金，其余 70% 按消费者购买额度大小比例摊派（非社员减半）；社员大会、理监事职能划分明确，实际已具战时消费社的雏形。④

四川合作社的发展还有其现实动因。1932 年 12 月，红四军建立了川陕革命根据地，因自然条件恶劣又处于经济封锁中，物资极为匮乏，中共第四次代表大会要求各级苏维埃"把发展合作社放在发展经济的首位，列为打破敌人军事围剿的中心工作之一"。在共产党领导下，根据地消费、信用、运销、生产合作社发展迅速，仅通江县就建立了 100 多个合作社，甚至一些村也建立了合作社。⑤ 在此前后，旱灾也是促进消费社发展的催化剂。1934 年川东大旱，合川 60 万人以树皮豆叶充饥，綦江县 16.6 万饥民

① 《各机关组设消费合作社之必要》，《陆军经理杂志》，1941 年第 1 卷第 2 期，第 35 页
② 《省府令各县普设公教社》，《新新新闻》，1941 年 8 月 1 日，第 7 版
③ 《发起组织成都市第一市民消费合作社缘故》，四川省档案馆，第 85 全宗号，第 30 卷，1949 年
④ 《各地合作运动》，《社会导报》，1932 年第 2 卷第 5 期，第 26—27 页
⑤ 四川地方志编撰委员会编《四川省志·供销合作社志》，北京方志出版社，1997 年，第 2 页

食草根树皮，大足县农民割豆、麦嫩苗、草充饥。[①]1935—1936 年，四川连年干旱，以 1936 年为例，"重灾县 26 个，次重灾县 46 个，轻重灾县更是多达 60 多个，灾民竟至 3000 余万"。[②]出于政治上"剿匪"、经济上救济灾民的需要，1935 年国民政府军事委员会委员长行营电告四川省政府："现川省收复各县，合委会亟应成立，农村救济，尤应赴办，不容或缓。"并选派 25 人赴川开展工作。[③]9 月 15 日，蒋介石在峨眉山军训团演讲时指出："我们要解决民生问题，必须努力解决经济建设；经济建设最重要最有效的方法，就是普遍推行合作制度，合作事业。"[④]10 月，四川省农村合作委员会组织成立，由国民政府委员会委员长行营和省政府共同领导，具体负责指导全省合作事业，中国农民银行负责贷款，希望借助通南巴八县等农村合作社以"救济灾区""复兴农村"。1936 年 11 月合作金库组织成立，相继在达灌等县设置分库。[⑤]短时间内通江、南江、巴中、昭化、广元、剑阁、苍溪、旺苍、仪陇、南部、盐亭、达县、城口、万源等县组成 877 个预备社。[⑥]截至 1935 年底，基层合作社共 2612 个，1937 年达到 8846 个，1938 年 15270 个，1939 年 21814 个，业务种类齐全，包括信用、供给、生产、运销、消费、保险及公用社。[⑦]农村信用社及消费社的组建或多或少为城镇消费社的发展提供了可资借鉴的经验性依据。

---

①　重庆市地方志编纂委员会总编辑室《重庆市志》第一卷，四川大学出版社，1992 年，第 132 页

②　《华洋义赈救灾总会四川分会 1938—1940 年农贷工作报告》，中国第二历史档案馆馆藏，中国华洋义赈救灾总会档，全宗号：573，案卷号：66

③　四川地方志编撰委员会编《四川省志·供销合作社志》，北京方志出版社，1997 年，第 3 页

④　彭师勤《如何树立我国的合作制度》，《合作事业》，1941 年第 3 卷第 1—4 期，第 15 页

⑤　伍玉璋《四川省合作建设之实际及其问题》，《合作事业》，1941 年第 3 卷第 1—4 期，第 43 页

⑥　中国人民政治协商会议西南地区文史资料协作会议编《抗战时期西南的金融》，西南师范大学出版社，1994 年，第 438 页

⑦　四川地方志编撰委员会编《四川省志·供销合作社志》，北京方志出版社，1997 年，第 24 页

三、关于四川合作理论的探讨

四川因地处西南，交通不便，信息闭塞。然而，如前所述，四川对合作理论关注甚早。20世纪30年代初，李敬穆、伍玉璋等人又在成都创办了《社会导报》，以《社会导报》为舆论阵地关注全国合作事业的发展，介绍合作理论，特别是对消费合作理论尤为关注，这就为四川消费社的发展奠定了理论基石。《社会导报》主要通过文章形式介绍合作理论与其他省市合作事业发展概况，并期望合作理论解决当时实际问题。如有的论者认为，既然合作目的"第一是社员间的相互保障；第二是要得到生活的安乐；第三要得到生活的独立与安全"，那么合作事业即可用来解决粮荒问题，但同时"匪惟金融一时之救济，实谋人群永久之团结"，因此消费社"不过为目前调剂米荒之一种迫切办法"。[①]《社会导报》每期单独开专栏介绍各地合作运动，如第一卷第九期就刊登了《南京合作事业发展概况》《首都房屋合作社筹备大纲》《筹备中太原市消费合作社》等，[②] 同时还介绍了华洋义赈总会、浙江、江苏、河北、江西、绥远、湖南、上海以及贵州等省市合作事业发展情况，这些介绍使四川合作运动从一开始就具备了全国性视野，为四川消费合作社的推进提供了经验性基础。

关于合作理论特别是消费合作理论，主编李敬穆进行了较好的梳理阐释。李敬穆认为，"中国人唯一的出路，就是赶紧组织合作社"，合作运动"要解决劳苦大众的生活压迫"，应为"全民众谋利益，并不是只要某一阶级占便利"。同时，只有消费、生产、信用三种合作分别进行，才"可以解放全中国的劳苦大众"。[③] 在仔细梳理国外合作运动中政府与合作社的关系后，李敬穆认为，政府办理合作社存在"易养成社员的依赖性""社务不易发展""成立不健全"等缺点，因此他提出政府"第一步要使人民了

---

① 方之恺《米荒共产与合作事业》，《社会导报》，1932年第1卷第8期，第14页
② 《各地合作运动》，《社会导报》，1932年第1卷9期，第21—24页
③ 李敬穆《中国农业金融机关论》，《社会导报》，1932年第1卷第11期，第2页

解合作，怎样组织合作；第二步要竭力保护合作，监督合作，使他不受摧残，不走能上歧路"。^① 此外，《社会导报》第二卷第三期转载周曾唯《合作社本身检阅的标准》，介绍信用合作社、购买合作社、储蓄合作社、建筑合作社、灌溉合作社具体标准。^②《社会导报》还转载了薛仙舟遗稿《消费合作》以宣传消费合作理论。^③ 李敬穆随即又写成《从资本经济制度说到合作主义》一文，对经济组织变迁、资本制度发生演进、特征及主要法则等进行了深刻剖析，从总体上梳理了合作社的源流。^④ 在"从事于理论之研究及社会人士从事于实际"的基础上，1932 年 4 月 3 日，一些学者发起成立了四川合作事业促进会，以"研究合作学理，调查合作事业，指导合作社团之组织，促进合作事业之发展"为宗旨。^⑤

在宣传合作理论的同时，李敬穆等人还对合作社存在的诸多问题进行了检视。针对春熙路大曲酒合作社"假合作之名，行欺诈之实"，李敬穆建议社会局"予以取缔，停止其进行"；时人还主张组织工人合作社，妇女也可从事合作运动。^⑥ 鉴于旧有组织混乱、种类繁杂、社员合作意识淡薄等问题，李敬穆还要求"整理"旧合作社，设置"模范合作区"以吸引社员社入社。^⑦ 针对军队组织成立消费社的诉求，李敬穆写成《怎样组织军队消费合作社》一文进行阐释，认为消费社"在军队中很少有实行的，或仅有形式上的组织很少有实际的精神的，或因缺乏合作人才，仅具热忱，而因循未能举办的"。在对上述诸多问题进行深思熟虑后，他认为军队消费社能"减轻军人消费的负担，稳固军人个人的经济"，有助于"促进军人精神的团结，增加军人对于军队生活的兴趣"，进而"减少军人的犯罪，

---

① 李敬穆《合作运动与政府》，《社会导报》，1932 年第 2 卷第 1 期，第 2 页
② 周曾唯《合作社本身检阅的标准》，《社会导报》，1932 年第 2 卷第 2 期，第 24—27 页
③ 《消费合作》，《社会导报》，1932 年第 2 卷第 1 期，第 28 页
④ 李敬穆《从资本经济制度说到合作主义》，《社会导报》，1932 年第 2 卷第 3—4 期，第 1—8 页；《从资本经济制度说到合作主义（续）》，《社会导报》，1932 年第 2 卷第 5 期，第 4—10 页
⑤ 《四川合作事业促进会成立》，《社会导报》，1932 年第 2 卷第 3—4 期，第 22 页
⑥ 《合作短评》，《社会导报》，1932 年第 2 卷第 5 期，第 1—2 页
⑦ 李敬穆《敬告今之提倡合作事业者》，《社会导报》，1932 年第 2 卷第 6—7 期，第 1—2 页

保全军人的德性"。李敬穆还对军队社员、总分社、社股、社员大会、代表大会、理事会、监察委员会、教育委员会、职员、盈余分配及军队消费合作联合作战联合会进行了详细规定，[①] 这些应属国内当时对军队消费社比较成熟系统的思考。李敬穆的消费合作思想集中体现在《消费合作经营论》一文中，文章在仔细梳理消费社起源的基础上，认为消费合作"乃需要之群众因个人能力薄弱，欲望不能充分满足，于是相互联合藉群力以求得较好结果之意思"。具体是指"用经济的方法，供给人生必须物品"，物价昂贵、"数量虚浮，品质恶劣"等"均能扫除净尽"。这篇文章还说明了创设消费社的具体步骤，要求调查消费者类别、物品种类、市场供应状况，号召加强合作宣传，同时强调了加强社员训练、营业预算、商店选择与布置的重要性，并对创设股本、人数、社员、资本、职员、经营方法、盈余分配等进行了全面论述，[②] 此文应是当时消费合作论著之中洞见颇高的论文，为四川消费社的推进作了较好的理论铺垫。

第二节　四川消费合作社发展的有利条件

抗战时期，中国经济政治环境十分严峻，不过四川却存在着诸多有利条件。1935 年，四川防区制时代结束，军阀割据宣布结束，为四川合作经济发展提供了有利的外部环境。同时，由于高校、政府机关以及工矿企业的内迁，四川因此成为人才汇集的中心，特别是国内从事合作运动的优秀专家学者到来，为四川消费社的发展奠定了人才基础；另一方面，太平洋战争爆发前后，香港、上海等沿海省市的游资逐渐向成都重庆汇集，资金的拥有者在物贵钱贱条件下也十分愿意加入消费社，这些有利因素为四川消费社发展提供了较好的条件。

---

① 李敬穆《怎样组织军队消费合作社》，《社会导报》，1933 年第 3 卷第 3 期，第 1—6 页
② 李敬穆《消费合作社经营论》，《社会导报》，1932 年第 1 卷第 9 期，第 6—14 页；《消费合作社经营论（续）》，《社会导报》，1932 年第 1 卷第 10 期，第 12—16 页

一、川政统一

20 世纪 30 年代前后，四川军阀混战，经济发展水平低下，民主化改革呼声四起，但动荡的局势甚至使一般性政治活动均难得到保证。1927—1928 年期间，国民政府曾多次尝试掌控四川，均因川军抵制无果而终。1929 年末，国民党全国党员共 266000 人，四川仅有区区的 77 人，少于其他任何一省，[①] 四川实际上完全是一个"独立王国"。1933 年 7 月 4 日，二刘大战以刘湘完全控制四川而结束。国民政府从此加快了控制四川的步伐，1934 年 10 月 15 日，国民政府将重庆市定为乙种（直辖）市；11 月 13 日，刘湘亲赴南京呈请国民政府给予军事财政援助以实现川政统一。12 月 17 日，南京国民政府军事委员会决定派军入川。[②]1935 年 1 月，国民政府军事委员会委员长行营参谋团在重庆成立，11 月 1 日改组为"重庆行营"。[③]1936 年 2 月 9 日，刘湘被任命为四川省保安司令；10 日，改组后的四川省政府在重庆宣布成立，由刘湘担任省主席。[④] 就在上任当天，刘湘命令各县县长将政务权力交还省政府："从二月十号省政府成立之日，将往昔代管之一切政务，完全归还省政府。此后一切政治之设施，统由四川省政府秉承中央之法令切实奉行。"[⑤]2 月 20 日，蒋介石电令刘湘、杨森等人将民政财权移交省政府管理。[⑥] 为保持各县市政权的稳定性，刘湘将各县县长、局长进行了对调。6 月，蒋介石召开川军将领会议，一再强调军队整编的重要性，并提出了具体的整编方案。从 6 月 25 日起，参谋团开始着手整顿川军，决定裁汰军员三分之一。[⑦] 在此过程中，刘湘等人虽然十分不满，

---

① 罗伯特·A. 柯白《四川军阀与国民政府》，四川人民出版社，1985 年，第 95 页
② 重庆市地方志编纂委员会总编辑室《重庆市志》第一卷，四川大学出版社，1992 年，第 131 页
③ 匡珊吉、杨光彦主编《四川军阀史》，四川人民出版社，1991 年，第 435 页
④ 重庆市地方志编纂委员会总编辑室《重庆市志》第一卷，四川大学出版社，1992 年，第 133 页
⑤ 匡珊吉、杨光彦主编《四川军阀史》，四川人民出版社，1991 年，第 452 页
⑥ 匡珊吉、杨光彦主编《四川军阀史》，四川人民出版社，1991 年，第 453 页
⑦ 匡珊吉、杨光彦主编《四川军阀史》，四川人民出版社，1991 年，第 458 页

但川军二十军部最终被划归重庆行营指挥。相继经历整军会议、第二次整编之后，川军实际完全为国民政府所掌控。鉴于防区制时代金融混乱局面，蒋介石又着手整顿四川财政。1935 年 3 月 25 日，中央银行重庆分行正式成立，力图建立统一的四川金融体制。[①]6 月 30 日，国民政府又公布《民国二十四年四川善后公债条例》，规定发行四川善后公债 7000 万元;《民国二十四年整理四川金融库卷》又允准发行金融券 3000 万元。[②] 国民政府这些努力，改变了四川金融的混乱状态，为四川合作运动提供了有利的金融环境。1935 年 10 月，四川省农村合作委员会值此背景下组织成立，由国民政府委员会委员长行营和省政府共同领导。[③]合作社自此进入政府推动的发展时期，仅 1935 年全省就建立了基层合作社 2612 个，到 1937 年增至 8846 个，1938 年 15270 个，1939 年 21814 个，业务种类齐备，包括信用、供给、生产、运销、消费、保险、公用社等。[④]

二、人才入川与游资增多

七七事变后的成都、重庆除具有地理位置特殊与自然资源丰富等有利条件外，主要优势还在于高校、党政机关、工矿企业相继迁川，使四川成为人才荟萃的中心;太平洋战争爆发后，上海、香港等地资金大量流入大后方的重庆、成都，确立了四川战时金融中心地位，这就为合作社发展提供了人才基础与资金充裕的外部环境。

其实，1937 年前的四川金融机构较少，仅有 124 家;重庆金融资本总额 1600.6 万元，平均每家仅有 50 万元，[⑤] 资本的薄弱决定了用于发展合作经济的资金十分有限，合作运动的资金不得不转而依靠"中国农民银行之

① 重庆市地方志编纂委员会总编辑室《重庆市志》第一卷，四川大学出版社，1992 年，第 134 页
② 匡珊吉、杨光彦主编《四川军阀史》，四川人民出版社，1991 年，第 441 页
③ 四川地方志编撰委员会《四川省志.供销合作社志》，北京方志出版社，1997 年，第 3 页
④ 四川地方志编撰委员会《四川省志.供销合作社志》，北京方志出版社，1997 年，第 24 页
⑤ 中国人民政治协商会议西南地区文史资料协作会议《抗战时期西南的金融》，西南师范大学出版社，1994 年，第 1—2 页

农贷"。为适应合作社发展的资金需要，1936 年 11 月合作金库组织成立。1939 年 7 月，合作金库依据经济部颁行的合作金库规程进行改组，废除总分库制后的四川省合作金库股金总额增至 1000 万元，[①] 这一定程度上促进了合作社的发展。不过，如下表所示，政府、银行资金的整体投向主要是商业、工业、矿业，合作社的资金投入仍然十分有限。

表 2-7：银行及钱庄资金流向表[②]

行（庄、号）别	放款类 %			
	商	工	矿	其他
银行	60.95	13.72	5.87	10.42
钱庄	93.81	1.78	2.44	1.97

武汉、徐州失守后，各地游资不断向四川转移。据现有研究估计，1940 年"重庆、昆明两城市游资超过 10 亿元，用于商品和粮食投机；1941 年活动于大后方各重要城市如重庆、成都、昆明、贵阳等地的游资不下 50 亿元"。[③] 在银号、钱庄改组为银行后，到 1941 年底，重庆市银行"由战前的 9 家增为 18 家，翻了一番；银行分支行处由战前的 27 家，约增 160%，钱庄银号由战前的 23 家增为 53 家，约增 130%；合计为 143 家，较战前的 59 家约增 140%"。银行资本总额均有不同程度的增长，"1937 年以前，总额仅为 1400 余万元；1941 年增为 22800 元，约增 16.3 倍，1943 年 10 月增为 53500 余万元，较战前约增 38.2 倍；较 1941 年约增 2.35 倍"。钱庄银行资本总额也增长较为迅速，"战前资本总额仅为 200.6 万元，1941 年底增为 2608.8 万元，约增 13 倍；1943 年底则增为 4325.8 万元，较战前

---

① 伍玉璋《四川省合作建设之实际及其问题》，《合作事业》，1941 年第 3 卷第 1—4 期，第 43 页

② 中国人民政治协商会议西南地区文史资料协作会议《抗战时期西南的金融》，西南师范大学出版社，1994 年，第 7 页

③ 抗日战争时期国民政府财政经济战略措施研究课题组《抗日战争时期国民政府财政经济战略措施研究》，西南财经大学出版社，1985 年，第 331 页

约增 21.6 倍，较 1941 年约增 1.65 倍"。[①] 资金充足的银行界开始"多向内地投资"，自然都市金融及农村金融，"均较过去充裕，有了资金社会化的趋势"，[②] 这实际上为推进合作社发展提供了资金心理安全支持。

高素质人才入川是四川消费社发展的又一重要原因。抗战时期政府机关、高校及工矿企业相继迁川，公务员、学校教职员、工人人数迅速增长。国民政府先后迁川的党政机关 57 个，各级干部和工作人员约 5000 人；迁川工厂 250 多家，工人人数达到一万多人，占战时内迁工厂数的 55.8%，高等学校 48 所，师生二万余人，占内迁院校的 76.8%。[③] 抗战前重庆公务员人数仅占总人口 1.92%,1942 年却占到了总人口的 8.09%。[④] 据非正式统计，"自东战场逃来的难民中，文化教育者占百分之五十五，党政及国营事业者占百分之二十一，商人占百分之十，工人占百分之六，而农民仅仅占百分之二"。[⑤] 又据中央建教合作委员会 1940 年《非常时期专门人员总调查》显示，参与开发建设的 339 个单位中，知识界人士共 7746 人，1938—1940 年进入后方工作的技工达到 12164 人，四川省就占到了 55%，共 6700 人。[⑥] 内迁高校学生也是入川的重要群体。根据有关统计，抗战期间先后迁川的高校共 48 所，占国统区 108 所高校中的 44%。[⑦] 就重庆沙坪坝而言，大中专院校师生超过两万人，仅大学生就达到 6000 余人，1940 年以后大中学生保持在两万人以上，每年赴沙坪坝参加考试的人数就达到了一万余人，[⑧] 这也是当时沙坪坝消费社发展迅速的重要原因。总之，教师、公务员、工人等高素质人才的迁入

---

① 丁道谦《战时四川金融回顾》，中国人民政治协商会议西南地区文史资料协作会议《抗战时期西南的金融》，西南师范大学出版社，1994 年，第 4—5 页

② 寿勉成《推进四川合作事业诸问题》，《四川合作》，1940 年第 1 卷第 1 期，第 46 页

③ 侯德础《抗日战争时期中国高校内迁史略》，四川教育出版社，2001 年，第 73 页

④ 朱丹彤《抗战时期重庆的人口变动及影响》，《重庆交通大学学报（社科版）》，2007 年第 3 期，第 41 页

⑤ 《许委员长讲难民问题》，《新华日报》，1938 年 5 月 22 日，第 2 版

⑥ 候德础《论抗战时期的川省工业》，《抗日战争史论丛》，四川大学出版社，1985 年，第 117 页

⑦ 李仲明、刘丽《抗战时期中国高校的内迁》，《文史精华》，1995 年第 7 期，第 28 页

⑧ 重庆市沙坪坝区地方志办公室编《抗战时期的陪都沙磁文化区》，科学技术文献出版社重庆分社，1989 年，第 145 页

为四川省消费社的发展提供了人才条件。更为重要的是，重庆、成都作为战时的经济、政治中心，汇集大批合作专家如章元善、王世颖、许昌龄、陈果夫、屠绍祯等，这些时兼多职的政府人士在制定经济政策时对合作事业的兼顾实际上也推动了消费社的进一步发展。

第三节　四川消费合作社的发展脉络

按合作史专家赖建诚的看法，国民政府时期的合作运动分为1928—1931年的发轫时期。南京国民政府成立后，国民政府与民间团体始终将农村合作社视为复兴中国经济的关键。正如王世颖所强调，合作运动"要在我国植其基础，应该在农业方面多下一番功夫"，即欲"振兴我国颓废的农业，除合作外，几乎无其他捷径可循"。[①] 然而，农村合作社"在名义上虽限定于农村，而实际上却是沟通并调和农村与都市的经济关系的一种中介"，也是"调节农村与都市之间的经济关系，促进农村'社会化'的一种重要工具"。[②] 梁漱溟则从农村合作与城市工业关系方面强调，经济建设"头一着就当有计划地大规模普遍推行合作于全国乡村，要于短期内将农民纳于合作组织中"，随即"从农业生产发出来对于工业的需要，从农民消费发出来对于工业的需要"。[③] 章元善也表达了类似看法，表示"欲使中国成为现代化的国家，非工业化不可，只是要中国工业化，须先从复兴农村入手，而复兴农村，则必须以合作为手段，以合作达到复兴农村之目的，徐以完成工业化"，而复兴农村的关键是"普遍的扶助农民组织信用合作社，以低利借给农民，压低高利贷，使农村金融活泼流通"。[④]

关于农村消费社在各类合作社中的地位，王世颖认为，只有农村消费合作是"站在同是消费者的立场上，比较的是能彼此和谐的"，社外民众

---

① 王世颖《农业合作组织通论》，《合作月刊》，1930年第2卷第9—10期合刊，第4页
② 王世颖《农村经济及合作》，黎明书局，1935年，第40页
③ 《乡村建设理论》，《梁漱溟集》，群言出版社，1933年，第743页
④ 章元善《合作社在中国所负之使命》，《江苏合作》，1936年第1期，第6页

对消费社也"均不会有什么嫉忌"，王世颖甚至还乐观地认为，商业高利贷者与农村消费社完全有合作的可能。① 若从合作社"以生产为消费的一种技术，也就是消费中心经济论为立场"来讲，② 无论生产合作社，还是其他合作社均必须以消费为中心，实际从侧面也肯定了消费社的地位。中国合作学社在呈送国民党中执委繁荣农村方案中强调，农村合作应使"消费合作社与生产合作社切实联络"以避免中间商的盘剥，认为城市消费社或联合社向农村合作社购买货品"不但能沟通生产与消费之合作，且可济农民组织能力之所不及"。③ 鉴于浙江农村生产合作社"销售之大困难"，中央合作指导人员训练所的陈仲明认为，"只有发展消费合作社，并使消费合作与生产合作彼此密切联络，携手共进，方为正当之发展途径"。李放春也表示，农村消费合作"实有亟图发展的必要"，必须以"农村消费合作事业为先锋，它必须应遍地走向广大的田野去，才有大量开展的可能"。④总之，农村合作社必须"自消费部分开始"。⑤

1931—1935 年的救济政策时期，合作行政渐趋统一，以救济水灾、复兴农村经济及收复沦陷区为目的。抗战初期，国民政府推动农村合作社发展存在诸多有利条件，具体包括："（一）农村破产日益深刻，农民益感合作组织之必要；（二）国民政府奠定之后，一般爱国人士咸思致力于建设，而苦无前途可循，乃转而注重合作事业；（三）银行界亦深悟工商业之不振，以农村破产为其最大原因，又以国币集中于都市，无法运用，坐耗利息，终非长策，乃思投资于农村，一以救济农村之凋敝，一以开关都市游余资金之尾闾。"⑥ 在诸多因素综合作用下，农村合作社特别是信用合作社发展快速，消费社同时也获得了一定程度发展。1931—1935 年期间，具体发展

①　王世颖《农村经济及合作》，黎明书局，1935 年，第 224 页
②　《从经济与社会说到合作的趋势》，《合作月刊》，1935 第 7 卷第 7—8 期合刊，第 25 页
③　《中国合作学社关于以合作方式繁荣农村致国民党中执委呈》（1932 年 12 月 3 日），中国第二历史档案馆《中华民国史档案资料汇编》，江苏古籍出版社，1994 年，第 63—64 页
④　李放春《消费合作在中国应有的姿态》，《农村经济》，1936 年第 3 卷第 5 期，第 49 页
⑤　李放春《消费合作在中国应有的姿态》，《农村经济》，1936 年第 3 卷第 5 期，第 52 页
⑥　于永滋《中国合作社之进展》，《东方杂志》，1935 年第 32 卷第 1 期，第 24—25 页

情形如下表所示：

表 2-8：1931—1935 年全国合作社类别表[①]

年份社数及 %	信用	运销	购买	利用	生产	消费	保险	贮藏	兼营	其他	总计
1931 社数	1379	15	32	9	86	54	1				1576
%	87.5	0.9	2.0	0.6	5.5	3.4	0.1				100
1932 社数	2213	36	54	133	204	122	1				2763
%	80.1	1.3	2.0	4.8	7.4	4.4					100
1933 社数	5720	61	129	35	304	125	1	7		564	6946
%	82.3	0.9	1.9	0.5	4.4	1.8		0.1		8.1	100
1934 社数	9841	1059	547	466	1260				1476		14649
%	67.2	7.2	3.7	3.2	8.6				10.1		100
1935 社数	15395	2288	738	1069	2308				4330		26128
%	58.9	8.8	2.8	4.1	8.8				16.6		100

可以看出，信用社占有较大比重，三年间消费社数量虽有所增加，但比重甚小，1932 年仅占 4.4%。不过，从 1932 年统计的社员人数来看，全国 151212 名社员中消费社社员数位居第二位，共 42095 人，占总数 27.81%。1933 年，全国共有 3087 社，社员 137638 人，消费社"仍列第二，有 35395 人，占总数 25.71%"。[②]若按照每社的平均社员数计算，1936 年每社平均数 91 人，位于其他各类合作社之首。[③]就社员的行业而言，1933 年的消费社社员主要集中在交通、工厂、党政军及学校系统，其中以交通行业 16483 人为最多，农村参加者甚少。[④]

---

① 吴华宝《中国之农业合作》，《大公报》，1936 年 4 月 22 日；方显廷《中国之合作运动》，《大公报》，1934 年 5 月 16 日。又见岳谦厚等《1930 年代中国农村合作运动讨论中的合作社兼营问题——以〈大公报〉所刊文章为素材的一个考察》，《中国经济史研究》，2009 年第 1 期，第 57 页

② 陈维藩《消费合作之研究》，上海教育日报馆，1936 年，第 106 页

③ 林嵘《我国消费合作社之回顾与前瞻》，《合作事业》，1944 年第 6 卷第 9—10 期，参见郭铁民《中国合作经济发展史》上册，当代中国出版社，1998 年，225 页

④ 秦孝仪《革命文献》，《抗战前国家建设史料（二）》第 85 辑，台北中央文物供应社，1980 年，第 132 页

就抗战初期全国消费社发展整体情况来看，华北及东南沿海等省市发展迅速。据上海 1932 年 11 月 15 日—12 月 17 日的统计，上海市各类合作社中消费社"居大多数"，消费社 28 家占总数的 75.7%，生产社占 5.4%，运销社占 13.5%，信用社占 2.7%；资本额度稍微落后生产社，具体而言，消费社 38392 元，占总额 24.75%，生产社 32200 元，占 20.75%，运销社 34258 元，占 22.08%，信用社 50000 元，占 32.23%，兼营社 302 元，占 0.29%。28 家消费社之中以学校消费社为主，占到三分之二，大多由理事会、经理负责经营，重要职员由理事监事担任。[①]

据 1932 年中央统计处统计，在二十一省七市区中，1932 年消费社共 218 个，生产社（包括运销社）共 418 个。1933—1934 年生产社发展速度加快，增速是消费社的十倍以上。以浙江省为例，消费社在 1932 年 14 个，生产社 30 个；截至 1934 年 8 月止，消费社 21 个，生产社 255 个，增加了百分之百；江苏省 1932 年消费社 49 个，生产社 193 个，年底生产社增至 250 个，消费社仅增加 79 个。时人因此感叹道："纵使消费合作社出生得早些，在趋势上已染了慢性病的症候。"[②] 截至 1935 年 4 月底，湖南长沙市消费社共 3 社，社员 6306 人，社股资金 7700 元；湖南全省消费社登记 9 社，社员 7210 人，社股金额 13219.50 元。截至同年 10 月底，汉口市消费社共 6 社，社员 2963 人。截至 11 月底，青岛市消费社 10 社，社员 9825 人，股数 25761 股，股金总额 105233 元。[③] 河北省消费社从 1930 年 11 月—1935 年 6 月底共 38 社，社员 3730 人，股金 8383 元；与其他类合作社相比，消费社虽落后于信用社与运销社，但多于林业、利用、文具与农垦社，详情见下表：

---

① 《调查统计》，《上海市消费合作社暂行通则》，《上海市合作事业委员会业务报告目录》（1932 年 9 月—1933 年 12 月），上海市社会局，第 34、44—49 页

② 李放春《消费合作在中国应有的姿态》，《农村经济》，1936 年第 3 卷第 5 期，第 48 页

③ 秦孝仪《革命文献》，《抗战前国家建设史料（二）》第 85 辑，台北"中央"文物供应社，1980 年，第 451、456、479、481、482 页

表 2-9：河北省成立登记备案各县合作社统计表 [①]

（1930 年 11 月—1935 年 6 月底）

社类	社数	社员数	股金数
信用合作社	3317	56797	169893
运销合作社	414	8819	30118
消费合作社	38	3730	8383
生产合作社	9	147	161
林业合作社	1	89	106
利用合作社	3	93	996
文具供给合作社	1	23	120
农垦合作社	1	111	2070
合计	3784	69809	21847

截至 1935 年 10 月底，山东消费社 55 社，信用社 556 社，生产社 81社，利用社 3 社，产销社 896 社，购买社 5 社。[②] 由于抗战初期管理混乱，一些消费社多未及时登记，上述数据实际上难以反映全貌，不过还是可以从整体上看出消费社所占比重甚小的概况，详情如下表：

表 2-10：全国合作社发展概况统计表 [③]

项目	信用	运销	购买	利用	生产	供给	消费	兼营	总计
南京	45	1	—	2	3	—	2		53
上海	9	11	98	—	5	—	—		123
北平	6	1	—	—	—	—	2		9
江苏	1731	213	164	109	504			1356	4077
浙江	945	128	97	26	495	—	—	281	1972

---

① 秦孝仪《革命文献》，《抗战前国家建设史料（二）》第 85 辑，台北"中央"文物供应社，1980 年，第 417—430 页

② 秦孝仪《革命文献》，《抗战前国家建设史料（二）》第 85 辑，台北"中央"文物供应社，1980 年，第 416 页

③ 《全国合作社发展概况统计》（截至 1935 年 12 月底），中国第二历史档案馆《中华民国史档案资料汇编》，江苏古籍出版社，1994 年，第 331 页

续表

安徽	1886	86	—	34	—	26	—	—	2032
江西	1511	40	—	430	—	27	—	55	2063
湖北	1363	1	—	537	—	—	—	—	1901
湖南	804	6	—	—	28	14	12	—	864
河北	5015	514	—	3	13	—	47	—	5592
河南	514	114	—	15	—	1	—	1104	1774
山东	1087	1029	106	10	1024	—	—	381	3637
福建	188	—	—	—	—	—	—	144	332
广东	53	41	51	13	80	—	—	64	302
广西	—	—	8	—	—	—	—	—	8
山西	169	6	2	—	—	—	—	1	178
陕西	664	20	—	—	126	—	—	13	823
甘肃	49	—	—	—	—	—	—	—	49
绥远	53	—	—	—	—	—	—	—	53
总计	16118	2211	526	1179	2278	68	63	2299	25842
百分率	62.37	8.56	2.04	4.56	8.82	0.26	0.24	13.15	100

由上表不难看出，各省区合作社仍以信用社为主，占总数的62.37%，其余依次是兼营、生产、运销、利用、购买、供给社。显然，消费社共63社与前面数据出入甚大，未能反映具体的发展状况；从区域分布来看，主要集中在湖南、河北等省。从消费社社员数来看，南京457人，北平2090人，湖北7392人，河北3859人，共13798人，浙江11759人，占1.39%，超过供给社占到了0.4%。① 截至1937年6月底，全国经营消费业务的合作社与生产社、运销社相较，"所占百分比已显居重要地位"，信用社社数反"退居次要地位"。② 显然此种表述有违事实，根据寿勉成的统计，1937年

① 《全国合作社发展概况统计》（截至1935年12月底），中国第二历史档案馆《中华民国史档案资料汇编》，江苏古籍出版社，1994年，第332页

② 《国民政府主计部关于战时全国合作事业发展状况的调查统计》，中国第二历史档案馆《中华民国史档案资料汇编》，第二编财政经济（八），江苏古籍出版社，1994年，第157页

底消费合作业务仍"尚仅占全部合作业务 0.4%，即使将公用社计算入内亦仅占 0.5%。"[1] 这一阶段消费社之所以发展缓慢，除国民政府重视发展信用社外，社员素质不高也是一个重要原因，这可在 1933 年社员识字能力不高中窥见一斑：

表 2-11：社员识字能力表（1933 年）[2]

单位：人

合作社类型	识字	不识字	不明	合计
信用	33724	30355	6861	70940
生产	6210	5276	2025	13511
消费	17368	5515	12512	35395
利用	2681	15330	889	5103
购买	1193	767	84	2044
运销	5246	2922	137	8405
其他	1256	936	48	2240
合计	67678	47304	22656	137638
百分比	49.1	34.3	16.6	100

消费社社员识字能力数虽较其他社较高，但不识字率仍占较高比重，近四万人中不识字及不明是否识字者占到了近一半以上。由于社员识字能力较低，合作知识难以普及，自然也就限制了消费社的发展。

总之，在他看来，1935—1937 年是施行合作法、推行合作事业时期，1937—1945 年的新县制与合作事业配合时期，统制色彩浓厚；最后一个阶段是 1945—1949 年合作事业重整时期，形成了全国统一的合作行政体系、合作金融网，因全面内战而失败。[3] 应该说，赖建诚先生对合作运动的整体演进进行了准确把握。然而，这种整体性分期方法对四川消费社发展分

---

① 寿勉成《我国战时消费合作之成就及今后应有之改进》，《合作事业》，1944 年第 6 卷第 9—10 期，第 1 页

② 秦孝仪《革命文献》第 85 辑，台北"中央"文物供应社，1980 年，第 134 页

③ 赖建诚《中国合作经济运动在不同政权管辖区内的特质比较：1912—1949》，"中央研究院"近代史所《近代中国区域史研讨会论文集》（上册），台北，1986 年，第 442—443 页

期却并不适宜。四川合作运动发端于清末，由于 20 世纪 20 年代侧重于合作宣传，加之资料散失，是否成立有消费社实际难以考证。笔者在此拟将抗战爆发后的四川消费合作社分为三个阶段：

第一阶段为初步发展时期（1931—1939）。截至 1931 年 2 月，全国各类合作社包括信用、供给、生产、运销、消费、公用六种，信用社共 20255 社，供给社（包括供销）12 社，生产社（包括产销）476 社，运销社 14 社，公用社 4 社，消费社仅有 58 社。[①] 截至 1937 年底，消费社也仅占全部合作业务的 0.4%。即使将公用社并入计算，亦仅占有 0.5%。[②] 根据登记数量来看，1937 年仅 2 个，社员数 227 人，股金不变 2223 元；1938 年 6 个，社员 864 人，股金额 7369 元，贷款为 2250 元；1939 年，消费社激增至 25 个，社员 2544 人，股金额增至 25354 元，贷款额度也增加至 15052 元。[③] 从社数、社员数、股金的百分比来看，1937 年社数仅占 0.091%，社员占 0.201%，股金占 0.693%，但无甚贷款；1938 年，社数占 0.73%，社员数占 0.196%，股金占 0.672%，贷款额度占 0.027%；1939 年，社数占 0.150%，社员数占 0.281%，股金占 1.100%，贷款占 0.062%。[④]

与全国消费社发展迅速相较，四川消费社发展整体相对滞后。1936 年，重庆市消费社因"风气未开，合作社本身的力量也很薄弱"，未"促起整个社会的注意"。[⑤]1938 年成都市内消费社"不过数处，规模过小，所被不广"。[⑥]1939 年前，重庆市核准登记仅 3 所。[⑦]四川各县政府及党部合作指

① 《合作业务种类及其分配情形》，许昌龄，《四川合作事业概览》，四川省合作事业管理处，1941 年，第 92 页

② 寿勉成《我国战时消费合作之成就及今后应有之改进》，《合作事业》，1944 年第 6 卷第 9—10 期，第 1 页

③ 伍玉璋《四川省合作建设之实际及其问题》，《合作事业》，1941 年第 3 卷第 1—4 期，第 44 页

④ 伍玉璋《四川省合作建设之实际及其问题》，《合作事业》，1941 年第 3 卷第 1—4 期，第 46 页

⑤ 曹海秋《六年来重庆市的消费合作社事业》，《消费合作》，1944 年第 1 卷第 2—6 期合刊，第 18 页

⑥ 《保证责任成都市戊寅消费合作社章程草案》，成都市档案馆，《市戊寅消费合作社成立登记、章程及市府批示》，民 38 全宗，第 7 目录，第 160 号，1938 年

⑦ 王蕾《重庆市消费合作社之分析》，《工业合作》，1942 年第 3 卷第 6 期，第 48 页

导人员仅 3 人，放款机关 1 所。① 在全国 16 省市（正式社）425 个消费社中，四川仅占 0.540%，1939 年占 0.150%，但仍仅占全国的 0.296%。② 根据 1939 年 9 月统计，9 月前共 16 社，其中兼营社 2 社；9 月登记的专营消费社 2 个，新增社员数 188 人，连前共 1882 人，兼营 201 人，新增社股 156 元，连前共 3694 元，兼营 341 元；社股金额新增 780 元，连前共 18479 元，兼营数额 1705 元，放款 800 元；截至 9 月底共贷款 10250 元，其中兼营社 1752 元；兼营社 9 月收回总数共 600 元，兼营社 1122 元，结欠 9650 元，兼营社 630 元。③ 经营额度如此之小却欲吸引社员扩大经营规模，其难度可想而知。

　　四川全省消费社发展之所以发展滞后，除受军阀混战影响外，还在于：首先，国民政府合作政策的重心是扶植农村信用合作社发展。1939 年之前，各地合作社"百分之九十是信用合作社"，信用社"完全操在银行的手里"，加之合作社"社务单独，未能与社员生活打成一片，不能引起社员对社的兴趣"。④ 四川省内即使组织消费社也必须取得军阀的支持，如李敬穆、林竹文、方之恺等人即在田颂尧倡导支持之下方才成立了川西北消费社。⑤ 正因田颂尧的保护，李敬穆、李群生、李殊伦、郑汝宾等又相继成立了成都裕生消费合作社。⑥ 因此一定程度上可以说，川政统一前的四川消费合作社是属于政府性行为，民间团体自发性不强。其次，农村人口密度低的特点限制了消费社的发展。屠绍祯指出，农村消费社存在要件是"居民要相当的集中，农村不比都市，居民多不紧密"，若居民"住处相隔

　　① 秦孝仪《革命文献》，《抗战前国家建设史料（二）》第 85 辑，台北"中央"文物供应社，1980 年，第 383、385—386 页
　　② 伍玉璋《四川省合作建设之实际及其问题》，《合作事业》，1941 年第 3 卷第 1—4 期，第 58 页
　　③ 《四川省农村合作委员会组社贷款分类概要表》，《四川省合作通讯》，1939 年第 3 卷第 4—5 期合刊，第 37 页
　　④ 聂思坤《合作运动之当前问题》，《四川省合作通讯》，1939 年第 3 卷第 4、5 期合刊，第 10—11 页
　　⑤ 《川西北消费合作社筹备成立》，《社会导报》，1932 年第 2 卷第 8 期，第 15 页
　　⑥ 《各地合作运动》，《社会导报》，1932 年第 2 卷第 5 期，第 26 页

颇远，成疏散形态，就不宜消费合作社的设立"。[①] 众所周知，西南地势崎岖、居民散居、财力有限，这些条件决定了农村消费社即使成立也难以持久经营。同时，由于农村生活必需品主要依靠自己生产，对消费合作社的需求并不明显，同时农民资金主要用于购买生产资料。另外，合作意识淡薄与赊欠习惯等因素也是导致消费社发展落后的重要原因。

第二阶段为城镇消费社快速发展时期（1940—1945）。全面抗战进入第三年，因物资奇缺、物价飞涨，城镇公教系统与普通居民生活每况愈下。如成都市中小学教职员不得不要求省政府"每月津贴白米五斗，以维生活"。[②] 1940 年 6 月，四川省政府特令合管处拟定公教消费合作办法予以执行。截至 1940 年，经四川各县市政府、合管处共同努力，消费社社数新增 58 社，其中经营生活必需品 47 社，文具用品 10 社，药材 1 社，社员 12047 人，股金总额 89048 元，贷款总额增至 982425 元，经营总额达到 1000 万元。8 月 1 日，成都市公教消费社社员 6451 人，股金总额 15112 元，交易额累积达到一百余万元。截至 1940 年 12 月，二十八县市均呈报成立了公教消费社。[③] 成都市公教消费社短时间内又另设分社 3 所，各县增设 54 所，交易总额达 5000 万元。[④]

由于国民政府的重视与提倡，重庆市消费社"情形颇为良好"，中央各机关成立消费社者达"半数以上"，民众消费社"进展亦颇迅速"，只不过"成效尚未能如理想之宏大"。[⑤] 总之，这一阶段消费社无论是数量，还是经营收益方面均有明显增长。截至 1941 年 6 月底，重庆市消费社特别是机关消费社在社数、社员数、股金数等方面增幅明显，根据下表可以看出，社数增加 69 所，社员增加了近一万人，股金数增加了 4954717 元。

---

① 屠绍祯《消费合作之经营》，正中书局，1947 年，第 20—21 页
② 《教职员请发米津》，《新新新闻》，1940 年 10 月 4 日，第 7 版
③ 《促进消费业务》，许昌龄《四川合作事业概览》，四川省合作事业管理处，1941 年，第 91 页
④ 《四川省政府三十年度施政计划合作事业部分》，许昌龄《四川合作事业概览》，1941 年，第 18—19 页
⑤ 《寿勉成谈合作事业》，《新新新闻》，1940 年 9 月 20 日，第 6 版

表 2-12：重庆市消费合作社统计表（截至 1941 年 6 月 30 日为止）①

	社数			社员数			股金数		
	累计数	原有数	增加数	累计数	原有数	增加数	累计数	原有数	增加数
总计	497	401	69	258097	18987	8410	10355170	5400453	4954717
市民	66	52	14	47450	28124	19326	2557213	818081	1739132
机关	270	230	40	112949	91138	21811	4871110	292557	1945539
学校	49	43	6	22987	20136	2842	510067	454522	55535
工厂	58	14	17	43271	24080	19191	1149642	660961	4880671
公司	16	11	5	8954	7021	1943	498969	187779	311190
银行	22	14	8	4804	2990	1814	559435	223585	335850
其他	16	10	6	17687	16198	1483	208754	179954	78800

　　成都市公教消费社经营状况也颇为良好，"社员之踊跃参加情形，几为本省合作社前所未有"；在改善固定薪金人员福利方面，成效"尚称宏多"。②截至 1942 年 5 月底，成都市核准登记消费社 24 社，社员数 3058人，社股 158742 股，股金总额 552262 元。另外，乡镇社 3 社，社员 4485人，社股 5168 元，股金总额 38880 元。③1942 年，重庆市各区镇及机关团体先后创立消费社 289 个，社员 142111 人，股金 4258612 元，生产合作社7 个，社员 773 人，股金 153810 元。④

① 《合作消息》，《重庆合作》，1943 年第 2 卷第 7 期，第 7 页
② 《公教消费合作社》，许昌龄《四川合作事业概览》，四川省合作事业管理处，1941 年，第60 页
③ 《成都市合作事业概况》，《成都市合作事业五年计划第一年业务计划书、合作事业概况、承放贷款、生产消费、合作促进小手工业办法》，成都市档案馆，第 38 全宗，第 7 目录，第 62 号，1942年
④ 《三十一年度党务工作总报告》，《国民党重庆市执行委员会档》，重庆市档案馆，0051*2*679*22

表2-13：重庆市合作事业概况统计表 [①]

数量 项目	生产合作社	消费合作社	合 计
社数	7	289	296
社员数	773	142111	143884
股金数	153810	4258612	4412412

重庆市消费社与生产社相较，虽整体发展速度缓慢，但两年之间社数、社员数、股金额增加均甚明显，详情见下表：

表2-14：重庆市最近半年来合作社概况统计表 [②]

类别	社数		社员数		股金	
	1943.12	1944.6	1943.12	1944.6	1943.12	1944.6
总计	575	619	278816	295010	13188970	16260125
消费社	503	537	871558	287461	10966578	12659909
生产社	72	82	7258	7258	2222392	3602216

可以看出，消费社社数、社股半年之间均有不同程度增长，社数增加34社，多于生产社增加的14社，股金数增加1693331元；社员数1943年达到了顶峰，股金增长1379824元。整体而言，这一时期包括四川在内的消费社呈明显增长之势，1944年，消费社在各类合作社中占到15.6%，增加近二十倍，1942年至1945年增加了近七倍，详情见下表：

---

① 《三十一年度党务工作总报告》，《国民党重庆市执行委员会档》，重庆市档案馆，0051*2*679*22

② 《会计技术指导》，《重庆合作》，1944年第3卷第7—8期，第16页

表 2-15：七七事变后消费合作社发展概况表 [1]

年份	社数（个）	在总社数中的比例（%）
1937	124	0.5
1938	286	0.4
1939	770	1.0
1940	1810	1.8
1941	2453	2.0
1942	3130	2.6
1943	33782	12.7
1944	46010	15.6
1945	24088	14.0
1946	23873	14.9
1947	23099	13.8
1948	23641	14.0

这一阶段消费社的发展除政府推动外，也与学校、党政机关重视合作宣传密切相关，如复旦大学就积极演讲合作运动与三民主义之间的关系，并特此设立奖金鼓励师生进行合作演讲，社员合作意识因此明显提高。[2]又如，交通部邮政总局合作社利用合作书刊"提倡合作教育"，社员前往阅览者"甚众"。[3]

第三阶段是快速衰落时期（1946—1949）。全面内战爆发后，军队物资需求巨大、商人囤积居奇导致物价猛涨，生活日益恶化的机关职员及城镇居民不得不组织消费社以维持基本的生活需要。从下表可以看出，四川消费合作社在省内各种合作社中虽然占有较高的比重，如重庆市消费业务比率就高达 61.7%，但业务比率逐渐让位于湖北、江西、浙江、山东、贵州等省份。

---

[1]　林嵘《我国消费合作之回顾与前瞻》，《合作事业》，1944 年第 6 卷第 9、10 期；《中国供销合作社史料选编》第 3 辑，第 469 页。注：1937—1944 年指实际经营消费合作社的社数，并包括公用合作社。参见郭铁民著《中国合作经济发展史》上册，当代中国出版社，1998 年，第 227 页

[2]　《国立复旦大学员生消费合作社为罗虚代尔先锋社百年纪念举行"合作运动"讲演竞赛》，《合作业务通讯》，1944 年第 26 期，第 26 页

[3]　《合作消息》，《重庆合作》，1944 年第 2 卷第 10 期（下），第 9 页

表 2-16：全国各省市合作社业务比率表（1947 年 5 月）[①]

省市	业务社数	农业生产	工业生产	供给	运销	消费	公用	信用	保险
总计	351205	20.4	5.3	9.9	13.7	14.0	2.7	31.7	2.3
江苏	2264	28.6	0.7	16.6	22.0	8.8	13.5	9.6	0.2
浙江	25896	20.2	0.5	19.7	19.7	29.0	0.1	19.7	0.1
安徽	19882	17.2	6.9	5.1	19.7	18.9	0.1	32.1	—
江西	8853	14.4	11.6	7.9	18.2	14.1	0.1	33.6	0.1
湖北	21232	24.2	1.8	3.9	7.0	18.4	1.2	43.5	—
湖南	25384	13.2	7.4	7.7	3.6	11.0	0.6	56.5	—
四川	62670	18.4	0.1	14.0	14.0	16.6	0.1	36.8	—
西康	1337	10.8	5.4	3.2	7.6	13.5	0.3	59.2	—
河北	1115	5.4	5.5	11.1	9.5	17.5	1.2	49.8	—
山东	594	27.4	2.5	10.6	21.9	23.1	—	14.5	—
山西	564	14.6	1.4	4.6	0.1	25.0	—	54.3	—
河南	82770	17.2	10.7	8.9	24.6	9.1	8.4	13.1	8.0
陕西	12799	10.9	7.7	13.6	9.1	21.0	0.1	37.6	—
甘肃	7737	54.3	17.4	0.7	0.6	15.3	0.1	11.4	—
青海	288	41.0	10.4	2.4	2.4	3.5	—	40.3	—
福建	9475	17.2	10.7	7.3	2.0	11.6	0.4	50.7	0.1
台湾	65	15.4	13.9	13.8	13.8	13.8	13.9	15.4	—
广东	27517	56.4	1.8	10.7	4.8	13.6	1.5	30.2	1.0
广西	22337	29.1	0.6	9.0	8.5	4.4	5.5	38.6	4.3
云南	7168	2.7	2.3	0.4	0.1	4.6	0.1	89.7	0.1
贵州	7682	18.6	3.4	10.0	4.3	30.1	0.2	33.4	—
辽宁	40	2.5	2.5	2.5	2.5	90.0	—	—	—
吉林	7	—	—	—	14.3	85.7	—	—	—
绥远	1548	8.8	11.5	2.9	3.6	24.6	3.2	45.4	—
宁夏	771	68.1	4.4	0.1	—	2.8	—	6.6	—
南京	34	5.8	29.4	—	11.8	29.4	11.8	11.8	—
上海	46	2.2	8.7	2.2	8.7	67.4	—	10.8	—
北平	679	1.2	2.1	1.2	1.3	46.5	46.4	1.3	—
天津	244	—	1.7		1.3	95.9	0.8	0.4	—
青岛	160	1.2	14.4	0.6	13.8	68.8	0.6	0.6	—
重庆	47	31.9	31.9	—	—	61.7	—	4.5	—

　　四川消费社与农业、供给、运销、公用、保险、工业生产社相较，虽落后于信用合作社，但仅次于农业生产合作社，足见消费社在满足城镇公

------

　　① 《一年来的我国合作事业概况》，国民政府行政院新闻局 1947 年 7 月编，另见郭铁民《中国合作经济发展史》（上册），当代中国出版社，1998 年，第 224 页

教系统与普通居民生活方面，地位举足轻重。随着战事日趋激烈，城镇物资供应渐趋紧张，消费合作社逐渐走向失败。

第三章 国民政府消费合作政策及法律法规

合作政策是"国家为谋促进合作组织，以得到其对于国家建设所应负责之使命而采行之具体方法与策略"，包括建立行政机构及人事制度，加强合作联系以及提高合作行政效率等。消费合作政策的核心是国民政府依靠行政力量调控物资、平抑物价，进而满足城镇公教人员与普通居民基本的生活需要，更多体现为一种政府性行为，具体表现在国民政府通过立法赋予消费合作社合法性地位，建立与完善各种合作行政组织体系。消费合作行政组织包括中央、地方两级合作行政机构，两者形成的行政合力推动消费社不断发展。

第一节　中央与四川合作行政管理机构的建立

合作行政是指运用"执行、运用、推进、指导、协助、奖励、登记"等促使合作事业"健全发展"的方式手段。[①]寿勉成将合作行政视为"推行合作运动之中心机构"。[②]林涤非强调合作行政如不健全，则"足以影响合作事业的进展"。[③]鉴于合作行政"关系合作事业至巨"，时人要求合作

---

① 张达编著《合作行政》，中央训练委员会、内政部印行，1943年，第63页
② 寿勉成《推进四川合作事业诸问题》，《四川合作》，1940年第1卷第1期，第47页
③ 林涤非《中国合作行政的机构问题》，《中农月刊》，1940年第1卷第8期，第15页

行政机关应"保持合作运动的本性""均衡合作运动的发展"。[①] 同时，合作行政还与合作指导密不可分，合作指导可保证合作行政的实施，合作行政为消费社发展提供各种指导。然而，合作行政与合作指导最初"根本混而不分"，国民政府虽采取了"积极的指导工作"，却面临合作行政机关"日渐松懈，工作人员负责甚少"等问题，时人因此主张将合作行政与合作指导分开，根据事务繁简确定具体的工作人员。[②] 为改善合作行政"日渐松懈"的状况，国民政府在中央、地方相继建立了各种合作行政机构。

一、中央合作行政机关的组建

民国初年，北京政府未设立专门合作行政机关监管合作事业，民间舆论诉求也不甚明显。南京国民政府初期，地方性合作行政机构名目繁杂、各自为政，实有划归统一的必要。抗战初期，全国性合作事业推进机关是1935 年成立的实业部合作司。合作司司长由中国华洋义赈救济总会章元善兼任，下设两科负责具体事宜，第一科管理总务登记事项，第二科管理计划促进等事项。最初因"经费有限，人员无几"，行营不得不将"剿匪区"合作事业移交合作司办理，合作司政令因此逐渐"能遍达各省"。1935 年10 月，全国经济委员会设置合作事业委员会作为中央一级合作指导机关管理合作事业，常务委员之下分设秘书处及技术、金融两股，并拨发合作基金 300 万元协助技术指导与人才培训。成立后的合委会"与各方协力进行，甚少单独举办"，但存续时间较短，于 1936 年 7 月撤销，合作运动因此改由经济部农林司第五科负责管理。

为适应全面抗战的需要，1939 年 5 月经济部设立合作事业管理局。至于合管局成立之原因，合管局局长寿勉成对记者表示"合作事业关系战时经济及后方建设"，但由于合作事业"素无严密之管理与指导及组织，致各地合作事业之推动步调纷之，力量分散，工作效率为其减低"，因此有必

---

①　姜炳麟《合作行政主管人员之使命》，《中国实业》，1936 年第 2 卷第 1 期，第 1—3 页
②　《合作行政与合作指导》，《农放月刊》，1941 年第 3 卷第 9 期，第 3—4 页

要"调整全国合作行政系统，于各省建设厅下设立各种管理局之节制管理合作事业"。[①]1940年12月，合管局改隶社会部后，合作行政机构"日趋健全有力"，但仍未达与"合作制度配合无间的地步"。合管局名义上"虽是全国的严格私人企业合作化的合作组织之主管机关"，但事实上"工业生产合作还有另一个系统"，合作金融辅导机关和合作事业管理局之间关系"也是非常松懈"，行政院设立的经济会议仅是"部分地解决了这两个问题中的一个"。经济会议虽只是设计或咨询机构，不会影响到"合作行政的实际职权"，但是该会"合作组的正副组长由合作事业管理局局长及中国工业合作协会一个高级职员分别担任"，一定程度上使两种合作事业发生了"有效的关联"，促进合作制度与整个经济建设发生"彼此所应有的关系"，合作制度也因此"不单是严格私人企业的经济制度而成为整个经济制度的基础"。[②]从其发展轨迹可以看出，国民政府开始有意识地改变合作行政各行其是的混沌状态，并将地方合作行政权力收归中央统一管理，加强了对各省市地方合作行政机构的监管，为四川合作行政机构的建立提供了依据。

二、四川合作行政机关的成立及职能

1935年10月，四川省成立了农村合作委员会，受军事委员会委员长与省政府共同领导，是四川省合作行政管理最高机关。成立之初，办事人员五十余人，后增至一百人，委员长先后由财政厅、建设厅厅长刘航琛、何北衡、陈国梁、陈筑山等人兼任。合委会下设指导、登记、贷款、人事、文书、会计、事务等组室，各组室设主任干事一人，干事助理、干事及雇员若干人，并另设总视察一人，督察员二人，视察员若干人，技术专员二人，负责管理、监督、研究工作。合委会组织结构整体比较简单，如下

---

① 《新新新闻》，1939年7月26日，第5版
② 彭师勤《如何树立我国的合作制度》，《合作事业》，1941年第3卷第1—4期，第16页

图 [①] 所示：

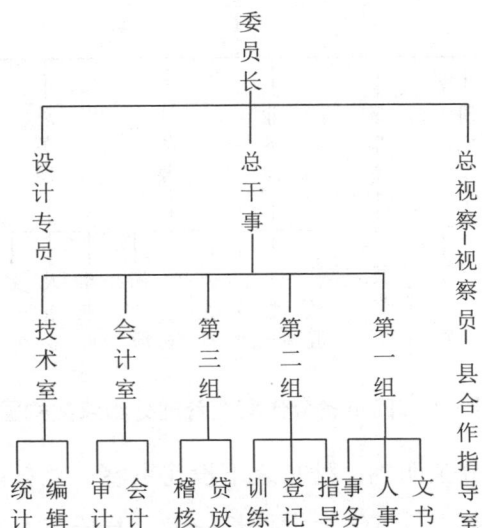

图 3-1　四川省农村合作委员会组织架构图

合委会成立后，派员分赴各县筹组合作指导员办事处。因初创"事务较简"，合作指导室仅设主任指导员一人，"视县区之大小，事务之繁简，设助理指导员二人至十人，承合委会之命令，受县长之指挥监督"。虽要求县政府处于"协助地位"，却因"缺乏联系，往往发生困难"。1937 年 9 月，又将原办事处撤销，另于县政府之内设立合作指导室，使其与县政府各科室并列。[②]

1940 年 4 月，按经济部合管局改合委会为管理处的办法，四川农村合作合委会改组成为四川合作事业管理处，隶属于建设厅，处长由许昌龄、赵玉林、胡子昂、何北衡、袁守成等人先后担任；下设总务、社务、业务三课，秘书、督察、研究、会计四室，[③] 机构职能划分参见下图：

---

① 许昌龄《四川合作事业概览》，四川省合作事业管理处，1941 年，第 2 页
② 许昌龄《四川合作事业概览》，四川省合作事业管理处，1941 年，第 1 页
③ 四川地方志编撰委员会《四川省志·供销合作社志》，北京方志出版社，1997 年，第 13—14 页

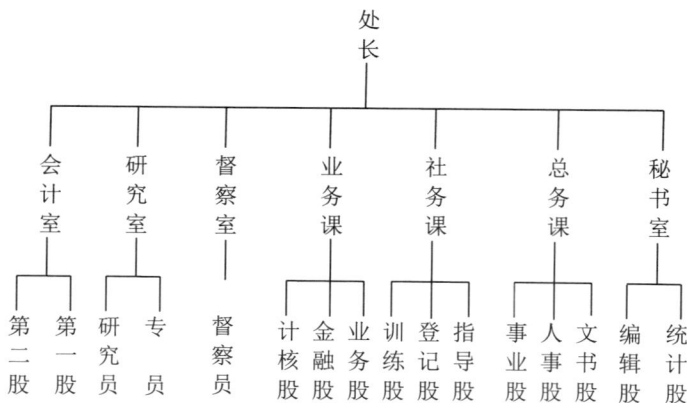

图 3-2 四川省合作事业管理处组织架构图

机构内各科室分工明确，处长之下设秘书室、总务课、社务课、业务课、督察室、会计室。科室之上设处长一名，荐任技术专员一人，委任技术专员八人，秘书室、会计室、督导室主任各一人；秘书室下设文书股、编辑股股长一人，科员、办事员五、七人，股长负责撰拟及核阅文稿，科员负责监印校对收发档案及撰办文稿，办事员协助收发档案及撰拟文稿；总务课科长掌管出纳庶务及其他各种科室事项，出纳股长主办出纳事宜，科员负责拟定文稿及出纳事务，办事员及书记从旁予以协助，人事股掌管人事考绩奖惩；社务课指导股负责合作教育指导、监督、推进、登记、考核事项，登记股负责登记，训练股负责合作训练，拟定合作训练计划；业务课掌管合作业务指导设施推进及贷款审核筹划稽查事项，又分业务股、金融股、计核股；督导室负责各县市合作督导工作；会计室主管会计工作，办理统计登记、拟定文稿、登记账务等事项。[①] 不难看出，合管处较合委会组织职能划分更为完善，职责权属日渐明晰。

1941 年 4 月，全国合作会议议决各省设立合管处、县市设立合作室，要求"不合是项规定之机关，限期改组之"。[②] 成都市合作指导室按此成立，

---

① 《四川省合作事业管理处组织概况》，四川省档案馆，民 158 全宗，第 1 卷
② 《合作会议昨日讨论提案》，《中央日报》，1941 年 4 月 7 日

主要负责登记、指导新社创立登记、变更清算、合并解散、账目记载结算、社务处理、业务经营、社务概况及职员调查、取缔违法职员及冒牌合作社等工作。[①] 指导室设主任、指导员各一人，职员年龄结构年轻化特征明显，如 1943 年社职员平均年龄 27 岁，大多毕业于中学或县级农训所，接受了合作知识与技能训练，且均有底层合作工作经验，曾担任各县指导员、合作室主任等职。[②] 在重庆，社会局合作指导室直接纳入社会局管理，规定主任由局长拟定人选后经合管局审查派充，视察员、指导员等职员由局长直接任命；主任负责指挥监督所属职员，管理全市合作社调查登记考核、合作计划推进、资金筹措等工作；视察员一至二人负巡回、视察、督导之责；指导员一至三人承主任之命担任登记、调查、指导和训练工作，并酌情雇佣员工、招收见习生；还可根据事实需要设立编辑、设计委员会，指导员驻市郊办事处分区承担指导工作，必要时并可聘请辅导员协助工作。[③] 指导室主任的职责还包括月终召集工作讨论会、临时会议，检讨当月工作与决定下月工作，主任在会议时担任主席，并由局长派员或合管局负责人列席指导。[④]

三、中国合作事业协会四川分会

1941 年 3 月 20 日，中国合作事业协会在四川设立分会，以"增进社会福利而辅政府实施"为宗旨，理事主席由合管处处长许昌龄担任。中国合作事业协会虽由社会民间人士组织而成，但四川分会的行政化色彩却过于浓厚。它是许昌龄向党政各方努力接洽之结果，即在征求李肇辅、胡次威、陈筑山、孟广澎、任觉伍、赵连防、伍玉璋、柴寿康、沈嗣壮、章之

---

① 《成都市政府公报》，《工作报告》，1943 年第 2 期，第 31—32 页
② 《成都市政府暨附属机关职员表》，《成都市政府公报》，1943 年第 11 期，第 23—24 页
③ 《重庆市社会局合作指导室组织规则》，重庆市社会局《重庆市合作事业一览》，重庆市社会局，1940 年，第 37 页
④ 《重庆市社会局合作指导室办事细则》，重庆市社会局《重庆市合作事业一览》，重庆市社会局，1940 年，第 37—38 页

汶、乔启明等人同意后组织成立，参加者为省府秘书李肇辅、民政厅长胡次威等政府人士，省政府主席张岳军担任名誉会长，李肇甫、黄季陆、陈筑山厅长任副会长，胡次威厅长、甘曲夔厅长、郭有守厅长、向傅义议长、陈继承教育长、程天放校长、余中英市长担任名誉理事，任觉伍、邓汉祥、何北衡、许昌龄、赵连芳、张凌高、高启明、沈嗣壮、尤玉照、杨康祖、杨孝慈、严敦彝、伍玉璋、粟宗章等人担任理事。[①]不难看出，四川分会为政府人士所控制，履行政府推行合作事业的职能。为增加四川分会的实力，中国合作事业协会为此分函留蓉旧有会员就地动员民众加入四川分会以便于"临时交换意见，统一进行步骤"，进而配合地方自治的推进。然而分会成立后，"理事会从未开会一次，工作计划，工作分配以及应办事项，均未办理"，加之"无固定的经费"，又缺乏指导，分会"离普遍与健全之境地，尚属远甚"。[②]

四、合作教育机关——合作讲习会

为充实合作实务人才，许昌龄提出了具体的培养计划，主张通过合作训练班进行训练，要求学员资格必须是"专科以上农工商政经学系毕业，年在二十五以上四十岁以下经本处考选及格者"。训练期限六个月，其中四个月授课，二个月进行实习。县级合作指导员及助理员培训分调训、考训两类，调训"以现任各县政府之合作指导员助理员为限"，考训"以曾在高中以上学校毕业"为限，采取分期分县方式集中训练。讲习会主要负责："（一）一般合作社职员及社员之训练，由县合作室组巡回施教队以社为单位或分区分组训练之，其教材由管理处编发应用。（二）各区县、县联合社职员之训练，由本处各区督察员办事处举办，必要时由本处组训回

---

① 《合作协会四川分会成立经过》，许昌龄《四川合作事业概览》，四川省合作事业管理处，1941年，第112页

② 《关于中国合作事业协会四川分会的再生》，《新新新闻》，1944年12月24日，第7版

训练团协助之，训练时间以二个月为最高限度"。①初步构想提出之后，颁定的《四川省合作事业管理处讲习会办法》则对讲习会学员资格、讲授内容、职能分工进行了更为详细的规定，规定讲习会负责"加强内外工作人员之训练及交换各工作人员之工作实际经验，研究经济建设问题、讨论合作事业推进方法及合作指导技能"；训练对象包括："1. 处内各级工作人员；2. 因晋升之处外人员；3. 处内外同仁之亲友及热心研究经济问题合作事业者"。每月举行一次的讲习会主要通过聘请专家学者或指派合管处各科室负责人进行讲授，还鼓励处内外人员从学术或工作技能方面传授知识与技能。课程内容包括合作法制及书表、合作行政、合作组织、合作业务、合作金融、合作教育、推进合作计划与方法、工作经验报告等。学员遇有质疑或不同意见，则可"提由研究处研究，于同月座谈会总附带提出讨论解决之"。②

县市各级合作社讲习会又与合管处讲习会稍有不同，它有县市讲习会与乡镇讲习会之分。县市讲习会即由数县市联合办理的讲习会，设业务、训导、事务三组，三组分设主任一人，干事二人至四人，司书三人；讲习会会长由行政督察专员或县市长兼任，履行监督管理人员职责，总干事则由合管处派员充任或讲习会所在县的县长及指导人员兼任。乡镇讲习会设置相对简单，会长综理会务，主任干事负责具体会务，干事三人承办教务、训导、事务事宜，司书二人执掌文书缮教事务；会长由合作主管人员兼任或县长指定讲习会所在地的区长或行政指导员兼任，主任干事由会长聘任合作指导人员兼任，司书由区署或乡镇公所调派书记充任；几个乡镇联合办理讲习会时，主任干事由合作指导人员兼任。教职人员纯系义务职，由各级合作工作人员或聘请当地党政机关、合作金库人员担任，于必要时酌送舟车费；县市讲习会的时间不少于十日，乡镇不少于五日，在课程内容、

---

① 许昌龄《战时四川合作事业推进方针——代发刊词》，《四川合作》，1940 年第 1 卷第 1 期，第 5—6 页

② 《四川省合作事业管理处讲习会办法》，《四川合作》，1940 年第 1 卷第 1 期，第 59—60 页

上课时间方面也各不相同：县市一级"1. 合作概论十六个小时 2. 合作簿记十六小时 3. 合作经营十六小时；4. 合作法规十小时；5. 精神讲话四小时；6. 其他八小时"；乡镇一级授课时间明显缩短："1. 合作概论六小时；2. 合作经营概要十四小时；3. 合作法规概要三小时；4. 合作簿记十小时；5. 其他二小时"。县市乡镇讲习会一般采取军事化管理，每日举行讨论会或座谈会，县市学员包括优秀志愿者或社员、中心学校校长、乡镇长或乡镇公所经济干事、地方热心合作青年及机关团体选派人员等；乡镇社学员包括合作社优秀职员、保国民学校校长、保长及热心合作青年，膳旅费用分为："（一）由受训学员自备；（二）由受训学员所属之合作社或机关团体酌予津贴；（三）由补助费项下开支。"① 与上述讲习会不同的是，重庆市社员讲习会则是由理监事互推三至五人组织训练委员会进行办理，讲习会课程内容更注重实际，包括合作常识、社务须知、业务须知三个方面："（一）合作常识：1. 合作社之意义种类与效能；2. 合作社与商业组织之异同；3. 合作社与有关机构（机关工厂合作社之于本机关工厂乡镇合作社之于保甲以及与联合社合作金库暨物资供应或管制机关等之联系）。（二）社务须知：1. 章程摘要——社员资格及入社退社除名之规定职员任免之规定，股金利息及盈余处分之规定，解散事由之规定；2. 各种会议之召集及其职权；3. 各种会议之召集及其职权；4. 理监事之权责已选任理监事时应注意事项；5. 社员对社应享之权利及应尽职义务。（三）业务须知：1. 业务计划摘要；2. 合作社业务人员对进货运输仓储销售及其他业务应遵守之规定；3. 社员对合作社各部交易应遵守之规定。（四）社务须知：1. 合作社业务预算及支付情形；2. 关于会计及出纳之各项规定；3. 关于结算及支付各项规定。"②

---

① 《成都市合作讲习会暂行办法》，《合作讲习会受训暂行办法、计划书、收支预算、报告书、章程、〈合作法规纲要〉听取须知及省府训令指令》，成都市档案馆，第38全宗，第7目录，第65号，1942—1944年

② 《重庆市各合作社办理社员讲习会暂行办法》，《关于社会局训令、消费合作社联席会议记录、国民党重庆执行委员会指令、呈报社员名单、总务股办事细则、申请配购物品清单的文件》（中国植物油料厂重庆办事处），重庆市档案馆，0271*1*167，1942—1943年

从教学内容可以看出，重庆市社职员讲习会更注重实际操作，通过讲习培训也一定程度上充实了社职员的合作知识，提升了社职员的管理水平。

第二节　国民政府消费合作政策的制定

为保持城镇公教系统正常运转，国民政府采取了提供资金支持与技术指导等措施鼓励消费社发展，并时常将政治经济政策与合作运动结合起来进行考察，如将管、教、养、卫政策与合作运动之间的关系进行了梳理，强调管、教、养、卫的中心问题是"在'养'的工作，而养的工作又赖'合作'的推进之力"，因此县政建设"必须以政治全力去推进合作事业，以作经济建设而树立政治建设的基础"。同时，"第一、要以合作方式去组织民众，'管'理民众；第二、要以合作方式去训练民众，'教'育民众；第三、要以合作方式去救济民众，哺'养'民众；第四、要以合作方式去动员民众，保'卫'民众"。总之，管、教、养、卫政策必须"以合作事业为原动力"，合作运动"亦非向着这四大政策的建设路线前进，不足以发挥它伟大的社会机能"。① 此外，国民政府制定的物价政策、统制政策、专卖政策、优惠政策也配合了消费社的发展。

一、物价政策与消费合作

战时合作政策是"自上而下之一种政策"，即"非系自然之进步，而为人工所促成"。② 它实际上与物价政策密切相关：一方面有助于平抑物价，另一方面，物价政策保证了消费社的低价供应，如成都市政府曾明确要求"尽量发展市区消费合作社之组织，以安定后方战时经济，平抑物价，改良市民消费，节省物资"。③ 时人顾尧章也表示，"战时消费合作之最大任

---

① 林涤非《管教养卫与合作事业》，《四川省合作通讯》，1939 年第 3 卷第 1—5 五期合刊，第 17、21 页

② 方显廷《中国之合作运动》，《大公报》，1934 年 5 月 16 日，第 3 张第 11 版

③ 《成都市政府二十九年度工作报告》，《成都市政府月刊》，1940 年第 1 卷第 1 期，第 55 页

务，是在平抑物价"，即"售货价格低于市价，不随市价之变动而高涨"。^①甚至还有人认为普遍推行消费社，则"中间商人对于物价的扰乱因素，即可根本消除"。^②1939 年 11 月 17 日，国民党五届六中全会强调，平抑物价治标之法是"切实评定物价"，治本则是"组织公营商店消费合作社"。^③寿勉成也表示，消费社平抑物价"虽然不是他的主要作用，却也不能说他没有这种副的作用"，它可"使物价之已平者趋于更平"。他还指出，"战时商人囤积居奇无所不为"，消费社"要绝对平抑物价，自亦为事实所不可能"。不过，寿勉成仍然坚信，"如能应用合作方法，使消费者与生产者直接发生关系"，其平价作用"还是很大的"，同时也会是"最合理而又最切实的"。^④有人还主张设立合作供销机构"辅导县各级合作社去发展消费合作事业藉以平抑物价"。^⑤蒋介石在六中全会的训词中也强调：平抑物价"目前切实可行最收效的统制办法莫如普遍实行合作"。^⑥可见，消费社平抑物价的功能被舆论与政府寄予了厚望。

实际上，国民政府的物价政策客观上也配合了消费社的运营。1938 年4 月，全国临时代表大会通过的《抗战建国纲领》规定："严禁奸商垄断居奇，投机操纵，实施物品平价制度"。^⑦1939 年 12 月，经济部公布《日用必需品平价购销办法》以保证货品的平价购销。^⑧当时蒋介石对平价购销也曾"异常注意"，命令经济部平价购销处兼合作司司长章元善留蓉商讨

① 顾尧章《战时消费合作联合社组织的重要》，《合作评论》，1941 年第 1 卷第 4 期，第 13 页
② 张洪沅《消费合作与物价》，《沙坪坝消费合作社三周年纪念特刊》，1943 年 9 月，第 7—8页
③ 陈岩松《中华合作事业发展史》（上册），商务印书馆，1983 年，第 164 页
④ 寿勉成《消费合作与平抑物价》，《合作界》，1940 年第 4 期，第 3—4 页
⑤ 阳村《消费合作与节约》，《合作供销》，1942 年第 1 卷第 1—6 期，第 4 页
⑥ 《第二十二届国际合作节宣传大纲》，成都市档案馆，《成都国际电台消费合作社成立登记章程、业务计划、议录录、社员名册、图戳、支付预算呈报及市府指令》，民 38 全宗，第 7 目录，第165 号，1942 年
⑦ 荣孟源《中国国民党历次代表大会及中央全会资料》（下），光明日报出版社，1985 年，第487 页
⑧ 重庆市地方志编纂委员会总编辑室《重庆市志》第一卷，四川大学出版社，1992 年，第165 页

具体办法，最后议决设立平准处负责取缔囤积居奇、推行平价购销、调查统计登记等事宜。①1940 年 4 月 2 日，经济部和重庆市政府议决成立日用品评价委员会，负责物价核定、囤积居奇取缔等工作。②《物价平准处实施平价、合作事业管理处推进消费合作工作联系办法》为求"调剂物资平衡物价之工作推进顺利"，要求合管处与平准处协商"发展消费合作社之组织及实施任务"；同时还规定，按"平定物价办法令所收集提购或处分之日常必需品"，应"遵照收进之价格交由各消费合作社按社员实际需要的加各项开支分售与各该社社员"，采购储积日常必需物品应"照平常价格或原价批发各消费合作社酌加开支分售该社社员"；消费社的货品销售以"售价高于购进价格低于市价为原则，或依平准处所规定之售价销售之"；承销物品遇市价低落于平准处批发价格时，应将"实存数量呈请平准处设法救济"。③平准处成立之后，工作中心随即转向鼓励公教消费社发展，如布匹平价发售时，优先供应对象即是公教消费社。④然而，公教消费社为"救济一般公教职员而设"，政府虽也表示"一切物价，均较市价为低"，但有些时候却是与"市价平衡"，或"更较市价为高"。例如，成都茶店子合作社每双斗米的价格十九元，但土市桥上米每双斗却仅十八元七角；市场盐价与合作社盐价均是每斤七角，但"一般店铺用纸包裹完善，合作社则须自备纸张。假使买纸再去钱二分，则每斤盐价，又仅较一般盐店多出二分"。⑤再如，四川省物价平准处发交公教社平价菜油十万斤，虽价格"原规定每斤不得超过一元三角"，但公教社"忽发售一元五角五分，且社员往社购油亦不易购得"。⑥

①《物价平准处即成立》，《新新新闻》，1940 年 5 月 15 日，第 7 版

②　重庆市地方志编纂委员会总编辑室《重庆市志》第一卷，四川大学出版社，1992 年，第168 页

③《物价平准处实施平价、合作事业管理处推进消费合作工作联系办法》，许昌龄《四川合作事业概览》，1941 年，第 63 页

④《平准处将发售平价布皮与柴》，《新新新闻》，1940 年 10 月 19 日，第 8 版

⑤《请教合作社》，《新新新闻》，1940 年 10 月 29 日，第 8 版

⑥《成都区供销处月内成立》，《新新新闻》，1941 年 2 月 5 日，第 7 版

　　由于平准处平抑物价的效果实属有限，四川省遂将平准处予以撤销，另设物价调整委员会，主任委员由建设厅厅长兼任。为加强与商界之间的联系，规定委员由商界领袖及公正士绅担任。1941年1月8日，物价委员会表示，"平准处未竟工作，自当继续办理除粮食外，其他日用必需品，均将彻底管理，随时调整"，发现不正当商人及囤积居奇者给予"严厉取缔"处罚。[①]1941年2月3日，国民政府经济部公布《非常时期取缔日用重要物品囤积居奇办法》，5月12日，国民政府又公布了《非常时期违反粮食管理治罪暂行条例》，规定凡囤积粮食达50石（约3750公斤）以上者予以治罪，并没收全部粮食。5月27日，督粮特派员分赴四个督粮区负责督粮工作，还分派县督粮委员分赴各县协助地方政府推行粮管政令。[②]1942年11月2日，国民政府制定的《加强管制物价方案》确立了国家总动员会议常务委员会作为全国物价管理中枢机关的地位，要求各省市县成立物价管理机关以达到限价节约消费之目的。[③]面对物价持续上涨的状况，蒋介石决定从1943年1月15日开始，以各地市场1942年11月30日的价格为准，实施对粮、盐、油、棉、布、纸、燃料等生活必需品的全面限价。[④]

　　面对物价持续高涨的局面，合管局、平价购销处采取各种措施加以管制。合管局以各消费社购销情形作为"供应平价物资之参考"，[⑤]经济部平价购销处特设告密箱："一、使人可以监视奸商；二、对于本处之工作业务人员，如发现不合法前事，或逾越职权，作虽似买卖之行为，均可由人民

① 《物价调整会今日成立》，《新新新闻》，1941年1月8日，第7版
② 重庆市地方志编纂委员会总编辑室《重庆市志》第一卷，四川大学出版社，1992年，第180页
③ 重庆市档案馆《抗日战争时期国民政府经济法规》上册，档案出版社，1992年，第114—117页
④ 重庆市地方志编纂委员会总编辑室《重庆市志》第一卷，四川大学出版社，1992年，第192页
⑤ 《陪都及迁建区普设消费合作社配销平价物资办法》，《现行合作法规汇编》，社会部合作事业管理局，1942年，第90页

自由告发，如查有实据，即依法惩办，决不姑息。"[①]到1943年，四川省又设立了四川省管制物价联合办事处，行政地位被进一步提高，办事处主任由省政府主席兼任，下设秘书室、经济组、粮食组、社会组、纠察组、宣传组、设计委员会，负责限价设计、策动、监督、指导、考核、奖惩、宣传、调查研究等工作。1944年，办事处改组后由物价管制委员会负责物价管制等具体工作，与物价管制有关的各厅、处、局长均担任委员，其余委员也是在省政府委员及其他人员中聘任。[②]上述物价政策的实施及相关物价管理机构的建立无疑有助于消费社购买到低价货品，同时消费社也承担了平抑物价的重任，两者之间关系甚为密切。

二、统制经济政策与消费合作

统制经济有广义狭义之分，"从广义上说，统制经济是指国家对经济实施干预，并以政治的力量组织、统率和指导全国经济；从狭义上说，统制经济是指政府对于生产、交易、分配实施有计划的管理和限制"。[③]战时消费社在统制经济狭义层面上的运营，有助于配合统制经济政策的实施。同时，正如寿勉成所言，合作社也必须"配合统制政策发挥经济机能"，特别应在"特种统制物品之运销方面加以配合"。实际上，经济统制与合作运动之间"似相反而实相成"，"如能妥善配合，实可相得益彰"，经济统制"必须对合作有充分认识及同情，方能达此目的"。[④]1941年2月9日，国民政府经济会议的设立实际上加强了大后方的经济统制。[⑤]

九一八事变后的一段时期内，统制经济政策暂时归于失败，主要原因在于它"未能改造商业，而仅知利用商人"，寿勉成因此强调"必有类乎

---

①　《核议设立物资总监部》，《新新新闻》，1941年1月7日，第8版

②　四川省地方志编纂委员会《四川省省志·综合管理志》，方志出版社，2000年，第544—545页

③　陈雷、戴建兵《统制经济与抗日战争》，《抗日战争研究》，2007年第2期，第176页

④　寿勉成《我国合作运动之展望》，《合作事业》，1941年第3卷第1—4期，第5—6页

⑤　重庆市地方志编纂委员会总编辑室《重庆市志》第一卷，四川大学出版社，1992年，第178页

消费合作社的一种组织，以为统制物价之基础"。①意即组织消费社可以配合统制经济政策的实施。统制经济政策事实上也利于消费社发展，如规定商店行号销货"如不遵令办理登记手续，或不销售者，概作囤积居奇论罪，除没收所有物品外，并照军法严惩，决不宽贷"。②这实际上有利于保证消费社的货品供应。又如，成都市粮食管理委员会为防止米商操纵米价，专门制定了价格标准："（一）大市米价，以贩运商在产区实价，加运费及一切杂耗计算，每双市石加二元。（二）小市米价，照大市价格每双市石加四元；（三）油米店米价，照大市价格，每双市石加六元，（四）运销社米价，照产区价格加运费计算，每双市石加三元。"若有不遵照或阳奉阴违、暗抬物价者，则予以军法严惩。③国民党五届八中全会强调："务使全国人力、物力集中于战争用途"，要求"举办盐、糖、烟、酒等消费品专卖，以求物价稳定和财源增加"。④1941年12月，五届九中全会指出，"加强经济管制，保障国民生活，对于军需物资之生产与运输力求其增进；对于民生必需品之分配与供应，严密其管理；对于物价工作之平定，囤积居奇之取缔，与粮食之供应管制，尤必严格执行，以安定军民之生活"，⑤还议决合作机关、税务机关等"务须健全之经济有机体，以为实行全面经济统制之据点"，从生产到消费进行"有体系之计划，并逐渐加强，使能全盘控制，以配合军事之运用"，民众最低生活"由政府统筹平定物价，并以公营合作方式分配之"，同时"发动民众厉行节约，并逐渐养成集体生活之习惯"。⑥《加强国家总动员实施纲领》也明确指出"全国各地国民生活必需品之物价，以能适合国民经济与维持健康水准为原则，应由政府负责管

① 寿勉成《消费合作与平抑物价》，《合作界》，1940年第4期，第4页
② 《平价购销处开始登记存货》，《新新新闻》，1941年1月10日，第6版
③ 《各米粮市场标准米价》，《新新新闻》，1941年2月9日，第7版
④ 清庆瑞《抗战时期的经济》，北京出版社，1995年，第251页
⑤ 荣孟源《中国国民党历次代表大会及中央全会资料》（下），光明日报出版社，1985年，第735—736页
⑥ 秦孝仪《中华民国经济发展史》第二册，台北近代中国出版社，1983年，第613—614页

制，绝对不许有违法抬价之行为。无论何人均有严切奉行，并有检举违法之义务"。[①] 上述避免哄抬物价的规定，显然有助于消费社得到低廉货品。与此同时，正如时人所认为，"统筹配给必须假某种机构以行之，而消费合作组织即为最适宜之机能。"[②] 据此，国民政府组建的消费社实际上成为实施统制经济政策的重要凭借。

三、节约运动与消费合作

为节约一切物资进行抗战，国民政府积极推动节约运动。抗战时期的四川存在节约动员的有利条件，一方面四川普通民众素有节俭之美德，另一方面，资金财产拥有者不失爱国情感，正如时人认为，他们"都能激于正义感或爱国心，往往自动的抑低其生活欲求，节约消费，以加强抗战力，争取抗战胜利"。[③]

1938 年 9 月，国民党中常会颁行《节约建国运动》，厘清了节约规则、条例及资金等相关问题。11 月，相继颁定《节约建国储金条例》。[④]1939 年 8 月，财政部通过《节约建国储金章程》，确定了节约建国储金的存储期限与最低存额。[⑤]1940 年 1 月 10 日，全国节约建国储蓄运动委员会委员潘公展对记者表示，节约建储运动："一、以消极而言，可愿意养成国民俭朴风尚，搏节浪费以为个人及家庭生活上改进之准备；二、以积极言，节约所以造成资本化消费而为生产，使国民经济改进，强化抗战建国之力量"。[⑥]

① 荣孟源《中国国民党历次代表大会及中央全会资料》（下），光明日报出版社，1985 年，第 746—747 页

② 《战时消费合作之任务》，《沙坪坝消费合作社三周年纪念特刊》，重庆市沙坪坝消费合作社，1943 年 9 月，第 5 页

③ 阳村《消费合作与节约》，《合作供销》，1942 年第 1 卷第 1—6 期，第 4 页

④ 中国第二历史档案馆《中华民国史档案资料汇编》第五辑第二编，《财政经济》（三），江苏古籍出版社，1994 年，第 4 页

⑤ 《节约建国储金章程·中央信托局储蓄处》，四川省档案馆藏，历史资料 6·64/3，1939 年 8 月

⑥ 《节约建储正确性》，《新新新闻》，1940 年 1 月 15 日，第 2 版

与此同时，蒋介石还严令取缔公务员宴会，规定"有犯必惩，勿稍宽假"。[①]
重庆市卫戌司令部也订定取缔公务员宴会实施细则，规定"中餐费每席连
杂费在 20 元以上，人数在 8 人以上"者必须予以坚决取缔，西餐"每份
连杂费在 2.5 元以上，人数在 4 人以上"及"假借常人名义宴请宾客"者
均不允许。[②]重庆市社会局规定，"每桌酒席菜肴不得超过 8 样，并禁止烧
烤乳猪"。[③]国民政府通令各市县政府取缔公教人员宴会，[④]以维持公教系统
正常生活需要。1942 年 6 月 15 日，重庆市对公务员及家属必需煤、油、
盐、布四类生活用品实行定量分售；7 月 17 日，重庆市的节约储蓄额度达
到 3.6 亿元，法币储蓄 2.18 亿元，美金储蓄 140 万元，普通储券 1 亿元。[⑤]

　　四川社会各界对国民政府的倡导予以积极响应，《四川省农村合作委
员会节约运动实施办法》早就规定，合作社"办公用品应力求节省不得浪
费"，"凡重要公文一律酌贴平件邮票，寄发重要印刷品挂号寄发，不重要
者仍用平寄"，"非接洽紧急重要公务不得使用长途电话"，"薪炭茶水按照
现时需要规定限额不得超溢"等。[⑥]1940 年 9 月 9 日，四川省政府还组织
了节约券劝购队劝导民众节约。[⑦]1941 年 7 月 18 日，社会部命令各省合
作主管机关遵行《各级合作社普遍奖励存款协助推行节约建国储蓄办法》，
办法规定：

---

　　①　《〈国民公报〉关于蒋介石严令取缔公务员宴会的报道》，《国民公报》，1940 年 4 月 18 日，
重庆市档案馆、重庆师范大学合编《中华民国战时首都档案文献》第三卷《战时社会》，重庆出版社，
2008 年，第 334 页

　　②　《中央日报》，1940 年 5 月 5 日，重庆市档案馆、重庆师范大学合编《中华民国战时首都档
案文献》第三卷《战时社会》，重庆出版社，2008 年，第 334—335 页

　　③　《中央日报》，1941 年 5 月 1 日，重庆市档案馆、重庆师范大学合编《中华民国战时首都档
案文献》第三卷《战时社会》，重庆出版社，2008 年，第 335 页

　　④　《取缔公教人员宴会》，《新新新闻》，1942 年 1 月 20 日，第 8 版

　　⑤　重庆市地方志编纂委员会总编辑室《重庆市志》第一卷，四川大学出版社，1992 年，第
190 页

　　⑥　《四川省农村合作委员会节约运动实施办法》，《四川省农村合作委员会工作周讯》，1939 年
第 125 期，第 1—2 页

　　⑦　《省府组织节约券劝购队》，《新新新闻》，1940 年 9 月 10 日，第 7 版

（一）各级合作社应尽量扩展存款业务经营信用业务之各级合作社除吸收社员存款外，并得受非社员之存款。（二）各级合作社应由社员大会指定每社员每月或每旬最低限度存款数额按期缴纳，并应由各社员劝导该社业务区域内之非社员为社员以便遵守相同之规定，此项存款至少满半年方得提取。（三）各级合作金库或接受合作社存款，各银行对各级合作社或社员之存款应酌量提高，其利息以示提倡，并力谋其手续之简便。（四）各级合作社得对存款成绩优良之社员及非社员予以奖励。（五）各合作社及合作主管机关得以各社员存款之数额与常度为评定次年度信用程度之标准，（六）各级合作社吸收存款除由各该社向存户负责外，并由各理事连带保证其本息之安全。（七）各级合作社经收存款应以半数购买节约建国储蓄券协助节约建国储蓄运动之推行。（八）各级合作社及其社员得以所持节约建国储蓄券用为借款之抵押。（九）各级合作社除专营信用合作业务之合作社外办理存款之会计应予独立，并应于开办时及每届半年陈报主管机关备查。（十）各级合作社为提倡节约建国储蓄得举行竞赛并得举办生日储金节日储金等其详细办法由各省合作主管机关参酌地方情形制定之。①

社会部的规定确立了合作社参与节约运动的具体办法，明确了合作社的责任与义务。节约运动所节省的物资实际上增加了消费社物资供应，时人也呼吁消费社尽量发挥避免浪费的"调节机能"，以免发生"业务执行得不够或是业务进行走上了歧途"，总之，消费社调节机能的运用"是绝对有其必要的"；同时，国民政府各项节约法令"也惟有通过合作组织，运用合作组织，才能彻底实施"。②这实际上是肯定了消费社在节约运动中的作用与地位。

① 《各级合作社普遍奖励存款协助推行节约建国储蓄办法》，社会部合作事业管理局《现行合作法规汇编》，社会部合作事业管理局，1942年，第75—76页
② 阳村《消费合作与节约》，《合作供销》，1942年第1卷第1—6期，第4页

四、优惠政策

国民政府的优惠政策措施主要体现在主管机关拨发提倡股、给予免税优待以及金融机关贷款等方面。首先，拨发提倡股与减免税收。提倡股是城镇公教系统的主管机关为克服消费社初期发展资金不足的问题而筹拨的资金，成都市政府就筹拨 100 万元作为提倡股，各县市的提倡股额则为一万元。[①] 减免税收也是国民政府优惠政策的重要体现。不过，四川美术协会代表张采芹对免税表达了不同看法，认为消费社"所营事务目的亦不在于免税，而系适合现代之要求及供应会员之需要，纯是一种服务性质"。[②] "不免税"仅是极少数代表的一厢情愿，事实上，正如寿勉成所言，资金缺乏的合作社经营"尤必须享受起应有免税权利"。[③]1940 年 4 月 9 日，财政部、经济部强调"合法经营业务合作社免纳营业税"。[④]1942 年 1 月 13 日，财政部表示，营业牌照税"系以营利事业为课征对象，合作社系属非营利事业性质，自应比照营业税予以免征营业牌照税"。[⑤] 就合作社承销盐务是否免税的疑问，财政部电复社会部表示，"不以营利目的者准免征所得税"。[⑥] 其次，政府成立合作金融机关提供资金支持。1936 年 12 月 18 日，国民政府公布《合作金库章程》，规定中央合作金库资本总额至少 1000 万元，省、直隶行政院至少 100 万元，县市合作金库至少 10 万元。[⑦] 根据相关记载，四川省消费社 1937 年时根本无贷款可言，1938 年仅 2250

① 《合作社办法业经通过》，《新新新闻》，1940 年 6 月 16 日，第 8 版
② 《市府关于成立机关员工、消费合作社、联合社派员指导的便函、呈报公函、会议记录》，成都市档案馆，第 38 全宗，第 7 目录，第 181 号，1943—1944 年
③ 寿勉成《合作事业之经营原则》，《重庆合作》，1944 年第 2 卷第 10 期（下），第 1 页
④ 《录财政、经济部 1940 年 4 月 9 日第 6729、57232 号会咨》，《合作法规》，四川省档案馆馆藏，第 256 页
⑤ 《录财政部三十一年一月 13 日渝地字第 49269 号咨复社会部案》，《合作法规》，四川省档案馆馆藏，第 299 页
⑥ 《录财政部 1944 年 8 月 5 日渝盐所字第 109303 号电复社会部关于合作社销盐应否免所得税案》，《合作法规》，四川省档案馆馆藏，第 262 页
⑦ 中国第二历史档案馆《中华民国档案资料汇编》第五辑，第一编财政经济（七），江苏古籍出版社，1994 年，第 350 页

元；1939 年增至 15052 元。[①] 截至 1940 年底，四川省消费社具体贷放款数额由下表可见，尽管贷款额度增速落后于生产社、信用社，但每年均有数倍增长，1940 年就比 1939 年增长了近八倍之多。

表 3-1：四川省历年合作贷款不同业务比较表[②]

年份	消费	运销	供给	生产	信用	其他	合计
1936					114667		114667
1937		5504	580		1137675	5960	1149719
1938	2250		1780	139511	8212464.26	50560	8281006.26
1939	15052		1780	653021	23517259.24	752228	24939340.24
1940	82952	10000	16835	2859522	57996090.68	1210714.50	62176114.18

随着消费社数量与规模的日渐扩大，合作金融机关贷款数额因此也不断增加。鉴于重庆机关消费社数量逐渐增多，合管局每年陆续增加资金供应，数额达到了 700 万元之多，[③] 资金上的大力支持也成为机关消费社迅速发展的重要原因。

第三节　国民政府消费合作法规体系的完善

就 20 世纪 20 年代合作事业的失败，时人均不约而同地认为是未有合作立法保护的结果。正如有人指出，除"合作教育不发达"外，更重要的原因是合作社"失了合作法的保障"，致使合作社"已成的事业不能滋长，新起的更无论已"。正因未与工商活动置于"一般法例之下"，导致"蹈联合店之覆辙，流为小资产家"，失去法律保障的合作社"要驰驱于营利的工商之间，而不为其嫉妒，致成水火者，恐无是理"。总之，初期合作运动

---

① 伍玉璋《四川省合作建设之实际及其问题》，《合作事业》，1941 年第 3 卷第 1—4 期，第 44 页

② 许昌龄《四川合作事业概览》，四川省合作事业管理处，1941 年，第 66 页

③ 《社会部关于战时合作社事业概况报告》（1943 年 7 月），中国第二历史档案馆《中华民国史档案资料汇编》，第二编财政经济（八），江苏古籍出版社，1994 年，第 124 页

"演成与乎沦亡"之结果，立法者"要担法例的一半"的责任。[1] 由于经常发生债权纠纷，合作社曾试图在一般法规下"力谋适应"，但又因深感"若干不便"，合作社便"发生了特殊立法之要求"，认为应在法律上"有一个独异的地位"，而不能"与一般公司商店等团体同样看待"。[2]

然而，20世纪20年代中后期的消费社仍然主要在草案、法则、通则下运营，并未取得法律主体地位。1928年8月，全国交通会议颁行《创办交通职业消费合作社案》，要求所属机关严格执行，某一区域范围内还颁行了《组织消费合作社以救济渔业金融案》等。[3]1931年1月8日，上海市公布《上海市消费合作社暂行通则》。通则对消费社组织属性进行了初步界定，即"凡平等互助精神集合资金用最经济方法供给人生需要以图改良社员生活状况及实现公平普利之经济制度而组织之社团为消费合作社"。按照暂行通则规定，消费社享有"免纳营业税及所得税"的优惠待遇，入社社员须满足年满十六岁、认购社股一股两项条件，同时还必须经过社员二人以上介绍、理事会通过以及社员大会追认才能成为社员；入社后的社员可以自由退社，但"必须偿还其所欠社内一切债务，并清理其担保之责任"，经理事会同意后方可退社；社员每股金额至多不超过十元，股数不超过一百股，非经社员大会议决不能变卖抵偿或转售第三人，社员死亡时则付给或移转继承人；社员大会是最高权力决策机关，合作社成立必须满足发起人七人以上、社员不少于二十人、股本收足二分之一的要求才能呈请社会局登记。[4] 由此看出，通则职责划分明确，可认为是早期消费合作社规程的典型代表。遗憾的是，通则仅属社内自律机制，未能取得"法"的地位，因而影响范围十分有限。总体而言，"在全国性的合作社法尚未颁

① 《中国合作运动小史》，中国合作学社，1929年，第57—58页
② 王世颖《合作法规通论》（1931年），《合作月刊》，1931年第3卷第3—4期合刊，第1页
③ 赵泉民《政府·合作社·乡村社会——国民政府农村合作运动研究》，上海社会科学院出版社，2007年，第76页
④ 《上海市消费合作社暂行通则》，《上海市合作事业委员会业务报告目录》（1932年9月—1933年12月），上海市社会局，第61—65页

布以前，基本上是以行政命令的形式来规范，而且都不具法律效力"。^①尽管如此，社会各界的经验性倡导及具体运营规则的先后厘定却为国民政府制定《合作社法》提供了可资参考借鉴的蓝本。

一、国民政府消费合作立法历程

在民间舆论与现实需要的共同作用下，国民政府也意识到了合作立法的必要性与紧迫性。1929 年 1 月，工商部特令工商法规讨论委员会对此进行专题研究。工商法规讨论委员会在全面考虑中国经济现状后，参照罗虚戴尔原则拟定了《消费合作社条例草案》。《草案》分九章七十八条，所附说明书对组社人数、名称、监察要求进行了详细解释，确立了"不能退股"原则，规定了个人社员与团体社员"一员一权"；执监委员人数根据"委员人数之多寡"灵活决定，实际上执行委员为五至十五人，候补执委一至七人，监察委员三至七人，候补监委一至三人。为避免大股东操纵社务，要求社员购股"不得超过总股额十分之一，股金总额不得超过五百元"；货品交易采用现金制，盈余分配"不以入股多少为比例，而以消费者多少为比例"。因《草案》脱离实际，立法院议决暂缓审议。1930 年 1 月，立法院将此事移交楼同苏负责。楼同苏在参照工商部《消费合作社条例草案》与国外法规的基础上，于 1932 年 9 月拟定了《合作社法原则草案》，新草案因更富实际操作性获得中央政治会议通过，也初步确立了合作社的法人地位，并将联合社分为"有限责任"和"保证责任"两类。^②这些努力实是国民政府推进合作法制化进程的初步尝试，国统区内合作社从此"有了正式统一的母法及其他细则"。^③

1931 年 4 月 18 日，实业部公布《农村合作社暂行规程》，要求各省区

---

① 赖建诚《近代中国的合作经济运动——社会经济史的分析》，台北正中书局，1990 年，第 146 页

② 《中华民国立法史》，正中书局，1948 年，第 1061—1071 页

③ 赖建诚《近代中国的合作经济运动——社会经济史的分析》，台北正中书局，1990 年，第 147 页

严格执行。《农村合作社暂行规程》对合作社性质界定比较模糊，仅是说明"凡供给农家日用必须品者属之"，同时还对责任、社股、社职员、会议、盈余分配、解散、清算方案进行了粗线条规定，[①] 但对消费社根本未曾提及。正因国民政府合作法规主要围绕农村合作社制定，城镇消费社因此只能在通论性的农村合作法规之下运营。1931 年 4 月，实业部印发《合作运动方案》，开始对消费合作的经营货品种类范围进行了简单说明，即"凡供给日常日用品，如食、衣、书籍、文具、工农用具及家用器具，皆属消费合作社范围应办之事"，[②] 但并未进一步对消费社其他事项进行展开阐释。

在《农村合作社暂行规程》《合作运动方案》颁行之后，国民政府开始有意识地加快合作立法步伐。湖北合作联合会针对全国地域差异明显的特点，建议"合作社法之内容，切宜各方兼顾"，主张《合作社法》颁定前"先行颁发草案，征求各省团体签具意见"，以杜绝"施行时发生阻碍"。[③] 国民政府基于多方考虑后，1934 年 2 月 16 日，立法院议决颁行《合作社法》。对合作社而言，《合作社法》的颁布意义重大，它开始从法律层面确立了"合作即法人"的地位，明晰了合作社的性质与内涵，即"依平等原则，在互助组织之基础上，以共同经营方法，谋社员经济之利益与生活之改善，而其社员人数及资本额均可变动之团体"。此外，《合作社法》开始对消费合作业务进行了隐约规定，即"为谋社员消费之便利，置办生产品与制造品，以供社员之需要"。[④] 就合作社法的本质属性，有人视为在法律基础上民众必须遵循的一种行为规范，即"合作社法，私法也，所以规定人民个人间相互之关系而为民法人民日常生活准绳之一种特别规范也，以其为人民日常生活准绳中之一种特别规范"，也是"人类社会生活中合作行

---

① 《实业部颁布农村合作社暂行规程》，中国第二历史档案馆《中华民国史档案资料汇编》第五辑第一编，财政经济（七），江苏古籍出版社，1994 年，第 283 页
② 《实业部印发合作运动方案咨》（1931 年 6 月），中国第二历史档案馆《中华民国史档案资料汇编》第五辑第一编财政经济（七），江苏古籍出版社，1994 年，第 298 页
③ 《湖北省合作联合会对合作法规意见》，《社会导报》，1933 年第 3 卷第 2 期，第 12 页
④ 《合作社法》（1934 年 3 月 1 日），中国第二历史档案馆《中华民国史档案资料汇编》第五辑第一编财政经济（七），江苏古籍出版社，1994 年，第 305—306 页

为上必须遵守之规范"，"有其本质，亦有其本位，良以法律有中心观念"。①

　　值得一提的是，四川合作事业在《合作社法》颁定之后并未立即遵照执行，而是按照《剿匪区内农村合作社暂行条例》办理，直至 1937 年 8 月才开始遵行《合作社法》。②1935 年 8 月颁定的《合作社法实行细则》又对经营范围、合作行政机关职能、社员大会、理监事会、盈余分配等方面进行了详细解释说明。③1936 年 12 月 18 日，国民政府公布《合作金库章程》以"调剂合作事业资金"，初步厘定了金库设立、监督、资金、股票、组织机构、存放款业务等内容。④1937 年 8 月 26 日，实业部公布《审查合作社账目办法》，规定监事会定期审查年度会计报告，指导人员负责会计查账，主管机关督促查账。⑤抗战行将结束之际，社会部又根据《合作社法》第七十六条的规定对《合作社法施行细则》进行了修正，内容解释详细全面，职能分工更加清晰明确。⑥1944 年 10 月 20 日，社会部施行《甄别合作社办法》以加强合作社监管，规定甄别事宜由各省主管机关负责督导，各县市合作机关"派员实地调查"，甄别结果不及格者予以"指导整理或改组"，发现"有虚伪填载情事或未依期限办完竣者，予记过或撤职处分"；合作机关甄别抽查分数"与甄别分数有显异之差别，且变更及格或不及格之决定者，依省合作主管机关之决定变更之"。⑦上述诸多通论性法规是抗战时期消费社运营必须遵守的基本准则。

　　进入抗战相持阶段后，城镇公教系统与普通居民纷纷组设消费社，消

---

　　① 《合作社法之本质与内容及其疑义之研究》(1935 年 2 月 15 日)，《合作月刊》，1935 年第 7 卷第 1—2 期合刊，第 35 页

　　② 王武科《战时合作事业》，正中书局，1941 年，第 64 页

　　③ 中国第二历史档案馆《中华民国档案资料汇编》第五辑第一编财政经济（七），江苏古籍出版社，1994 年，第 325—329 页

　　④ 中国第二历史档案馆《中华民国档案资料汇编》第五辑第一编财政经济（七），江苏古籍出版社，1994 年，第 349—352 页

　　⑤ 《审查合作社账目办法》，《合作法规》，四川省档案馆馆藏，第 103—106 页

　　⑥ 《合作社法施行细则》，《本局消费合作社有关细则及事务》，四川省档案馆，第 162 全宗，第 2936 号

　　⑦ 《甄别合作社办法》，《重庆合作》，1944 年第 2 卷第 10 期（下），第 5 页

费社数量迅速增长。有鉴于此，国民政府及地方政府先后颁定各种消费合作政策。早在四川农村合委会时期就拟定了《消费合作业务执行规则》与《消费合作社业务检查规则》，前者对社务委员会职责、盈余分配、会议、交易对象等方面进行了初步规定；[①] 关于业务检查方面，后者则规定："（一）核对现金；（二）核对各种账簿；（三）检查存货；（四）市价变更；（五）检阅每周营业报告，业务检查频率为每月一次，每三月协同执行委员、经理监货一次，于必要时请监察或聘请会计师进行查账。"[②] 1941年，国民政府颁布《消费合作社推进办法》要求各消费社严格执行；《非常时期改善公务员生活办法》则规定机关消费社必须以廉价货品为标准；1942年3月，《陪都及迁建区普设消费合作社配销平价物资办法》规定，必须组织合作工作督导会议配合平抑物价工作的开展；在此基础上，《陪都及迁建区消费合作督导办法》明确要求实行分区督导，还厘定了详细的奖惩规则；同年，《合作社承销食盐办法大纲》《合作供销粮食办法》《合作社经营粮食业务登记办法》相继颁布，消费社的办"法"建构因此渐趋完善。1943年，《陪都及迁建区消费合作社工作竞赛办法》以提高消费社经营效率为旨归；1944年，国民政府又颁布了《各机关消费合作社购运货物办法》冀希加强货运监管。[③]

这一部分拟按时间先后顺序对上述具体办法以及地方性消费合作准则展开探讨。1941年11月18日，社会部公布《消费合作推进办法》，办法共三十二条，以"减轻消费者之生活费用，增益消费者之生活享受，促进生产与消费之合理关系"为宗旨。《消费合作推进办法》适当地限制了经理权限，并对陈设布置、交易原则、廉价原则、盈余分配、机关职责进行

---

① 《消费合作社业务执行规则》，《消费合作与供给合作应用书表》，四川省农村合作委员会合作讲习会印，四川，无具体时间，重庆图书馆印，第3—4页

② 《消费合作社业务监察规则》，《消费合作与供给合作应用书表》，四川省农村合作委员会合作讲习会印，四川，无具体时间，重庆图书馆，第4—5页

③ 郭铁民、林善浪《中国合作经济发展史》（上册），当代中国出版社，1998年，第226页

了详细规定，^①为四川省各县市消费社推进办法的拟定提供了具体的参照标准。四川省政府即在此基础上拟定了《四川省各县市公教合作社章程准则》，规定公教合作社"以置办日常生活必需物品供给社员需要为目的"，社员"每人至少须认购一股，入社后得随时添认社股，但至多不得超过股金总额百分之二十"，并对职员、理监事会、社务会、社员大会、临时大会职能进行了厘定。^②《四川省各县合作社物品联合批发暂行办法》则以辅导各县市公教消费业务发展、"促进各种生产运销消费供给等合作在事业推进中取得密切联系"、实现平衡物价、流畅货运为目标。^③1941 年 3 月 25日，行政院颁布《陪都及迁建区普设消费合作社配销平价物资办法》，确定了平价物资"由全国合作社物品供销处查明所需数量，统筹配销或协助采购之"。^④为提高四川省合事业管理处的行政效率，《四川省合作事业管理处督察员服务规则草案》规定，督察员负责"考核工作人员之执行""协助工作人员之工作整理及咨询解答"事宜，并与协助区内工作人员沟通协调办理。同时，《草案》还对上级主管的职权，具体惩处办法做了详细说明。^⑤鉴于公教人员窘迫处境，四川省又制定了《四川省各县市公务员学校教师消费合作社推行办法》，与前不同的是，它要求各县市公教消费社以"保证责任为原则"。^⑥《物价平准处实施平价、合作事业管理处推进消费合作工作联系办法》的制定又建立了平准处与合管处之间的联系。^⑦1943 年

---

① 《消费合作社推进办法》，王世颖、林嵘《合作法规》，大东书局，1947 年，第 48—52 页

② 《四川省各县市公教合作社章程准则》，许昌龄《四川合作事业概览》，四川省合作事业管理处，1941 年，第 28 页

③ 《四川省各县合作社物品联合批发暂行办法》，许昌龄《四川合作事业概览》，四川省合作事业管理处，1941 年，第 88 页

④ 《陪都及迁建区普设消费合作社配销平价物资办法》，社会部合作事业管理局《现行合作法规汇编》，社会部合作事业管理局，1942 年，第 89—90 页

⑤ 《四川省合作事业管理处督察员服务规则草案》，许昌龄《四川合作事业概览》，四川省合作事业管理处，1941 年，第 57—58 页

⑥ 《四川省各县市公务员学校教师消费合作社推行办法》，许昌龄《四川合作事业概览》，四川省合作事业管理处，1941 年，第 62—63 页

⑦ 《物价平准处实施平价、合作事业管理处推进消费合作工作联系办法》，许昌龄《四川合作事业概览》，四川省合作事业管理处，1941 年，第 62—63 页

7月21日，军事委员会颁布《军事委员会所属各部队机关学校合作社监督考核办法》，相较于上述公教消费社的各项办法，《军事委员会所属各部队机关学校合作社监督考核办法》更为严格，如规定进购货品时，要求"一律将进货处所品名数量单价总价逐一载入准购证内以便稽查，如发现进货品并未记入准购证，也未列入进货账，显有走漏情事者除追回物资外，采办员撤职交军法机关依法治罪，串通舞弊者同科；其已记入进货账之未列为准购证者，采办员记大过一次，扣薪半月，满三次者撤职"。同时还严禁与非社员交易，否则"一经查出"，理事全体及经理"各记大过一次，扣薪一月，满三次时，即令饬该合作社解散"。①

随着经营范围的延伸，消费社各种缺点日渐暴露，主管机关为此颁布与消费社密切相关的通则、办法予以弥补。社会局制定《各机关员工消费合作社眷属生产部设立通则》，要求陪都及迁建区各机关消费社员工眷属"参加生产部工作者，须先加入合作社为社员"，还对生产部经营方式、理监事会、会计事宜作了相关规定。②成都市颁定的《成都市政府核发各机关消费合作社准购证办法》规定了具体进货渠道，即向当地合作供销处、联合社进购货品；无合作供销处或联合社时则向外埠进货；同时要求准购证核发机关负责派人检查所购入货品是否公平合理配销于社员。③1944年5月15日，行政院公布《各机关消费合作社购运货物办法》，除规定进货地点、准购证更换时间外，还要求合法机关随时派员检查，发现套买营私者则对采办人员及串通舞弊人员予以严惩，并吊销准购证，情节重大者吊销登记证甚至解散。④1945年2月3日，教育部、社会部联合订定公布《国民学校员工消费合作社推进办法》，规定国民学校消费社"一律加入该县

---

① 《军事委员会所属各部队机关学校合作社监督考核办法》，王世颖、林嵘《合作法规》，大东书局，1947年，第63—65页

② 《各机关员工消费合作社眷属生产部设立通则》，《合作供销》，1943年第3卷第5—6期，第48—49页

③ 《成都公商车辆调配所合作立案章程、登记、调查表、议决录、社员名册、申请准购证的呈文及市府指令》，民38全宗，第7目录，第195号，1944年

④ 《各机关消费合作社购运货物办法》，《消费合作》，1944年第1卷第1期，第25页

市合作社联合社"，县市合作主管机关"负切实指导之责"，县市教育行政机构负责监督考核事宜，县市国民教育研究会负辅导之责，具体而言，负责"社区之划分与组织""基金之筹集与分配""社务之规划与辅导""业务之扶助与推进"和"各项调查与报告"等工作。[1]

在遵守上述办法、通则的同时，消费社还必须遵守与自身密切相关的通论性办法、准则，诸如社会部颁定的《合作社理事会议事细则准则》《理事会办事细则准则》《监事会议事细则准则》《合作社处理公文通则》《合作社营业规则准则》《合作社职员服务规则准则》《合作社职员保证规则》《合作社职员交代办法》《合作社职员奖惩规则》《合作社职员薪津支付办法》《合作社职员工役出差旅费规则准则》《合作社现金处理办法》《镇合作社公益金处理暂行办法》《合作社办理年终结算注意事项》以及《合作监事会审查年度决算书类办法》等，这些构成了消费社运营的制度性基础。[2]1942年3月9日，社会部、财政部公布《合作社承销食盐办法大纲》，厘定了合作社承售食盐审核程序、申请书载明事项、进出销售额度等；若遇违反盐务规章时，则"随时予以纠正或依法惩处之必要，并得商同合作事业主管机关予以整理改组或撤销其承销食盐之权"。[3]值得注意的是，主管机关的法令解释也是消费合作法规的重要组成部分，如社会部就曾指示："消费社与社外人士交易应先行入社手续"，[4]党员消费社"不必专设"等。[5]1943年10月6日，社会部还指出，机关消费社业务必须"以消费为主"。[6]

---

① 《国民学校员工消费合作社推进办法》，王世颖、林嵘《合作法规》，大东书局，1947年，第52—54页

② 《重庆市三十二年度合作事业》，《重庆合作》，1944年第3卷第1—2期，第4页

③ 《合作社承销食盐办法大纲》（1942年3月9日社会部财政部会同核定公布），社会部合作事业管理局、《现行合作法规汇编》，社会部合作事业管理局，1942年，第73页

④ 《录前实业部1937年7月14日合字第一四八八号训令》，《合作法规》，四川省档案馆馆藏，第235页

⑤ 《录自社会部1943年8月18日合二字第1296号指令贵州省合作事业管理处案》，《合作法规》，第236页，四川省档案馆馆藏

⑥ 《录社会部1943年10月6日合二字第54089号指令云南省合作事业管理处关于云南蚕丝公司所组信用生产消费三社拟并为一社应如何定名请核示案》，《合作法规》，第237页，四川省档案馆馆藏

在关于合作运动的已有研究中，学者们往往忽视了合作社必须遵循的民间组织法规。例如，1940年6月1日，国民政府公布《非常时期人民团体组织纲领》，要求一切人民团体均应以"抗战建国为共同目的，在奉行三民主义、拥护国民政府、服从最高统帅之原则下，为整个民族利益而奋斗"。同时还规定人民团体"应以适合战时需要为前提，每一团体均应尽其战时之义务，对政府所定之动员办法，国防及生产计划等，应努力促其实现"，不得"违反民主集权制精神"，并对依法成立的组织"予以合法之保障"与"适当之指导与援助"。[①] 作为人民团体的消费社自然也必须遵守《非常时期人民团体组织纲领》。从主管机关的立法进程可以看出，正是这些通论性合作法规与专门的消费合作准则，一定程度上保证了消费社的正常运营秩序。

二、国民政府对消费合作社的管理

国民政府在加强合作社立法的同时，还特别拟定了相关法规以方便消费社的组织建立，体现了国民政府对合作社严格控制并将其纳入政府秩序轨道的意图，适应了战时严峻经济政治形势的需要。抗战时期，国民政府的管理主要体现在加强组建程序、严格登记制度、重视视察督导与人才培养等方面。

（一）组建程序与登记管理

1. 组建程序

关于加入合作社的最高人数，合作法规并无诸多限制，但对最低限制却有明确的规定，即必须达到法定的发起人人数。1931年，《农村合作社暂行规程》规定，"至少须有九人以上方得设立"。[②]《合作社法》的标准略

---

① 《非常时期人民团体组织纲领》（1940年6月1日），重庆市档案馆、重庆师范大学合编《中华民国战时首都档案文献》第三卷《战时社会》，重庆出版社，2008年，第37—38页

② 《实业部颁布农村合作社暂行规程》，中国第二历史档案馆《中华民国史档案资料汇编》第五辑第一编，财政经济（七），江苏古籍出版社，1994年，第284页

有降低，即必须七人以上，因为"如无七人对社交易，最低限度之经费开支，亦将无法维持"。[1]《合作社法》还规定了设立人的具体职责，即主要负责召集创立会、拟定章程、征募股金、制定申请书说明书、选举理监事、组织社务会等事项，然后在"一个月内向所在地主管机关为成立之登记"；登记内容包括合作社名称、业务、责任、社址、社股等，主管机关收到登记呈请后"于十五日内为准否之批示"。[2]章元善还专门提出了具体的组社原则与法定要件，要求两者必须兼顾：原则方面，强调应"出于人民的自动，即或人民知识浅陋，昧于合作功效，不能自动组设，政府或指导人员亦只能设法从旁启迪其合作思想，使之自动组织"，业务必须使"各社员均能获得实惠，不可擅以指导者之主观标准"；法定要件，大意是设立合作社"必须其业务区域内无同一业务之同等级合作社存在"，以免"力量之分散"。[3]

关于各乡镇消费社的筹备，程序相对比较简单。首先由乡镇区各保公民发起，即"邀集直接加入的附近各保每甲约十分之一的户长参加发起"，各保"征求保内各甲约计半数以上的户长参加发起"。[4]《重庆市各镇消费合作社筹备须知》则对此进行了比较细致的规定，正、副镇长是筹备人，保甲长负责宣传合作意义；筹备就绪后立即决定召开创立会日期，通知社员或各保推选代表，后呈请市党部社会局派人指导；创立会议决章程，至少选举理监事各三人，会后造具呈请登记书、社员名册、创立会决议录、业务计划、支付预算各一份、章程三份向社会局申请登记；合作社成立之后，筹备人则将各事项移交理事会办理，由理事会负责经理、会计、事务员选任工作，办理开业前印制账簿、社员交易手册、股份登记书及其他册据准备工作；经理之下业务人员妥实填具保证书，由理事会考察是否可靠

---

① 　章元善《合作与经济建设》，商务印书馆，1938年，第86—87页
② 《合作社法》，中国第二历史档案馆《中华民国史档案资料汇编》第五辑第一编财政经济（七），江苏古籍出版社，1994年，第306—307页
③ 　章元善《合作与经济建设》，商务印书馆，1938年，第86—87页
④ 《合作社设立的条件》，《合作法规》，四川省档案馆馆藏，第318—319页

后呈报社会局备查；筹备费用至多不超过已收股金二成，超过时则必须呈请社会局核准。①《须知》明确了各镇镇长、保甲长的各自角色与责任。《成都市合作社组织程序》更清晰完整地呈现了合作社的组建程序。具体程序如下：第一步发起人筹组准备，由有共同需要、品行端正、具有合作意识、有正当职业且无恶劣嗜好的七人以上法人召开筹备会，确定合作社名称、业务区域、社址地点、社股，还负责拟定章程、业务计划、支付预算，推举三至五人筹备开办费；第二步召开创立会，事前布置会场，拟定会议程序。会议程序具体包括报告筹备经过、通过入社社员及章程草案、通过业务计划支付预算、选举理监事、收取第一次应缴股金、决定缴股金额日期、决定呈报登记日期；第三步召开理监事会、社务会，监事会在创立会后一二日内召开，决定每月监事会议召开日期、监察方法；理事会与监事会相似，于创立会后一二日内召开，同时约请监事会主席列席讨论，互选主席、经理、司库各一人，决定每月理事会日期，编制业务计划支付预算。第四步是办理登记手续，理事会遵照大会决定办理登记手续，填制登记书二份（呈一份存一份）、创立议决录二份（呈一份存一份）、社章二份（全呈）、社员名册二份（呈一份存一份）、业务计划二份（呈一份存一份）、支付预算二份（呈一份存一份）后送请市政府登记、领取登记证；各项书类填写"须力求明晰，尤应详细校阅，以免遗漏错误"；第五步启用图记，领取登记证及代刻图记条戳后立即启用，并填具启用图记呈文一份连同合作社图模及职员印鉴纸三份呈报市政府备查，第六步呈报当地党部，即启用图记必须将组织呈报市党部备查。至此组织程序方为完成。②从合作社组建程序可以看出，政府对消费社的控制意图甚为明显，同时规定管理事宜由社会局负责，市县一级为社会处、市县政府或当地党部。

2. 登记制度

国民政府建立合作社登记制度，确立了合作社的法人地位，完善了

---

① 《重庆市各镇消费合作社筹备须知》，《重庆合作》，1942 年第 1 卷第 1 期，第 8 页
② 《成都市合作社组织程序》，《成都市政府月刊》，1940 年第 1 卷第 1 期，第 78—79 页

合作社的监管机制，规定合作社只有登记之后才能"享受法人所给予的特权"。[①]1940年10月，四川省政府也对成都市政府强调，合作社"不依法登记，自不能取得法人资格"。[②]具体负责登记的主管机关视合作区域而定，合作社或联合社范围在一县（市）以下者（如县联社、乡保社）以所在地县（市）政府作为主管机关，行政院直辖市为市政府社会局，超过一县（市）如特种专营社、省联社为省合管处或建设厅，超过一省市则是社会部。[③]就合作社登记种类而言，分为成立登记、变更登记、合并登记、解散登记、清算登记五种。《农业合作社章程》《合作社法》均曾对合作登记进行了明确规定，要求合作社成立登记、变更登记时必须呈报上级主管机关备案。《合作社法》第八条规定，凡登记变动时应在一月内将原登记事项与变更登记事项列表呈报后进行变更登记，社会局还拟定了变更登记详明表、变更登记注意事项通令各社遵照执行。[④]《合作社法施行细则》则规定，登记证"由省主管机关印制分发，所在地主管机关转发，在隶属行政院之市由社会局印发"，主管机关呈请省级主管机关备案并呈报实业部，隶属行政院的市则由社会局汇报实业部。[⑤]

1940年初，成都市制定的《成都市政府处理合作社登记办法》又在登记程序方面做了进一步细化。按此登记办法，成立后的合作社应持呈请登记书一份、社章二份、社员名册、创立会决议录、业务计划及支付预算书各一份向市政府申请成立登记；市政府收到登记书后立即登载登记编号簿，并派员调查社员名册、查询创立会决议录、照调查表项目逐次记分、报告调查结果，调查工作十日内完成后，调查表由调查人员签名盖章以示慎重；市政府根据调查结果于十五日内登记批示，核准登记后即在合作社请求成

① 《合作问答》，第37页，成都市档案馆，第38全宗，第7目录号，第86号，1936—1946年
② 《省市府对公教消费合作社立案、取缔非法合作社、不送登记表、免征营业税呈报的训令、指令》，成都市档案馆，第38全宗，第7目录，第20号，1939—1941年
③ 《合作社的组织程序》，《合作法规》四川省档案馆馆藏，第340页
④ 《重庆市三十二年度合作事业》，《重庆合作》，1944年第3卷第1-2期，第4页
⑤ 张达编著《合作行政》，中央训练委员会、内政部印行，1943年，第158—159页

立登记号簿内填写核准登记日期，并依次编订社号，办理登记证、代刊图记长戳、社章加盖印信并发交合作社执存备用；合作社收到登记证及图戳后召开社务会议，决定启用图记日期，并将模具图模及职员印鉴二份呈送市政府备案；市政府收到图模印鉴经核无误后除抽查一份外，另一份转送机关存查；变更登记在一个月之内进行：

甲、关于社章规定之变更者，应具备社员大会决议录连同呈请变更登记表各一份，呈送市政府核夺；乙、关于社员社社股之变更者，应附送新人或退出社员名册各一份、（并注明社股数股金额增减数目）乙种印鉴（应说明接待人姓名）二份，呈请市政府审核；丙、关于社股金额保证金额之减少及盈余处分，公积金公益金之各项规定变更时，除依甲款之规定办理外，并应附具财产目录及资金负债表各一份呈送市政府审核。市政府收到变更登记书表立即详加审核登记，并填发变更登记批文交合作社执行；合并解散或清算在一个月内依法规进行申请登记，合并存续属变更登记、合并另立合属设立登记，合并消灭属解散登记，解散登记则将图戳、登记证呈缴市政府注销。①

迁移变更登记也是登记制度的重要内容。重庆各公私团体学校合作社因疏散迁出市区，遇隶属关系未发生变更时，仍以"该局为主管机关"，遇指导监督不便"可请该局另行委托迁往地之主管机关代为执行"；因迁址隶属关系随同变更时，合作社"一面向该局为解散之登记，一面向迁往地主管机关为成立之登记"。②合作法规对登记方面的严格控制，整体上营造了良好的运营环境。

---

① 《成都市政府处理合作社登记办法》，《成都市政府月刊》，1940 年第 1 卷第 1 期，第 80 页
② 《录社会部 1942 年 5 月 13 日合二字第 2577 号指令重庆市社会局呈为重庆市立案之团体学校因疏散迁出市区所组合作社成立登记如何办理请核示案》，《合作法规》，四川省档案馆馆藏，第 203 页

（二）视察督导

视察督导是国民政府消费合作行政制度的重要组成部分。当时，合作行政视察分为两类，一为一级制的省视察员，另设区视察员；一为仅设省视察员，不再进行分区设置，是二级制。二者均存在明显不足，分区视察缺点是："第一、要增加经费开支；第二、省区两级视察人员对外意见不易一致；第三、指导员可能专结好于省视察员，影响区视察员权力之行使；第四、视察阶层太多，使指导员有地位太低之感，减少其工作兴趣。"而仅设省视察员则"责任不专仍不免空虚无力，不易发挥视察的高度效能"。[1]

重庆市按分布区域或保甲行政区域将合作社划为若干视察区，每区设视察员一人负责合作教育视导推进、合作人员督导与成绩初核、职员服务情形视导、账簿抽查、工作报告初核等事项；视察员每月至少视察区内所有合作社三分之一以上，也随时专案呈报视察结果；在驻区内中心地点作长时间视察，商请区内警察行政人员予以协助；视察员订定合作事业计划，在职权范围内以通告方式指挥辖区内指导人员及社职员，并负责解答指导员疑问；遇视察员"工作不力或犯有过失情事"则交由社会局核办；为保证视察员的独立性，还规定出差旅费均由社会局支给，"不得接受合作社之供应"。[2]重庆市政府在此基础上又将各消费社分成若干督导区，负责社务促进、粮食分配与平价物品发售监督、合作机关委托办理等事宜；督导员的中心目标是检查有无对非社员交易情事、有无社员交易明细记录或是否已实行凭摺购买、物品是否限于生活必需、价格是否低廉、限价是否遵守、配销标准是否合理、进货手续是否完备、有无套买情事、资金支配是否妥当、盈余是否照交易额分配、是否按日结清等内容；督导员根据需要召集区内各社代表召开业务检讨会，讨论健全社业务办法。为加强督导员与各社之间的联系，要求督导员必须列席督导区内各社重要会议，并在三月、

---

① 汪东本《增进合作行政效率之研讨》，《四川合作金融季刊》，1940 年第 2—3 期，第 48 页

② 《重庆市社会局合作指导室视察员视察规则》，重庆市社会局《重庆市合作事业一览》，重庆市社会局，1940 年，第 38 页

六月、十二月填就成绩调查评分表呈送督导会议评定等级，不合标准者依据督导法规分别办理；社务、业务、财务如"不照督导员改进"，合管局有权通知主办机构长官予以改进；发生舞弊、套买、套卖不法情事时，合管局除通知主办机关长官改进外，同时给予"书面之警"，受警告三次以上，合管局通知物品供应机关"停止供应其所需物品之全部或一部"，切实改进者经督导员说明事实后恢复货品供应，仍不思改进者由合管局进行改组。督导区经费由合管局负责筹拨。[①] 在实际督导过程中，督导员注重调查组织是否合法、有无社员交易、定价是否低廉、配销是否合理、采购是否妥当、职员是否忠实、社员是否热心等方面，并取得了一定效果，其中不乏"已大有进步且有成绩极佳者"。[②]《陪都及迁建区消费合作社督导办法》又要求设立消费合作督导会议，每月举行一次，由社会局局长担任会议主席；必要时酌情指定秘书、督导员、办事员；督导会议负责成绩审核评定："一、九十分以上者为优等；二、八十分以上者为甲等；三、七十分以上者为乙等；四、六十分以上者为丙等；五、五十分以上者为丁等；六、不及五十分者为戊等。"待成绩等级评定后，依照下列规定进行奖励或整顿：

一、成绩在优等者呈请社会部核给奖状并由物品供应机关予以优先购货之便利；二、成绩在甲等者由本局颁给奖状并由物品供应机关予以便利；三、成绩在乙等者由本局颁给奖状并由物品供应机关酌予便利；四、成绩在丙等者不予奖励；五、成绩在丁等者令饬整理并减除其购买平价物品之便利；六、成绩在戊等者令饬解散。

至于督导办法未尽事宜，一般按《消费合作推进办法》《陪都及迁建

---

① 《陪都及迁建区消费合作督导办法施行细则草案》,《合作业务通讯》, 1942 年第 17 期, 第 7—9 页

② 《合作消息》,《合作业务通讯》, 1942 年第 17 期, 第 6—7 页

区各机关消费合作社推进办法》及《合作事业奖励规则》进行办理。① 不
难看出，合作视察督导渐趋"纪律化"，完善了监管机制，"由上而下派员
督导"也一定程度上收到了"制衡之效"。②

（三）注重人才培养

合作主管机关特别重视业务经营与社务管理人才的培养，寿勉成早
即主张应"积极从社会职员教育入手，以期能逐渐养成人民自助自治之能
力"，进而建立联合社"以团结整个运动之力量而求其基础之巩固"。③ 鉴
于合作讲习会"为历来训练合作社社职员之一种重要方式"，寿勉成强调，
"亦应加紧举办，以培养社员之自动能力，使合作运动之基础得以渐臻巩
固"。随着社职员人数增加，人力财力"均有问题"，他为此要求合作主管
机关"集中人力财力以赴事功"。④

值此前后，合管局命令全国合作人员训练所设置消费合作人员训练班
负责人才训练，训练期为一个月、实习期也为一个月，毕业后由重庆市及
疏建区各消费社聘用；为此特设的消费合作实务人员函授班以训练经营人
才为主，函授班主要讲授合作概要、消费合作社组织与经营、合作会计、
商业常识、重庆商情等；规定每周星期五寄发各科讲义，要求各学院于下
周六前将合作讲义上题目做完寄回，同时利用星期日与休假日举办演讲、
展览、参观、商业调查等活动。为加强纪律监管，规定学员多次未出席星
期日课外作业或两次无问答题寄回即作除名处理。尽管如此，学员纪律意
识并不强，当时因不遵守纪律而被除名的学员就达到了四十多人，修业期
满后面试合格毕业者仅 86 人而已。⑤ 针对镇社职员素质较差的情况，合作
主管机关特别重视镇社职员的培训，如重庆消费社职员讲习会第三期即是

① 《陪都及迁建区消费合作社督导办法》，社会部合作事业管理局编《全国合作社物品供销处第
二期处务报告》，社会部合作事业管理局，1942 年，第 148 页
② 章国殷《成都市合作事业剪影》，《新新新闻》，1943 年 7 月 3 日，第 12 版
③ 寿勉成《我国合作运动之展望》，《合作事业》，1941 年第 3 卷第 1—4 期，第 2 页
④ 寿勉成《我国合作运动之展望》，《合作事业》，1941 年第 3 卷第 1—4 期，第 4 页
⑤ 《合管局举办人员训练一瞥》，《合作事业》，1940 年第 2 卷第 5—11 期合刊，第 118 页

"以镇消费合作社职社员为主"，[1]成都市讲习会学员 100 人中，镇社占有较高比重，示范镇 12 人、镇公所 40 人、镇合作社 24 人，机关消费社仅 12 人。[2]重庆市消费社调训学员以各镇社理事为限，并对听讲学员提供津贴，即"往还旅费得由合作社视路程远近酌予津贴"。为加强讲习会学员的监管，还规定"中途无辜退学或缺席四小时者则须赔偿讲习期内一切费用"。[3]《成都市合作讲习会听讲学员入会须知》也规定，学员若"中途废学或学业操行成绩不及格得责成其本人赔偿训练各项费用"。为避免社职员受训而影响业务，还规定原职务必须"请人代理"。[4]

然而，初期训练效果并不尽人意。以成都市为例，各镇保送人员大多未按期参加培训，得胜镇应到人数 3 人，结果仅到 1 人，缺席 2 人，讲习会因此拟定惩戒办法予以警告；大安镇、紫东镇、春熙镇、长胜镇、诸葛镇、光大镇、光华镇、青羊镇、明远镇、黄埔镇、中市镇、万福镇等均缺席一人；南大镇、平安镇、仁厚镇、实业镇、江源镇、北大镇、五岳镇、水津镇应到 2 人，其实 2 人均为缺席。[5]培训 55 名学员成绩均不甚理想，除操行评分较高为 80—90 分外，其余法规、概论、指导、金融、产销、供销、公保、会计等科成绩均较低，八门课程平均分不及格者超过一半以上，为 35 人。平均分最低分为 16.2 分，最高平均分为 71.3 分，70 分以上仅区区 5 人，各区镇及机关社人员合作知识贫乏由此可见一斑。不过，学员操行分较高，反映了各镇、各机关在推选学员时比较重视社职员品行的特征。

---

① 《合作消息》，《合作业务通讯》，1942 年第 17 期，第 5 页
② 《成都市合作讲习会章程》，《合作讲习会受训暂行办法、计划书、收支预算、报告书、章程、〈合作法规纲要〉听取须知及省府训令指令》，成都市档案馆，第 38 全宗，第 7 目录，第 65 号，1942—1944 年
③ 《重庆市消费合作社职员讲习会入学》，《重庆合作》，1942 年第 1 卷第 3—4 期，第 12 页
④ 《成都市合作讲习会听讲学员入会须知》，《合作讲习会受训暂行办法、计划书、收支预算、报告书、章程、〈合作法规纲要〉听取须知及省府训令指令》，成都市档案馆，第 38 全宗，第 7 目录，第 65 号，1942—1944 年
⑤ 《成都市各镇保送合作讲习会听讲学员各类表》，《合作讲习会受训暂行办法、计划书、收支预算、报告书、章程、〈合作法规纲要〉听取须知及省府训令指令》，成都市档案馆，第 38 全宗，第 7 目录，第 65 号，1942—1944 年

然而，即使将操行分算入平均分，甲等仅 4 人，乙等 18 人，丙等 18 人，其余 15 人不及格，因此也未有等级。^①

（四）加强货物购运与物资分配监管

1944 年 5 月 15 日，行政院公布《各机关消费合作社购运货物办法》以加强物资购运监管。《各机关消费合作社购运货物办法》规定，合作社向外埠进货时应向合作主管机关请领准购证，准购证每半年换发一次；向外埠合作供销处、联合社或一般厂商进货应照发票所载各项逐一注明，经采办人员盖章并向当地税务机关办理登记手续后才能放行；登记手续方面，要求进货社填写采购货物通知单，在加盖机关正式印信后并连同准购证呈送税务机关登记，然后再由税务机关在准购证上加盖印信予以发还。同时，准购证核发机关随时派员检查准购证所存物品，检查是否以公平合理方式配销社员，如发现套买营私等情况除对采办人员及串通舞弊人员严予惩处外，并吊销准购证，情节重大者吊销合作社登记证，甚至予以解散处理。为了避免社职员徇私舞弊，准购证核发机关必须在准购证上加盖骑缝印，严禁合作社撕毁或涂改。^②

物品配销方法关系到社员的实际利益与社员参与管理的积极性，如配销不当容易引起"社员对合作社之不满与攻击"。鉴于各社配销"尚多不当"，有人主张货品足供全体社员需要则按"社员及其家属人数之多寡定量分配，不可无限制供给"，以免"引起社员浪费及套购"。货品数量不足时则由全体社员抽签或按单位人数比例分配确定后，再由单位"全体人数或需要社员登记后抽签，或采取轮流购买及以认股之多寡决定优先权，以

① 《成都市合作讲习会听讲学员成绩表》，《合作讲习会受训暂行办法、计划书、收支预算、报告书、章程、〈合作法规纲要〉听取须知及省府训令指令》，成都市档案馆，第 38 全宗，第 7 目录，第 65 号，1942—1944 年
② 《各机关消费合作社购运货物办法》，王世颖、林嵘《合作法规》，大东书局，1947 年，第 60—61 页

奖励社员增股等方法分配之"。[①]《重庆市消费合作社联合社社员社对社员平价物资分配暂行办法》又对物资分配办法进行了细化，规定联合社"1. 其数量足敷全体社员及其家属之分配者应作普遍分配；2. 其数量不敷全体社员及其家属之分配者，应先作社员分配，有余量再分配其家属；3. 其数量过少者，则按社员轮流分配或由社员社斟酌当地情形决定适当办法取得联合社同意后行之"。普遍分配采取依次领购，轮流分配按"社员入社先后或社员隶属之保甲门牌编号次序预先举行登记限期购领，过期不领者则视为放弃权利并入下次分配"；各社员社"1. 不按照规定办法及时间登记购领者；2. 有套购转售情事者；3. 冒名顶替者；4. 购物凭证有伪造或涂改情事者；5. 其他文法规定情事者"，物资机关缓发或停发应购物资。[②]

《陪都及迁建区消费合作督导办法施行细则草案》又对机关消费社生活必需品的领购数量进行了详细规定："（一）岚碳每人每月三十公斤（或烟煤每人每月五十公斤，由物资局依来源情形斟酌供应）；（二）菜油每月十二市两；（三）棉布每人每年二市丈（机经工缝白布或色布）；（四）食盐每人每月一市斤。"中央各机关员工家属人数按员工人数平均计算，以每一个职员有家属三人、工役有家属一人为标准，人员总数不能超过平价名册所列在陪都及迁建区员工本人及家属总数；每一职员所购生活必需品数量不超过六人，工费不超过三人，转售生活必需品除酌加运费外不加收利润。[③]一般而言，机关消费社分售的物资相对充足，乡镇消费社的分售情况较差。如重庆市乡镇消费社定量分售"咸感不足分配，尤以种类仅限于菜油一种"，糖布业均因由"普通商店承销"，消费社业务"更形缩小"，有人为此主张由人口集中之镇"承负其平价配销的任务"，希望"收到政

① 《采矿股、机电股、账务股、会计室等有关文件、矿桐公路通车报告、矿与交通银行互函矿公司员工消费合作社章程》（义大煤矿公司），重庆市档案馆，0247*1*18，1943—1945年

② 《重庆市消费合作社联合社社员社对社员平价物资分配暂行办法》（1943年5月20日第七次理事会通过），《合作生活》，1944年第1卷第1期，第32—36页

③ 《中央党政机关公务员工及其家属生活必需品定量分售实施办法》，《合作业务通讯》，1942年第17期，第11—12页

府举办平价物品改善人员生活之意旨",① 但效果并不十分明显。

综上所述，无论《合作社法》还是具体办法准则，均确认了消费社主体的合法性，明确了相关责权，还对组织运营进行了统一规范，为消费社发展提供了较好的外部制度环境；另一方面，政府加强对消费社监管，推动消费社履行战时经济职能的同时，消费社自主性需求反而不甚明显。

① 《重庆市各乡镇合作社调查总报告》,《合作业务通讯》, 1943 年第 24—25 期, 第 10 页

第四章　四川消费合作社的治理结构

抗战爆发后，国民政府在完善合作政策与合作法规的同时，也开始意识到合作社内部结构合理安排的重要性，正如王世颖之前所言："大凡合作事业之成功，必有赖于健全之组织，组织而健全，则循序以进，成功有望；反之，若组织不健全，纵全力以赴，也不得善果。"[①] 内部治理结构安排主要表现为通过各种办法准则建立内部协商制度、民主选举制度以及内部调控制度，对组织职能、决策方式、统属关系等方面进行了比较具体的安排，对职权进行了更明确的划分，进而逐渐形成了比较成熟的组织治理机制。[②]

第一节　消费社分类及出入社问题

一、消费社分类及相关问题

合作社因时间、地域、行业不同而名称各异。具体而言，根据业务范围可分为农业合作、工业合作、消费合作、金融合作、保险合作、信用合

---

① 王世颖《农业合作组织通论》（1930年12月），《合作月刊》，1930年第2卷第9—10期合刊，第4页
② "治理指的是一种由共同的目标支持的活动，这些管理活动的主体未必是政府，也无须依靠国家的强制力量来实现。"俞可平主编《治理与善治》，社会科学文献出版社，2000年，第2页

作、供给合作、生产合作、运销合作、公用合作及保险合作；按社员职业不同又可分为军人消费社、学校员生消费社、工人消费社、银行职工消费社及一般市民消费社等；若按行政区域划分，又有乡镇消费社、县市消费社及联合社之别，联合社又设有分社，如巴山警备司令部即成立了成都分社；按经营业务种类，又可分成专营社、兼营社；依据规模大小与统属关系，又有单位社与联合社之分，单位社就是若干个自然人以自由意志组织而成，如保合作社，专营合作社等，联合社即是若干法人保社、专营社或联合社之间的再联合，如县联合社、省联合社、全国联合社及其他联合社；依经营业务的种类还可分成专营合作社与兼营合作社，县各级社皆属兼营社；依据县级的组织系统又分为保社或数保联合社所设合作社、乡镇社、县联社、专营社与专营联社。①

根据责任承担又可分为有限责任、保证责任、无限责任三种。就三种责任的含义，《农村合作社暂行规程》规定："（一）无限责任 社员以其所有财产对社及社之债权人负分担债务责任；（二）有限责任 社员对社之债务仅以所认之股额为限；（三）保证责任 社员对社及社之债权人除所认股款外，尚负若干金额之责任。"②《合作社法》对此又做了进一步解释，强调无限责任即"合作社财产不足清偿债务时，由社员连带负其责任"，有限责任即"以其所认股额为限负其责任"；保证责任即以所认股额及保证金为限"负其责任"。③至于采用何种责任，要求："1.专营合作社（乡镇合作社以外）得在前三种责任内采用一种；2.专营合作社联合社（县各级合作社联合社以外）限于有限责任与保证责任二种，采用一种。"一般而言，

① 《合作问答》，第13—15页，成都市档案馆，第38全宗，第7目录号，第86号，1936—1946年
② 《实业部颁布农村合作社暂行规程》，中国第二历史档案馆《中华民国史档案资料汇编》第五辑第一编财政经济（七），江苏古籍出版社，1994年，第284页
③ 《合作社法》，中国第二历史档案馆《中华民国史档案资料汇编》第五辑第一编财政经济（七），江苏古籍出版社，1994年，第306页

县各级社"一律采用保证责任"，其他社由社员大会或代表大会自行决定。[①]
就消费社究竟采取何种责任形式，屠绍祯表达不同看法，认为消费社宜采
取有限责任，原因在于有限责任"入社及出社的手续简便，所负的责任又
轻，人民乐于加入"，因此无限或保证责任合作社办理消费业务时，"惟有
改组合作社为有限责任或另行设立消费合作社，采取有限责任"。[②]事实上，
一般消费社大都以有限责任和保证责任为主。根据消费社与政府关系亲疏
状况，还可将消费社分为独立性、自主性、半自主三类：一是"完全依赖
本机关生存而毫无独立精神的"公教系统消费社；二是半自主合作社，理
监事不由机关指派，社员缴纳小额股本，经营业务资金由机关负责息拨，
但不得专对社员交易；三是纯粹独立合作社，即完全由社员组织而成，业
务经营和盈余分配完全按照合作原则和法令办理。[③]

二、社员资格及出入社问题

合作社的基本构成单位是社员，《合作社法》对民众入会资格的限制
较低，规定凡"中华民国人民年满二十岁者""有正当职业者"均可入社，
前提是必须缴纳一定股金，但"褫夺夺公权""破产""吸食鸦片或代用品"
者不能入社，若遇"丧失中华民国国籍""死亡""自请退社""除名"等
情况，社员则自动丧失社员资格，外侨即因丧失国籍而不能加入与组织合
作社。[④]社员入社必须同时经过二人以上介绍，加入有限责任或保证责任
社者必须经过理事会同意，加入无限责任须经社务会同意及"社员大会出
席社员四分之三以上之追认"，社员除名须"经理事、监事、四分之三以
上之决议，以书面通知被除名之社员，并报告社员大会"。按经济部法令

---

① 《合作问答》，第15—17页，成都市档案馆，第38全宗，第7目录号，第86号，1936-1946
年
② 屠绍祯《消费合作之经营》，正中书局，1947年，第31页
③ 曹海秋《六年来重庆市的消费合作社事业》，1944年第1卷第2—6期合刊，第21页
④ 《录前实业部1936年2月21日合字第516号指复上海市社会局请示俄侨可否组织合作社案》，
《合作法规》，四川省档案馆馆藏，第220页

解释，政府所派遣的合作指导员如符合入社要求，可"依照社章加入合作社为社员"，但"不得有违反公务员服务法所规定之事项"。① 屠绍祯还特别强调两种人不能入社：一是"有欠账习惯者"，原因在于"欠账能使合作社资金不能转动而至倒闭"，但"只有那种存心欠账始终不改的"，消费社"才应拒收"；二是"有不良行为、不事生产、极近无赖浪荡的人"不能入社。②

合作社入社方式分为普通入社与特别入社两种。普通入社即"凡愿加入合作社者，有社员之介绍或直接以书面请求都可以加入合作社为社员"，但加入有限责任或保证责任社须经理事会同意，同时向社员大会报告，加入无限责任社必须由社务会提经社员大会出席社员四分之三以上议决通过才能加入；特别入社包括："一、受让入社：得到合作社的同意继承让与人的股份权利和义务而为合作社的社员；二、继承入社：社员死亡继承人可以继承入社为社员；三、再入社：已出社的社员可以按照普通入社手续再入社"。③

在遵照相关法规前提下，地方性消费社准则也对社员出入社进行了补充规定。《成都市消费合作社章程准则》规定，社员必须是"在本社业务区域内或附近居住之人民"。④《四川省各县市公教消费合作社章程准则》要求社员以"各机关学校之现任公务员教职员为合格"，入社前填写入社愿书，经社员二人以上介绍或直接以书面请求经理事会同意后报告代表大会方可视为入社。社员出社时，规定"脱离现任职务在六个月不能在本县境内其他各机关学校履行职务者"必须出社，年终"自请退社"时须于三个月前"向理事会提出请求书经理事会核准"；被除名者包括："（一）不

---

①　《经济部 1940 年 5 月 24 日农字第 60461 号指令四川建设厅关于合管处关于呈请解释指导员可否加入其所指导之合作社为社员案》，《合作法规》，四川省档案馆馆藏，第 221 页

②　屠绍祯《消费合作之经营》，正中书局，1947 年，第 25 页

③　《合作问答》，第 24—25 页，成都市档案馆，第 38 全宗，第 7 目录号，第 86 号，1936-1946 年

④　《成都市消费合作社章程准则》，《成都市政府月刊》，1940 年第 1 卷第 1 期，第 84—85 页

遵照本社章则及代表大会决议履行其义务者；（二）有妨害本社名誉及社务业务之行为者"。社员出社前所负债务"自出社决定之日起，经过二年始得解除"，出社后六月内解散则视为未出社；出社社员还可"请求退还其已缴股款"，合作社必须"以贷物偿付出社社员之退还股金"。[1] 为严格限制社员出社，还规定乡镇区保社员"不得任意自请退社"。[2]

值得注意的是，公教系统一般是全体员工加入消费社，自愿入社特征不甚明显。1943 年 1 月 10 日，社会部全国合作社物品供销处就要求重庆市"机关全体员工（或乡镇全体住户）一律入社"。[3] 强制入社虽有违自愿入社原则，带有明显的强制色彩，但这实为政府保持公教系统正常运转的不得已之举。事实上，由于消费社能提供各种廉价货品，公教系统职员均有主动参加消费社的诉求，因此强制入社不能被简单视为政府行政的过度干预，而是适应战时经济环境需要的必要之举。乡镇消费社因社股额度小，大多居民更愿意主动入社，因此重庆市镇社"大抵包含有全市镇之居民份子"，社员"人数较众"。[4]

第二节　机构设置与职能分工

消费社内部权属划分是否明确、社员与社、社与社之间关系是否融洽、组织架构是否合理、社员主体地位是否被尊重等直接关系到消费社能否保持高效运营。鉴于此，国民政府及主管机关通过立法的形式对消费社机构设置与职能分工进行了制度性安排，明确了权责关系。

---

① 《四川省各县市公教消费合作社章程准则》，许昌龄《四川合作事业概览》，四川省合作事业管理处，1941 年，第 47 页
② 《合作社的组织体系》，《合作法规》四川省档案馆馆藏，第 328 页
③ 《关于社会局训令、消费合作社联席会议记录国民党重庆执行委员会指令、呈报社员名单、总务股办事细则、申请陪购物品清单的文件》（重庆植物油厂重庆办事处），重庆档案馆，0271*1*168，1942—1943 年
④ 王蕾《重庆市消费合作社之分析》，《工业合作》，1942 年第 3 卷第 6 期，第 48 页

一、社员大会

消费社的会议分为社员大会、理事会、监事会、联席会议等四种基本形式。社员大会即社员全体参加的大会，是合作社的最高权力机关与决策机关。社员是社员大会的基本构成单位，享有"购物及取得盈利之权"，肩负"遵守社股社章，服从社员大会议决及向社中购物之义务"。[①] 社员大会的职权包括选举权、决策权、罢免权、批准权、合并权、改组权、解散权、拟定方针计划权、监督考核权、审查权等。

一般而言，社员较少的消费社召开全体社员大会，社员数较多者则召开社员代表大会，代表由社员民主选举产生。参照《合作社法》制定的《四川省各县市公教消费合作社章程准则》规定：社员代表大会每年至少召开一次，代表按照社员人数比例选派，具体比例是社员二十人以内者选代表一人，二十人以上、四十人以下者选派二人，其余依次类推。同时，社员大会又分成通常社员大会与临时社员大会两类。临时大会在下列情况下召开："（一）理事会认为有必要时；（二）监事会于执行职务上认为有必要时；（三）社员全体四分之一以上以书面记明提议事项及其理由请求理事会召集之。前款请求提出后十日内理事会不为召集之通知时，社员得呈报主管机关自行召集。"社员大会由全体代表过半数出席、决议，解除理监事职权由全体代表四分之三以上出席、出席代表三分之二以上同意议决；每一代表拥有一项表决权，如代表不能出席大会时，则必须以书面形式委托其他代表出席，但同一代理人不能代表两人以上代表；遇代表流会二次以上时，理事会通过书面方式将应议事项请求全体社员代表在一定期限内通信表决，期限不少于十日。[②]《合作社法实施细则》做了进一步补充说明，要求社员大会以理事主席为主席，理事会主席缺席时以监事会主席为主席，

---

① 《钢铁迁建委员会消费合作社章程草案》，《关于职工消费合作社营业问题即其业务概况与立法请求加价盖顶营业时间》（原钢厂迁建委员会人事福利类），重庆市档案馆，08 0182*1*408

② 《四川省各县市公教消费合作社章程准则》，许昌龄《四川合作事业概览》，四川省合作事业管理处，1941年，第48—49页

社员召集大会临时公推主席；社员数超过二百人以上时，社员大会"就地域之便利分组举行，并依各该社员人数推选代表出席全体代表大会"；若违反合作社法及实施细则，社员有权"申请所在地主管机关宣告议决案为无效"。① 就社员大会实际召开情形来看，"机关合作社社员较少者，当能按章程举行社员大会，社员较多者，则由各单位各科室分别选举代表，举行代表会议"。② 总体而言，消费社虽设有社员大会，但大多甚少召开，或因社员过多不易召开，或因理监事会失责，或因社员合作意识淡薄而形同虚设。加之，社员入社"略带有强制成分"，社员对大会的感情"均不及自由加入之组织"。③

二、理事会

理事会是消费社的权力执行机关，具体负责社务管理、业务经营。《合作社法》规定，理事在社员之中选任，至少设两人，但不能兼任事务员，任期一至三年；若违反规定"致合作社受损害时"，对合作社"负赔偿之责"，遇不能清偿储金债务时，理事负连带清偿之责，解任后同时必须"经过二年方得解除"，违反法令或章程时，由社员大会全体社员过半数议决解除职权，失职亦同，发生变更"非经登记不得以其变更对抗善意第三人"。理事会具体负责置放社员名册、社员大会纪录、载明社员姓名、认购社股日期、缴纳金额及缴纳日期、保证金额以及造具财产目录、资产负债表、业务报告书、盈余分配方案等，根据业务需要设立与任免事务员；主席负责召集社员大会与临时社员大会，每月至少开会一次，必须过半数理事出席方能开会与议决。④《四川省各县市公教消费合作社章程准则》的规定则

---

① 《合作社法施行细则》，中国第二历史档案馆《中华民国史档案资料汇编》第五辑第一编财政经济（七），江苏古籍出版社，1994年，第328—329页

② 王蕾《重庆市消费合作社之分析》，《工业合作》，1942年第3卷第6期，第48—50页

③ 王蕾《重庆市消费合作社之分析》，《工业合作》，1942年第3卷第6期，第48页

④ 《合作社法》，中国第二历史档案馆《中华民国史档案资料汇编》第五辑第一编财政经济（七），江苏古籍出版社，1994年，第310—312页

更为具体详细，要求理事之中至少有一人必须是社员；理事除在社员之中选任外，提倡股本的机关实际也可进行选派；理事去职缺额进行补缺选举，以补缺理事前任任期为任期；遇股本持续增加时必须按比例增加理事人数；理事会支付理事所需公务费用，必要时加设副经理一人、事务员若干人，同时酌情给予薪俸。此外，理事会的职责还包括："（一）执行代表大会决议案；（二）决定营业方针；（三）审定各项预算决算；（四）核定预算决算；（五）对外代表本社。"[①]《成都市消费合作社章程准则》又规定，理事三人、五人、七人不等，任期一至三年，每年改选一次；理事会设主席一人、书记或经理一人、司库一人，均在理事会中互选。为保持理事会人员的稳定性，还规定理事非有正当事由不得辞职。[②] 理事会作为社员大会的常设机关与管理决策机关，同时接受社员大会与监事会监督。然而，由于物资、精神激励不足，理事会存在参与社务、业务管理热情不高、归属感不强等问题。

三、监事会

监事会是消费社监察机关，职权独立于理事会、社员大会之外，即一般不参与管理，仅代表社员监督理事会业务经营与执行情况，主要目的是避免理事会及管理人员滥用职权，它与理事会、社员大会构成了较为严密的权力制衡机制。《农村合作社暂行章程》规定，监事会负责"（一）监察合作社之财产状况；（二）监察理事执行业务之情形；（三）发现财产状况或业务执行有危险及不合时宜，报告于社员大会；（四）审核第三十八条规定之书类，报告于社员大会；（五）合作社与理事私人订约或诉讼时，代表合作社"。为保持监事会的独立性，规定监事不能兼充理事或其他同性质合作社的社务委员。监事会每月开会一次，必要时召开临时会议；主席在监

---

①　《四川省各县市公教消费合作社章程准则》，许昌龄《四川合作事业概览》，四川省合作事业管理处，1941年，第48—49页

②　《成都市消费合作社章程准则》，《成都市政府月刊》，1940年第1卷第1期，第85—86页

事中互选，不能执行职务时，则"分别互推一人代理"；监事会在理事会主席缺席时负责召集社员大会，以监事会主席作为社员大会的主席。[①]《合作社法》在此基础上又做了进一步补充，规定曾任理事的社员"于责任解除前，不得当选为监事"；监事不能享受合作社百分之十的酬劳金，若其违反法令或章程，社员大会全体社员过半数决议可解除其职权，失职亦同。当主管机关命令让出职权时，"非经登记不得以其变更对抗善意第三人"。[②]同时，监事可在社员大会选举以及提倡股机关中选派，每年改选几分之一，任期一年，可连选连任，但不得兼任其他职务。因去职补缺选举时，补缺监事以前任任期为任期，监事因属义务职并不予支薪。[③]如何保持监事独立性一直是各项准则强调的重点，《成都市消费合作社章程准则》也规定，监事不得兼任理事、经理、副经理、事务员或技术员，理事责任未解除前不宜当选监事。[④]

值得一提的是，监事会一项重要职责还在于负责审查年度决算书类。如重庆市拟定的《重庆市各级合作社监事会审查年度决算书类办法》就明确规定，监事会接到资产负债表、损益计算表、财产目录、盈余分配案、业务报告案等法定书类后立即开始查账，必要时申请指导员指导；监事会查账由全体监事推举一人至数人负责考查、核算单据，检查存货现金；遇社务业务处理、年度决算书、经费处理有疑问时，通知理事会一定时日内举行特殊查账，记录有误则呈请理事会修正，如理事会不服指示可将意见情形批注查账报告书，必要时召开临时社员大会讨论具体处理办法；查账完毕后编制查账报告书二份由全体监事连署后连同理事会所呈送各种书类送还理事会，经社员大会或社员代表大会承认后将查账报告书二份副本连

① 《农村合作社暂行章程》，中国第二历史档案馆《中华民国史档案资料汇编》第五辑第一编财政经济（七），江苏古籍出版社，1994 年，第 288—289 页

② 《合作社法》，中国第二历史档案馆《中华民国史档案资料汇编》第五辑第一编财政经济（七），江苏古籍出版社，1994 年，第 310—311 页

③ 《四川省各县市公教消费合作社章程准则》，许昌龄《四川合作事业概览》，四川省合作事业管理处，1941 年，第 47—50 页

④ 《成都市消费合作社章程准则》，《成都市政府月刊》，1940 年第 1 卷第 1 期，第 86 页

同书类副本各一份备文呈报主管机关查核备案。①

　　鉴于理监事会的重要，时人对理监事的素质尤为重视。正如时人所言："一个合作社的理监事会组织健全和理监事的尽忠职守，就主动一个合作社的光明的前途。"既然理监事会是"合作社最重要的部分"，理事至少应"公忠能干"，意即"一、公：公是私的反面，是光明正大，不徇私舞弊，应有一种新视野的道德和精神；二、忠：忠是尽忠职守，百折不挠，抱定'人生以服务为目的'的自助互助精神，热烈的情绪，革命的应用，为事业尽忠而奋斗；三、能：能是有治事的学识，经营的经验，管理的技术，是一个负责工作者起码的条件；四、干：干就是动，是知而后行的过程，有勇气、实干、苦干、快干，才能成功一件事业"。监事素质方面，除注意"公正""能干"外，还需"严肃"，即"一、严：严是庄严，正直不私，不受外物的诱惑，中庸自立，既严以待人，又严以律己，才能受人敬畏；二、肃：肃是静肃，遇事三思而行，不好随意造动、故意与人为难"。②由于合作教育落后，上述诸点要求仅是时人的美好愿景，重庆市乡镇消费社实际上为合作意识淡薄的乡镇长、警务人员所把持。1942 年 1 月 7 日，社会部虽强调理监事及经理等职员"不得视为公务人员"，③但各级党务工作人员兼任合作社理监事主席等职务"法令并无限制"，④人才缺乏的乡镇社，理事主席多由正副镇长兼任，监事主席由派出所所长担任，经理多是副镇长或保长或小商业者，营业人员多是兼职人员，会计、出纳则多为兼任或专任者，⑤这些合作社的理监素质事实与上述要求相去甚远。

　　为避免理监事之间的职权混乱，《合作社法实施细则》还规定，理监

　　① 《重庆市各级合作社监事会审查年度决算书类办法》，《重庆合作》，1942 年第 1 卷第 3—4 期，第 10 页

　　② 邹承鲁《合作社理监事职员应有之认识》，《重庆合作》，1942 年第 1 卷第 3—4 期，第 8 页

　　③ 《社会部 1942 年 11 月 7 日咨复内政部关于乡镇消费社应否认为公务员社有资产是否为公有财物咨转解释案》，《合作法规》四川省档案馆馆藏，第 226 页

　　④ 《社会部 1941 年 9 月 19 日合字第 8173 号函复江西省的那个不转请解释各级党务工作人员能否当选为合作社理监事及主席案》，社会部合作事业管理局编《现行合作法规汇编》，社会部合作事业管理局，1942 年，第 167 页

　　⑤ 《重庆市各乡镇合作社调查总报告》，《合作业务通讯》，1943 年第 24—25 期，第 9 页

事不得兼任其他同性质合作社的理监事，候补理监事人数"不得超过理事、监事之半数，在未抵补前不得参加理事会或监事会"。[①] 至于人数方面，实际并无统一标准，重庆各社即"多以社员人数之多少为规定，并无一定之标准，大抵镇合作社理监事人数依镇内各街区公允分配，机关合作社则依各单位或各科室数目的规定，工厂学校公司银行亦大抵相同"。[②] 为保持运营的稳定性，消费社严格限制理监事辞职，成都市政府在第三区合作社理事主席提出辞职时就表示，理监事"非有正当理由不得辞职"，即有正当理由辞职亦必须向理事会提出正式请求。[③]

四、联席会议

联席会议也是消费社的重要会议形式，它包括理监事联席会议与合作人士召开的消费社联席会议，前者是为解决社内重大事务而召开的会议，又称社务会议，规定至少每三个月召开一次，即每年一、四、七、十月各召集一次，具体由理事会负责召集，全体理监事三分之二出席方能开会，过半数才能进行决议；会议主席在理监事中临时互选，各聘任职员同时必须列席陈述意见。[④] 遇重要事故"非理事所能单独解决"之时也可召开，必要时"召开临时会议"。[⑤] 后者如中国合作事业协会为促进陪都及迁建区机关消费社健全发展、解决社务业务实际问题而特别组织召开的会议，它由陪都及迁建区机关消费社各派代表一人组织而成，具体由协会负责召集，社会部合管局派员指导；主席团任期一年，而且必须连任，负责确定会议具体日期，并将议决案呈送协会后送请社会部及函请中央各物资专管机关、

---

① 《合作社法实施细则》，中国第二历史档案馆《中华民国史档案资料汇编》第五辑第一编，财政经济（七），江苏古籍出版社，1994年，第328页

② 王蕾《重庆市消费合作社之分析》，《工业合作》，1942年第3卷第6期，第49页

③ 《第三区合作社理事主席辞职的呈报及市府指令》，成都市档案馆，第38全宗，第7目录，第290号，1946年

④ 《四川省各县市公教消费合作社章程准则》，许昌龄《四川合作事业概览》，四川省合作事业管理处，1941年，第48—49页

⑤ 《成都市合作社组织程序》，《成都市政府月刊》，1940年第1卷第1期，第78—79页

主管机关执行或参考，于必要时函请有关机关派员列席；联席会议每两月举行一次，由协会理事长调派书记一人、干事三人处理日常事务，费用由协会负责拨付，必要时由各社利用公益金拨款支付。[①]

第三节　消费合作社联合社

消费社由单位社发展到联合社是抗战爆发后社会经济发展到一定阶段的需要，联合社与单位社两者之间互相依存，单位社是联合社基础，联合社负责拟定单位社具体计划，可协调单位社与物资供应机关之间的关系，正如侯哲葊所言："合作社的联合是进步的合作表现，必须有合作社的存在，才能有联合机关，同时联合机关又能扶助合作社的发展。"[②]由于联合社打破了地域限制，降低了运营成本，一定程度上达到了调剂物资、平抑物价的目的。

一、联合社成立原因及分类问题

就成立合作联合社，时人表示，区域内合作社"必须互相联合，组织地方合作联合会或地方批发合作社"，而单个合作社"纵能发展"，也是"有限度的"。[③]王世颖也认为，欲达"合作事业的整个的理想，各种合作社的单独经营是很困难的"，因此联合完全是"必要的"，否则合作社"无论结合怎样坚固，资本怎样雄厚"，"若不更进一步，而有合作会社间的联合"，则"步调不能一致，事业不能充分发展"。[④]侯哲葊也强调合作社"实

---

① 《中国合作事业协会陪都及迁建区机关消费合作社联系会议简则》，《关于社会局训令、消费合作社联席会议记录国民党重庆执行委员会指令、呈报社员名单、总务股办事细则、申请陪购物品清单的文件》（重庆植物油厂重庆办事处），重庆市档案馆，0271*1*168，1942—1943 年

② 侯哲葊《现代中国之合作事业》（1933 年 10 月），《中国供销合作社史料选编》（第 3 辑），中国财政经济出版社，1991 年，第 431 页

③ 《合作商店实施法》，中国合作学社，1933 年，第 41 页

④ 王世颖《农村经济及合作》，黎明书局，1935 年，第 301—302、304—305 页

有连锁的必要"，主张"组织上级的联合社"，形成合作组织的"系统化"。①

其实，国民政府早就从法规层面对联合社进行了规定。《农村合作社暂行规程》规定，"同一目的之合作社，得组织合作社联合会"，除信用社联合会外，合作社联合会"得加入其它合作社联合会"，遇区域争执时由县市政府负责核定，超过一县或一市以上，由各省主管机关农政官署直接监督。②《合作社法》更明确指出"二个以上之合作社，或合作社联合社，因区域上或业务上之关系，得设立合作社联合社。同一区域或同一区域内同一业务之合作事业，不得同时有二个联合社。"③《农村合作社暂行规程》按照所承担的责任又将联合社分成有限责任与保证责任两类，按行政范围又分为全国性联合社、省市县联合社、镇联合社；四川省县联合社即"以省县行政区域为范围"，倡导"全县有半数以上之场镇设有消费合作社时组织之，省联合社应在全省有五分之三以上县设有县联合社组织之"。④

抗战时期消费合作联合社得到一定程度的发展有其深刻的原因，一方面，因家庭或个人组织单位社"规模不大，力量有限"，社务业务运营颇为困难，而联合社"以区、县、省、全国为范围，实力皆较单位社，甚至较当地最大的商店为厚"，社员因此亦能"间接享受到利益"；另一方面，联合社"不但可直向更大更有利的市场区进货，而且可以筹资自行制造，自置市场，生产与消费完全打成一片，树立消费者本位经济民主制度"。联合社的具体作用体现在以下三个方面：首先，"充实单位社业务"。由于单位社问题"多在资金有限、市场状况不熟悉"，而联合社可"迅速业务""供给单位社的市场消息"，进而避免业务亏损；其次，"健全单位社的社务"。单位社社务问题"多在内部组织不适当，职员经营不得法及会计制度欠合

① 侯哲葊《合作理论》，黎明书局，1937年，第76—77页
② 《农村合作社暂行规程》，中国第二历史档案馆《中华民国史档案资料汇编》第五辑第一编财政经济（七），江苏古籍出版社，1994年，第291—292页
③ 《合作社法》，中国第二历史档案馆《中华民国史档案资料汇编》第五辑第一编财政经济（七），江苏古籍出版社，1994年，第314—315页
④ 《合作指导实施纲要》，许昌龄《四川合作事业概览》，四川省合作事业管理处，1941年，第41页

理"，又因"过于注重业务"，致使"业务方面的名目繁多，反现纷扰现象"；同时，"文书方面各种记录全缺，教育宣传无人办理"，导致"业务无起色"，联合社规模较大、职员经验学识丰富等特征利于推动各种设计，"当较单位社为佳"，甚至联合社本身也"可作单位社模仿"的对象，还可"将各社经营的优良方法介绍其他各社"；最后，联合社的优势还在于它可以"指导组社"，"一面办理业务，一面征求社员，组织与业务同时并进"。同时，联合社充足的资金"皆可作单位社发展的保证"。[①]总之，联合社"（一）可在各合作社间扩大连锁精神，并负责指导，使属社明了其本身之任务而结成坚强之团体；（二）从社员中征集一切关于经济上、统计上、司法上之事项；（三）召集大会，发行书报，举行巡回讲演，创办合作学校，以收合作教育的效果；（四）领导组织合作社，并劝导各加入合作社联合社，俾步骤行动，渐得一致；（五）从旁督促各社员社使业务上之进行，益行顺利；（六）代表合作社向政府或其他团体也有所请求或贡献意见，以维护合作社之利益；（七）订立各社共同遵守之规定，以统一各社进展的步骤"；还可"减低售货价格""解决属社之困难""废除不合理之佣金"及"组织公益事业"等，继而使"步调和谐一致，力量集中，资金充实，业务发展，自可较易"。[②]然而，四川省却并未专设省级消费合作联合社，仅是在成都市、重庆市组织设立市级消费合作联合社。《成都市消费合作社推行方案》即规定，先行"组织单位社，俟有相当进展后，再行组设市联合社，以完成由下而上之合作系统"。[③]

二、结构设置

消费合作联合社的基本单位不是社员个人，而是单个的消费社。现以重庆市消费合作联合社为例对联合社的组织结构进行论述。1944 年 3 月，

---

① 《对消费合作社联合社应有的认识》，《合作业务通讯》，1942 年第 17 期，第 5—7 页

② 顾尧章《战时消费合作联合社组织的重要》，《合作评论》，1941 年第 1 卷第 4 期，第 13—14 页

③ 《成都市消费合作社推行方案》，《成都市政府月刊》，1941 年第 1 卷第 1 期，第 77 页

《保证责任重庆市消费合作社联合社章程》以"协助各社员社改善社务业务扶助其发展并谋其相互联络为宗旨"，规定采取保证责任制，保证金额以所认股额三十倍为限。

（一）社员社

社员社包括完成登记的消费社或联合社，规定申请加入者须经两个社员社介绍或书面请求，在填具入社志愿书、缴呈社章表、资产负债表、社务概况、决议案抄本后，再经理事会审查许可并报告联社代表大会追认即可成为社员社，同时还必须缴纳入社费十元；出社须于年度结束六个月前提交理事会，并在年度前将所欠债务由联社代社员社保证债务完全清偿，并请求退还已缴股款。对"一、不遵照本联社章则及代表大会议决履行其义务者；二、其有妨害本联社社务业务之行为者；三、其业务无积蓄可能者；四、有违反法令之行为或丧失信用之行为者"，经社务会出席理监事四分之三以上议决予以除名处理，社员社所负债务"自出社决定之日起经过二年始得解除"；出社后六个月内解散时，社员社"视为不出社"。

（二）代表大会

代表大会是联合社最高权力机关，由单位社社员大会或代表大会选举产生代表组织而成，名额依各社社员人数比例及当地情形决定，一般是十五社员社以内之区选代表一人，三十社员社以内之区选代表二人，三十社员社以上之区选代表三人。具体分通常代表大会与临时代表大会，通常代表大会于每一业务年度终了后一个月内召集，前提条件是"一、理事会认为必要时；二、监事于执行职务上认为必要时；三、代表四分之一以上以书面说明提议事项及其理由请求理事会召集时"。若请求提出十日内理事会不召集时，社员社代表在主管机关允许条件下自行召集，但必须于七日前书面载明召集事由及提议事项通知社员临时代表大会以临时召集。全体代表过半数出席开会决议，解除理监事职权须由全体代表过半数同意，联合社之间合并由全体四分之三以上出席、出席代表三分之二以上议决同意后进行。大会以理事主席为主席，理事主席缺席时以监事主席为主席，社员社代表自行召集时另推临时主席。社员社代表仅有一表决权，不能出席代表大会时，以书面委托社员一人进行代理；代表流会二次以上，理事会以书面提出所议事项由全体代表在一定期限内表决；代表大会负责"一、选举理事及监事；二、审核及接受社务报告及会计报告；三、通过预算及决算；四、通过社员社之入社出社；五、制定或修正各种章则；六、规划社务进行；七、处理其他理事监事及设有之提议事件"等工作。

（三）理监事会

　　理事会由七人组成，执行联合社具体事务，监事会由五人组成，负责监察社务。理监事均在代表中选任，任期一年，可连选连任，另设候补理事三人、候补监事二人。理监事违反法令或章程时，代表大会全体代表过半数议决可解除其职权，失职时亦同。理事主席总理社务，对外代表联社，每月开例会一次，必要时召集临时会。理事会主要负责："一、订定业务计划及收支预算；二、决定向外借款及保证社员社之债务；三、制定各项章则；四、聘用工作人员；五、处理社员社所提出之问题；六、调节社员社间纠纷；七、讨论发展业务区域内合作事业方案；八、代表大会决议交办事项。"常务理事处理日常事务，协理一至二人由理事会聘任，协理下设秘书一人，稽核一至三人；分组办事时另设事务人员及技术专员，由总经理提请理事会聘任或派充；联合社与理事订立契约或为诉讼上行为时对外代表联合社，必要时召集临时代表大会。作为名誉职的监事不能享受以百分之十的酬劳金；为保持社职员的稳定性，还规定理监事非有正当理由不得辞职。除此之外，社务会由理监事共同组织，全体理事监事三分之二出席开会决议，必要时设特种委员会，如因调解纠纷可设立仲裁委员会，但理事及特种委员会需酌支薪给。①

---

　　① 《重庆市消费合作社联合社借款规定及向合作社金库贷款合同与债务等问题》（三），重庆市档案馆，0060*2*1220，1944—1949 年

（四）职权划分

1945 年 3 月 12 日，重庆市消费社联合社第三届第八次理事会通过的《重庆市消费合作社联合社办事总则》规定：总经理办理日常社务业务，协理协助办理；秘书处理对内对外文件及各部门工作联系，稽核负责经费收支及业务稽核，专员办理技术设计及临时事项；联社下设总务组、会计组、辅导组、批发部、生产部、供应部、服务部、信用部。具体而言，总务组职掌文件校拟缮校收发、印信、社员入社退社、变更登记、会议召集通知等事项；会计组负责会计章则表据格式拟定、预算决算及会计表报编造、传票账簿制定登载、单据审核、会计凭证簿籍表报整理保管等事项；辅导组职掌社务业务调查辅导策进、表报审核整理及辅导事宜；批发部管理物品采购分配调查、专卖物资领购分配、市场动态物价涨落调查报告等；生产部职掌物品产制加工、生产原料采购、接受原料委托加工等；公用部负责公用事业举办、管理经营、公益事业倡导推进等；服务部负责接受委托代理购买、生产运销组织及厂商委托代理推销等；信用部职掌存款代理、收付款项经营、业务资金调拨及代理收付、资金融通、信用业务推进辅导、账务稽核等事宜。各组部下设主任一人，组部之下分课办事，每课设课长、干事、助理员、练习生若干人进行分级办事。[①]

无论是单位社还是联合社，运营过程中大都确立了民主运营原则。如各社社员享有平等选举权、议决权，无论股金额度大小，社员仅有一票权，这实际上保证了社员的平等参与，如有限责任四川省政府战时服务团消费社创立会就采用了双记名投票方式公推散票员、监票员、记票员与理监事。[②] 理监事根据得票数多少任免，隔年换届选举；解散理监事职权必须由全体代表四分之三以上出席、出席代表三分之二以上同意方能进行，显

---

① 《重庆市消费合作社联合社办事总则》(1945 年 3 月 12 日第三届第八次理事会通过)，《消费合作》，1945 年第 1 卷第 7—12 期，第 80—81 页

② 《省市府关于金库筹备、成立、登记、认购、退还股本、理监事选举、推行合作事业的训令、指令》，成都市档案馆，第 38 全宗，第 7 目录，第 258 号，1945—1947 年

然，这些组织议事程序完全是近代民主议决程序。又如，重庆义大煤矿公司员工消费社明确要求社员大会、理事会、监事会"发挥民主之精神，以促合作组织之健全"，遇重大事务由"理事会或代表大会拟具议决案交由各社员用签名办法表决"。① 再如，重庆市钢铁厂迁建委员会第二届临时社员代表大会就议决，"货物来源及价格涨落应公开"，并设立意见箱及公告牌以"尽量采纳社员意见，并公开营业状况"。②

不过，不同消费社的社内民主意识差异明显，其中"以机关为最强"，原因在于各机关职员疏散乡间，"一切日用品之购买，多有赖于合作社"，导致"社员对于合作社期望甚殷，决无关心之态度"。③ 乡镇社因合作意识淡薄，社员大多不愿参加社员大会，合作社之所以"未尽民主化"，一方面受社员民主能力的限制，另一方面则在于合作社以外的环境不够民主，"以致土豪劣绅处处横行，乡镇保甲长事事把持"，合作组织"难免不受他们的影响"。④ 既然合作运动"由党政机关负责而非出于人民之自觉自助"，因此"更不足以语自治"。⑤ 由于机关社本身甚至就是由党政机构直接组织而成，实际上几乎可算是政府机关的附属经济组织。

总之，一系列规章制度规范了消费社的运营程序，但实际情形并不尽人意。各种会议"能做到的真是微乎其微"，召集"尽管召集"，"不是流会便是'会而不议，决而不行'"，一部分社员"始终没有参加社员大会"，理监事会及社务会议虽然"比较容易开"，但因一些理监事纯系兼职而对会议"不甚注意"，导致"常常也开会不成"。⑥ 各乡镇社经营社务大都"由副经理或营业主任负责"，理事主席"大都均极少来往"，"除参加社务会议

① 《采矿股、机电股、账务股、会计室等有关文件、矿桐公路通车报告、矿与交通银行互函矿公司员工消费合作社章程》(义大煤矿公司)，重庆档案馆，0247*1*18，1943—1945年
② 《钢铁厂消费合作社在第二次临时社员代表大会纪录》(1940年7月5日)，《关于职工消费合作社营业问题即其业务概况与立法请求加价盖顶营业时间》(原钢厂迁建委员会人事福利类)，重庆市档案馆，08*0182*1*408，1940年
③ 王蕾《重庆市消费合作社之分析》，《工业合作》，1942年第3卷第6期，第48—50页
④ 寿勉成《中国合作经济建设的收获是什么》，《合作界》，1945年第16期，页码不详
⑤ 寿勉成《我国合作运动之展望》，《合作事业》，1941年第3卷第1—4期，第2页
⑥ 张攻非《重庆市合作社组织与指导》，《重庆合作》，1942年第1卷第3—4期，第6页

外，平常每未到合作社"，社务会"大都均是按月举行一次"，"惟有少数合社则三月一次或半年一次"，理事主席及经理"虽有一二位曾参加市府合社职员讲习会者，其余大部均未经合作训练，对合作意识至为浅薄，均以合社系公益事情、地方事业"，并无"其他认识及合作精神"，[1] 因此"流会""会而不议，决而不行"等现象时常发生。当然，也有一些理监事颇符众望，如小龙坎士绅郝焕章因"对当地公益事业协助不遗余力"而出任镇社经理，沙坪坝青年馆馆长、三民主义青年团中央团部候补干事陈登科也因热心合作当选为常务理事。[2]

① 《重庆市各乡镇合作社调查总报告》，《合作业务通讯》，1943 年第 24—25 期，第 8 页
② 《合作消息》，《重庆合作》，1942 年第 2 卷第 6 期，第 8 页

第五章　四川消费合作社的经营管理

抗战爆发后，消费社的经营业务包括生产业务、代办业务、购销业务、公用业务、信用业务等，同时还可分为专营业务与兼营业务两类，专营业务即"因社员之需要单纯或基于法规限制仅经营一种业务者"，如放款、收受非社员存款等；兼营业务是"兼营一种或两种以上者"，如兼营供给、公用、运销、生产等业务。就专营、兼营业务而言，要求遵守："一、依社员大多数之需要为标准；二、斟酌自身人力、财力所能胜任者举办之；三、从大处着眼小处着手稳扎稳打按部进行；四、附带业务须与主管业务密切联系"。[①] 通过不断实践与反思，主管机关在上述经营原则下又制定了一系列具体标准细则进行规范和指导，提高了消费社的经营效益。因国民政府采行优先扶植城镇公教系统消费社发展的政策，城镇消费社呈现出明显的行业差异性与地域发展不平衡的特点。为加强账务管理，消费社还特别拟定了会计规则以规范会计人员行为，逐渐形成了比较完善的会计管理制度。

---

① 《合作问答》，第17—18页，成都市档案馆，第38全宗，第7目录号，第86号，1936—1946年

第一节　社务业务重要性的论争及交易对象问题

一、业务与社务孰轻孰重的论争

社务管理包括是否按期举行会议，社内陈设是否科学合理，社员与社员、社员与社、社与社之间的关系是否融洽等方面。如《消费合作推进办法》就要求消费社门面"一律漆成深绿色，上加白色字体，并以红底黄线'合作'标记，以便识别"；门面陈设、内部布置"力求雅洁整齐朴素，以期表现合作之意义"；社职员充分认识自身"服务性质"，态度力求适合"社务关系"。①业务经营主要包括购销货品、经营手段与定价策略等。就社务与业务孰轻孰重问题，时人莫衷一是。有人认为社务决定业务，社务健全则业务"无不有不展，财务亦无有不严密健全"；反之，重业务、轻社务会导致合作社"昙花一现，旋归消失"，缺少社务即是"缺少合作组织的基本精神，很难把社员组织起来"，因此社务是合作社"生命之所系"，无社务工作"就没有合作社之生命，不做社务工作等于合作社自趋消失"。然而，无论机关消费社还是乡镇消费社，缺点均是由于社务工作"做得不够"，进而"影响了业务、财务的健全"，如一些经理和少数职员即因缺乏交流，就将业务工作引向"错误途径去发展"，甚至"集体鄙视有力的意见"，社职员"亦感觉到无法揣测"社员意见而"无所适从"。究其原因，还在于"平时没有推进社务工作"。②1943 年 10 月，全国合作人员训练所还就两者孰轻孰重进行了辩论。正方观点认为："社务领导业务"，社务是"合作社的基础""业务的原动力"，社务"管督业务"；过于倚重业务而不重社务则容易"a. 走上商业化的歧途；b. 合作社易较少数人把持；c. 易发

① 《消费合作社推进办法》，王世颖、林嵘《合作法规》，大东书局，1947 年，第 49 页
② 王绍林《为什么要注意推进消费合作社之社务》，《合作业务通讯》，1943 年第 24—25 期合刊，第 2—3 页

生囤积居奇的行为；d. 不能谋社员的福利"。社务的重要性在于它可以发挥
"最高的连锁合作精神"以及伦理、道德、社会、教育、政治机能。反方则
从合作社目的方面指出，合作社是"谋社员经济之改善，是以业务为组织
合作社的目的"；业务发达能"提高其职员待遇，使其生活安定工作效率
增加"，进而"增加自给资金，充实合作社资本"与"选择精干的工作人
员"，还可使合作组织"由救济到建设"，社员"由被动到自动"，增强"与
私人企业竞争的力量"，改良货物品质，降低货价成本，促进社员生活"计
划化""经济化""安定化""艺术化""愉快化"；同时，业务发达还可"充
分控制分配权""维持供求平衡""改造现代以剥削为目的的资本主义经济
制度"，有助于民生主义中"平均地权和节制资本"的实现，进而完成"国
民经济建设的任务"。① 尽管反方理由甚为充分，讨论结果仍认为社务重于
业务。

　　然而，舆论对社务的重视与当时社务的现状形成了强烈的反差。截至
1943 年，重庆市各社均"无社务活动"，"社员除购买货品外，社与社员间
可以说并无其他关系"，管理权实际"操诸镇公所及监事等绅士手中，民主
管理事实上做不到"；社员大会因"召集困难，多未召开"，仅少许社"举
行社员代表大会"，多数社"亦无社务会议"，所有事情"均由理事主席或
经理决定"。乡镇社的情况更为糟糕，表现在："（一）乡镇合作社社员及职
员均缺乏合作意识；（二）除做生意外全无社务活动；（三）社员与社间无
任何联络"。②

　　鉴于社务管理落后的现状，社会各界均不约而同主张"社务第一"。
寿勉成表示，社务"较业务为基本，将社务办好，则即能将业务办好"。③
还有人认为，社务健全则"业务必可随时充实"，因此有必要从合作社"本
身及辅导两方面努力"，借以"巩固合作社之组织基础"。④ 其他人还提出

---

① 《社务重于业务》，《合作业务通讯》，1943 年第 24-25 期，第 4—5 页
② 《重庆市各乡镇合作社调查总报告》，《合作业务通讯》，1943 年第 24—25 期，第 9 页
③ 寿勉成《合作事业之经营原则》，《重庆合作》，1944 年第 2 卷第 10 期（下），第 1 页
④ 陈奇鑫《如何健全社务》，《合作评论》，1944 年第 4 卷第 1 期，第 15 页

了具体要求，如开会前"作充分的准备与计划"，利用"国民月会"与社员"接触谈话"，利用工作检讨会的机会发现缺陷，组织研究会"作精密之研讨"，通过交谊会定期不定期举行"促进社员间之感情，增厚彼此了解"；通过壁报部"出版定期或不定期的壁报，以一种浅近的文字宣扬合作的意识"，服务部可"偏重教育性的服务事宜"。[1] 总之，时人之所以"不得不强调社务工作"，主要原因还是在于合作社"太忽视社务工作"。[2] 从上述辩论与社会各界的言论看，社务之所以被重视，主要是因为社务混乱影响了业务的运营，工作的中心实际还是如何维持盈利。

二、交易对象问题

国民政府的各项合作法规均明确规定，严禁合作社与非社员交易。当时实际情况却是，与非社员交易现象普遍存在，且与非社员交易多不给发票，也有"给发票而年终并不分给盈余者"，还有"分给盈余而不足其应得之金额"，或因期限紧促导致社员"不急往领，实际等于不分者"，总之是"弊端百出，监督维坚"，不仅"有违反政府提倡合作之本旨"，而且"与合作社不以营利为目的之原则不符"，实业部因此通令各社"凡与社外人士交易者，应先依法履行入社手续"。[3]《消费合作推进办法》也规定，消费社"以对社员交易为原则，凡欲与合作社交易而一时不能正式入社者，得先加入为预备社员"。[4] 行政院核定的《陪都及迁建区普设消费合作社配销平价物资办法》也规定，各社"不得对非社员交易"。[5]

尽管法令解释与具体规定甚为明晰，但却并未被严格执行，"与非社员交易者竟占多数"。各消费社"以机关消费合作社限制非社员交易者居

① 《社务活动》，《合作业务通讯》，1943年第24—25期，第1—2页
② 郑厚博《消费合作之路》，《消费合作》，1944年第1卷第1期，第5页
③ 《录前实业部1937年7月14日合字第一四八八号训令》，《合作法规》，第235页，四川省档案馆馆藏
④ 《消费合作社推进办法》，王世颖、林嵘合编《合作法规》，大东书局，1947年，第50页
⑤ 《陪都及迁建区普设消费合作社配销平价物资办法》，社会部合作事业管理局《现行合作法规汇编》，社会部合作事业管理局，1942年，第90页

多，而市民乡镇合作社则反是"，① 主要原因在于机关社资金大多由主管机关负责拨发，货品供应充裕，而乡镇社资金相对有限，与非社员交易能够保持一定的盈利，进而维持消费社的正常运转。为保证消费社的持久运营，时人李仁柳反而要求各级供销机关"采取与非社员交易的政策"。② 其实，究竟是否与非社员交易，时人表达了不同的看法。屠绍祯认为，"凡是主张不和非社员交易，不但不合理，而且减弱运动的力量"，因此不与社外人士交易"确是愚笨的政策"，实际上完全有必要"将其利益推广到外界去，使每个人都享受到"，还可"缩减资本主义的势力，以至达于灭绝"；若不与非社员交易则是"减少合作社的营业，作茧自缚、自掘坟墓的灭亡政策"。针对一些理事、经理采取与非社员交易"完全为想政府免税"的想法，屠绍祯表示，"其所得免税的利益，远不及和非社员交易的利益大"，从国民立场出发，就"不应以免税为得计，纳税是国民的义务"，因此消费社应与任何人交易。屠绍祯还主张在社内另设一部、另立账目专与非社员交易。与社员交易免税属"分配行为"，而不是"交易行为"，但与非社员交易"完全是交易行为，应该纳税"。折中办法是红利"应该给予的，惟可比较社员为少"。③ 屠绍祯的意思甚为明显，即在保证社员利益的前提下，借助与非社员交易来扩大经营规模，增加合作社的资金积累。时人主张消费社与非社员交易的一个重要思想来源即是法国合作理论专家季特所主张的与非社员进行交易的思想。按照季特的理解，与非社员交易"实为宣传协作、征集社员的最有效方法，一切新主顾，都是候补的社员"，营业额因此可以增加，还能"减少普通的费用"。然而，李仁柳认为战时中国不宜与非社员交易，理由是：第一、战时消费者均有组织消费社的共同需求，不需要"利用'与非社员交易'来作为宣传合作办法"；第二、季特思想出发点是"化主顾为社员"，前提为消费者"没有入社的愿心""缴纳不起

① 王蕾《重庆市消费合作社之分析》，《工业合作》，1942年第3卷第6期，第50页
② 李仁柳《消费合作社交易对象问题》，《合作供销》，1943年第3卷第5—6期，第24页
③ 屠绍祯《论消费合作社的销售业务》，《合作事业》，1940年第2卷第12期，第54页

社股"。但战时中国此种情况并不存在，民众均有主动加入消费社的诉求，因此完全不必与非社员交易；第三、消费社实际上"已有广大消费者普遍共通的要求"。因与非社员交易存在着较大的收益空间，大多数消费社还是"采取与非社员交易的业务政策"，时人进而期望消费社"能参加商业活动，起平价的作用，并建立各级物品供给机关，以充实并健全合作社的业务能力"。然而，与非社员交易不登记的缺点甚为明显，导致"不少人竟在合作社与消费者之间做其投机取巧的生意"。但非社员不能"享受分配盈余的权利"，合作社因此与普通商店无异。即使采取记名办法，非社员享有分配盈余权利，这实际上仍是"混乱社务"。既然非社员"可与社员有差不多的享受"，缴纳股金又不"对社管理以及应负各种责任"，这就容易"增强消费者入社的惰性，妨碍社员的增加，影响社务的展开和业务的健全"，甚至还会"徒供非社员毫不关心的利用，对于社员的贡献或服务能力，将会大大的降低，甚或可缩短社的存在底寿命"。在商人操纵物价、资金短缺情况下，李仁柳强调："只有切实的执行不与非社员交易的政策，才能刺激或吸引非社员的消费者加入合作社为社员，才能显出合作社与普通商店不同的地方。"[1] 从当时具体情况来看，由于与非社员交易营利部分"未予依照合作社业务性质明定界说以资遵循"，各地方办理税务与合作社就"征免问题时起纷争"。受市场信息不对称与市场价格经常性变动等因素影响，一些消费社与非社员交易有无营利事实上"颇难一概而论"。[2]

鉴于与非社员交易现象普遍存在，又有人提出了具体的折中方案，建议政府机关、物资机关核发的平价物资"规定定量分售办法，凭交易手续及官定价格售社员"，从市场购进的货品可"采取略低于市价但高于成本办法，自由交易，即非社员购买，不受限制"。由于配给物资过少，合作社因此大部分货品向市场购买，采取"低于市价高于成本办法，自由售出"，借以"维持营业开支"。鉴于"交易限于社员，似难完全达到理想"，又主

---

[1] 李仁柳《消费合作社交易对象问题》，《合作供销》，1943年第3卷第5—6期，第22—24页

[2] 《合作社免征营业税须按照新规定办理》，《新新新闻》，1947年8月10日，第9版

张可以与非社员交易，"以差别价格及盈余分配吸引之，使非社员渐变为社员或足以资补救"。① 在资金短缺、物价飞涨的恶劣环境下，折中方案不失为维持消费社正常运营的有效方式。

三、货品来源与供应机关

为保证货品的充足供应，财政部、经济部在法令解释中强调，"经营消费供给业务之合作社，进货不限于社员"。② 《各机关消费合作社购运货物办法》规定，各机关消费社可向当地合作供销处或联合社进货，当地无合作供销及联合社则向外埠进货。③ 许昌龄倡导建立四川各级合作社物品批发处，以利合作社"由集体之合作生产过程，进而把握流通分配过程"。他还主张在成都设立批发处，其他重要县镇设立分支处，负责"承受合作社委托代为运售生产品，并供给日用消费品与农具"。④ 实际上，消费社货品主要来源于市场、合作供销机构、联合社、物品批发处，以及国货公司。如成都市进购货品机构就包括专卖货供应机关、出产地市场、国货公司、工厂，专卖供应机关可提供平价优待，从出产地市场、国货公司工厂进货能够获得批价或折扣利益。⑤ 重庆市供应日用必需品机关包括财政部花纱布管制局、财政部盐务管理局重庆分局、财政部食糖专卖局重庆分局、经济部日用品必需品管制局、社会部合作事业管理局、全国合作社物品供销处、市生产合作社联合社以及消费社联合社等，具体事宜由社会局"分别接洽尽量供应"。各物资供应机关侧重点各有不同，全国合作社物品供销处"多侧重于各机关消费合作社之供应"，市消费合作联合社"多倾向于

---

① 《重庆市各乡镇合作社调查总报告》，《合作业务通讯》，1943 年第 24—25 期，第 8 页
② 《录财政、经济部 1940 年 4 月 9 日第 6729、57232 号会咨》，《合作法规》，第 256 页，四川省档案馆馆藏
③ 《各机关消费合作社购运货物办法》，王世颖、林嵘《合作法规》，大东书局，1947 年，第 60 页
④ 许昌龄《战时四川合作事业推进方针——代发刊词》，《四川合作》，1940 年第 1 卷第 1 期，第 4 页
⑤ 章国殷《成都市合作事业剪影》，《新新新闻》，1943 年 7 月 3 日，第 12 版

各镇消费合作社之供应"，大部分货品均在"各物资机关进行批购"，其中以机关消费社"办理公务员日常必需品足量分配（按各社社员及其眷属人数之多寡为标准定量分配），成绩亦颇良好"。[①] 为保证各乡镇消费社物资供应，重庆市政府改组市日用品公卖处为日用品供销处，并命令消费合作联合社向中央物资专管机关承销平价物资交由市日用品供销处统筹分配。[②] 出于节约成本考虑，消费社通常采行"总社进货不零进，分社销货不批进之制度"。[③] 尽管物资供应机关众多，货品供应不足的问题仍然存在。根据重庆市有限责任中央党部员工消费社 1940 年的业务报告，消费社业务虽发展迅速，"惟以经济环境关系，尚未达到预期阶段"。粮食类因"市场价格日竞高涨并且来源短少"，社员需要量增大，导致"未能尽数供应"；燃料供给因"交通工具缺乏，提货仓栈远近不一，进货困难情形亦不如食粮"；除在燃料管理处进购外，其余"多在市场选购，进货成本一再审慎，并无若何差别"；日用品类因种类繁多，加之限于资金关系，购买均"酌量至平价购销处或工合社批发"，其余向普通市场采购，但"不免时受市场价格波动之影响而感平价之困难"。[④]

当时，全国最大的供货机关是全国合作社物品供销处。实际上，合作供销机关承担"辅导合作业务之发展，并执行战时平抑物价与对敌经济作战之历史使命"，时人为此主张"辅导特种生产运销合作社和县各级合作社去发展生产合作事业"，"辅导县各级合作社去发展消费合作事业藉以平抑物价"，配合军队"抢购抢运敌占区敌扰区和接近第一线地区的物资"，强调中心工作是"合作事业与经济作战并重，商业的成功是居于次要的地位"。[⑤] 全国合作社物品供销处内设总务、采购、销售、推进、会计、产制、

---

① 《重庆市三十二年度合作事业》，《重庆合作》，1944 年第 3 卷第 1—2 期，第 5 页

② 《重庆市三十二年度合作事业》，《重庆合作》，1944 年第 3 卷第 1—2 期，第 5 页

③ 《公教消费合作社》，许昌龄《四川合作事业概览》，四川省合作事业管理处，1941 年，第 60 页

④ 《有限责任中央党部员工消费合作社二十九年度》，重庆市社会局《重庆市合作事业一览》，重庆市社会局，1940 年，第 33—34 页

⑤ 阳村《消费合作与节约》，《合作供销》，1942 年第 1 卷第 1—6 期，第 4 页

运输、统计各组，四联总处以基金方式投资五百万元，采购方面采取远道运输、本部批购、发料收货、特约经售等方式进行，并先后组设食品合作工厂、皂烛合作工厂、缝纫合作工厂、工人消费社第一、第二、第三、第四分社，还指导成立了李家沱运输工人消费社、南岸炼油业工人消费社。① 货品同时来源于东南联合办事处、各界合作社物品供销处、中国工业合作协会及重庆市生产合作社供销处。② 每年进货额度逐年增长，如下表所示，销货额度超过了进货总额。

表 5-1：全国合作社物品供销处历年经营比较表 ③

单位：元

年度	进货	销货
1941 年	3462215	2954664
1942 年	17051898	19005067
1943 年	61945216	50446149
1944 年	77614377	102832216
1945 年	198275076	237489921
1946 年	256965113	286703243
1947 年	44815089388	46119610441

由于人员任用"均系直接公营"，资金又"多由合作主管机关筹拨"，实与"合作法意相差殊远"，合作供销机关"机关化（衙门化）"特征甚为明显；同时，与非合作组织的交易额度反而高于合作组织，盈余分配也"多未达尽善尽美的程度"。④ 正因供销处的这些缺点，成都市各机关消费社希望单独成立机关消费合作联合社以保证货品供应，如中央军校消费社

① 李阳村《全国合作社物品供销处评介》，《合作供销》，1941 年第 3 卷第 5—6 期，第 38、40、43—45 页
② 《全国合作社筹设五工厂》，《新新新闻》，1942 年 6 月 12 日，第 6 版
③ 《合作业务分配比率表》，行政院新闻局《中国合作事业》，行政院新闻局，1948 年，第 35—36 页
④ 冯紫岗《树立合作供销机构之一个建议》，《合作事业》，1940 年第 2 卷第 5—11 期，第 88 页

代表表示："本社所有必需品约百余种，而政府所供应者只三四种而已。政府命令规定单位合作社不能向外进购货品，只有合作物品供销处及联合社才可直接在外进货。"因此该社对组织机关费合作联合社深表赞同。省合管处代表也表达了类似看法，指出过去机关消费社经营"多各自为政"，"实有必要产生联合机构的必要"。[①] 然而，成都市机关消费合作联合社却因资金短缺无果而终。

第二节　消费合作社经费问题

资金是消费社运营的基础，本来合作社的结合"是在人而不在金钱"，但事实上也有"资本的必要"。[②] 能否筹集到充足的资金直接关系到消费社的建立，更关乎消费社的职能发挥。按照资金来源不同，合作社的资金可分为"自给""他给"两类，"凡由社员以认股或存储方式，所积聚之资金，及合作社经营业务所得之资本累计拨作社有财产者，如公积金，均属自集资金"，其他贷款"无论借自私人或金融机关甚至合作金融机构，均属他给资金"。[③] 一般而言，消费社资金可分为社股、提倡股、金融机关及联合社贷款、公积金、社员储存款、股息收入等。[④]

社股是社员入社、享受廉价货品的基本前提，也是消费社的重要资金来源。《合作指导手册》要求资金完全自筹，即使"有向外借款补助之必要时，亦不得超过自筹资金数额，以免还款时影响营业"。[⑤]《农村合作社暂行章程》规定，社内每股金额一致，最高额不超过国币十元，数人不能合有一股或合有数股；但入社时至少缴足第一次应缴股金，其余分期缴纳；

① 《市府关于成立机关员工、消费合作社、联合社派员指导的便函、呈报公函、会议记录》，成都市档案馆，第38全宗，第7目录，第181号，1943—1944年

② 侯哲葊《消费合作经营论》，太平洋书店，1930年，第130页

③ 中国合作事业协会《抗战以来之合作运动》，中国合作事业协会出版，1946年，第33页

④ 《成都市消费合作社推行方案》，《成都市政府月刊》，1941年第1卷第1期，第77页

⑤ 《公教社平价柴日现已启封分批拨发》，《新新闻》，1941年12月27日，第7版

未缴股金全部的社员不享受盈余支取，合作社扣其应得盈余缴纳股金；经理事会、社员大会同意后，社股可以转让，社股减少金额时则必须一月内作成财产目录及借贷对照表通知债权人，如债权人三个月内无异议则视为承认；若限期延长至六个月，债权人表示异议时，合作社必须清偿债务或提供担保不减少社股金额；公积金一般存储农业及农民银行或其他殷实银行。①《合作社法》规定每人至少认购一股，每股至少国币二元，至多不超过二十元，最高额度不超过股金总额百分之三十，经营生产品与制造品者至多不超过十股，年息不超过一分，无盈余则不发息；社员已认未缴社股"不得以对于合作社或其他社员所有之债权抵销，亦不得以已缴之社股金额抵销其对于合作社或其他社员之债务"；欠缴金额由合作社将社员应得股息、盈余进行拨充；出于资金可能流失的担忧，还规定社员非经合作社同意不得转让社股或以之担保债务，社股受让人有继承让与人的权利义务，受让人为非社员时按无限责任或有限责任而定。②联合社入社的股金不超过五十元，缴纳股款不少于每股四分之一。③然而，由于资金短缺，各社多不严格遵守执行相关法规，所认购股金额度大小不一。如成都市记者公会消费社就要求每人缴纳入社股金一百元，④重庆市消费社联合社规定入社后随时添认社股，非经联社同意不能出让股金。⑤《重庆市镇消费合作社社员认股标准及实施办法准则》甚至还规定以人口为标准认购股金："一、常住人口一人或二人者最少须认购一股；一、常住人口三人或四人者最少须认购二股；一、常住人口五人或六人者最少须认购三股；一、超过六人者每增加两人最少须添购一股，不足两人者以两人计算。"按人口数认购股

---

①　《实业部颁布农村合作社暂行规程》，中国第二历史档案馆《中华民国史档案资料汇编》第五辑第一编财政经济（七），江苏古籍出版社，1994年，第285—286页

②　《合作社法》，中国第二历史档案馆《中华民国史档案资料汇编》第五辑第一编财政经济（七），江苏古籍出版社，1994年，第308页

③　《合作社法实行细则》，中国第二历史档案馆《中华民国史档案资料汇编》第五辑第一编财政经济（七），江苏古籍出版社，1994年，第327—328页

④　《市记者公会筹设消费合作社》，《新新新闻》，1944年12月23日，第9版

⑤　《重庆市消费合作社联合社借款规定及向合作社金库贷款合同与债务等问题》（三），重庆市档案馆，0060*2*1220，1944—1949年

金办法，实际上放弃了一人一股原则。当时甚至还规定经济状况较优者酌量添购股金，认购以一次性缴足为原则。[①] 政府的法规因而被打破，这导致消费社实际可能为少数人所控制。但此举在资金短缺的战时经济环境下不失为克服资金严重不足的有效办法，因此应该给予充分肯定。实际上，"要社员自己筹足业务上需要的资金本是没有问题的"，社员是"愿意向合作社认缴股金的"。[②] 不过重庆市各镇社员仅"认购一股"，主要由于乡镇居民"对于合作社认识不清，爱护不切"；机关消费社认股"有依薪俸认股者，有薪高者多认，余则概认一股者"，学校教职员"多以薪金多寡为标准"，学生"总股入社者，为数不多"；工厂职工多认一股，公司及银行职工社员认购二股至三股较为普遍，人数较少社"各人之认购股额较大"，社员人数较多社，"各人之认购较少"。[③]

资金窘迫之际，加认股金成为消费社维持正常运营的重要手段。就加认股金而言，寿勉成认为"不但足以增厚其资力，且有加强责任观念及奖励储蓄之效力"，因此主张鼓励"逐渐增加"。他甚至还提出了具体的计划，即第一年度"至少应缴足一股股金"，但"得分期缴纳之，年终盈余并应以半数以上或全部拨作公积金及公益金"；第二年度加认一股，分期缴纳，年终盈余半数作公积金、公益金；第三年度加认两股，年终盈余至少三分之一拨充公积金。[④] 可惜的是，寿勉成的倡导未能引起政府重视，更谈不上具体实施。1941年8月，国民政府颁布《各级合作社普遍奖励存款协助推行节约建国储蓄办法》，1942年6月颁布《合作事业工作竞赛办法大纲》也有增股和节储竞赛等方面的内容，1944年6月又公布《合作社：筹备生产、消费业务特种资金办法》，政府对合作社股金的重视程度由此可见一

---

① 《重庆市镇消费合作社社员认股标准集实施办法准则》，重庆市社会局《重庆市合作事业一览》，重庆市社会局，1940年，第43—44页
② 曹海秋《六年来重庆市的消费合作社事业》，《消费合作》，1944年第1卷第2—6期合刊，第20页
③ 王蕾《重庆市消费合作社之分析》，《工业合作》，1942年第3卷第6期，第49页
④ 寿勉成《我国合作运动之展望》，《合作事业》，1941年第3卷第1—4期，第4页

斑。1944 年 4 月 6 日，社会部还颁定了《合作社社员义务劳力服务增加社有资金办法》，希望通过社员义务劳动服务达到创造社有资本的目的，即社员每日共同义务劳作若干时间，采用科学管理方法以避免劳力浪费，进而增进服务效率；劳力服务前一期收益用于加强下一期准备以收资本累计之效，而且社有资产不予分配；设立专业部防止社员规避劳力服务义务，如因特殊原因不能参加，则按其他社员劳力服务价值对合作社按照一定比率捐助公益金。[①] 社会部初衷虽好，但限于战时特殊环境却未能真正贯彻执行。

鉴于合作社资金周转困难，政府及主管机关积极组织建立合作金库。四川农村合委会早即意识到合作社"能否获得远大于顺利之发展，合作金库实为其枢纽"，合作金库是"未定合作事业基本之要图，助长合作事业之利器，其意义之深远，价值之宏大"，强调政府当局若"忽略此种重大意义与设施，则合作事业之发展，势必专恃普通金融界之随意投资，或仰赖政府临时拨款周转，斯合作社事业，随时随地均感极大可能甚或有崩溃之危机"。[②] 鉴于合作金库的重要性，成都合作金库在成都市政府、成都市银行、四川省银行、各级合作社及合作业务机关的共同努力下组织成立，股本国币 2000 万元，主要负责以下事项："一、收受各种存款及储蓄存款；二、放款及筹资；三、票据之承兑或贴现；四、办理承兑及代理收解各种款项；五、办理信托及仓库运销业务；六、代理保险业务；七、接受政府委托办理特种业务"。[③] 创办之初，因"资金短绌"而"无法发展"，合作金库不得不组织信用合作社、生产合作社来"吸收地方公有款项转贷市民"，并议决将各区公益款存入各区社或市联社以充实资金。[④]《重庆市社

① 《合作法规》，第 121—124 页，四川省档案馆馆藏

② 《省农村合作委员会关于筹办合作金库、召开理事会、筹备经过几展望的函与省市府训令》，成都市档案馆，第 38 全宗，第 7 目录，第 221 号，1936 年

③ 《有限责任四川省成都市合作金库章程》（1946 年 3 月 1 日社员大会通过），《市合作金库立案章程、登记业务计划、通汇及委托代理收解款项合约、股本清册呈报及市府指令》，成都市档案馆，第 38 全宗，第 7 目录，第 218 号，1946 年

④ 《省市府关于合作金库筹备建立、登记证、纳股金、营业税、建立透支契约、紧急贷款、改进工作的指令、训令》，成都市档案馆，第 38 全宗，第 7 目录，第 180 号，1946—1947 年

会局、中央合作金库四川分库共同辅导重庆市各合作社联席办法》则从合作金库与社会局关系角度规定，社会局负责行政管理、组织指导，合作金库负责资金融通、物资供应、代购代销，每月双方轮流合作工作；无论合作社是否贷款，库方必须随时派员调查考核辅导，如发现不合法情事"除予当面纠正外，必要时并得函请局方依法处理"。合作社向库方借款除担保外，必要时请局方出面保证，借款"如查有其用途不实或到期不还者"，库方"得函请局方协助督饬归还"。① 四川省合管处还议定合作金库对合作社的存放款"以高于法定利率，低于市场经营存放款"为准。② 然而，政府在合作金库借款方面却设置了诸多限制。以成都市合作金库为例，它规定仅在一定数额内可"自由透支"，如超过一定数目，合作金库则可"迳予退票"。金库在市面情形增加利率、更换保证人时，透支人必须立即照办；同时，在透支期内透支人不能向合作金库再行借款，如不履行条款，保证人与透支人负连带责任，并立即如数赔偿透支款项，甚至还规定须有第一、第二承还保证人出面保证后才能借款。③

　　消费社资金来源除合作金库的贷款外，还包括银行、联合社等组织的贷款。抗战之前，合作贷款由经济部农本局、中国农民银行、各省农民银行与地方银行兼办。抗战爆发后则由中国农民银行与农本局设立的合作金库进行负责。④1941年农民银行专业化后，合作贷款专由中国农民银行统筹办理，四川省合作贷款总额因此历年"均有增加，且较任何一省为高"，如1943年全国合作贷款总额十亿中四川就占到了三亿元。⑤消费社尽管并没有具体的贷款数字，但可以肯定的是，消费社获得了一定的贷款。联合

　　① 《重庆市社会局、中央合作金库四川分库共同辅导重庆市各合作社联席办法》，重庆市档案馆，《中央社会部市府本局关于推进合作事业的规定指示》（重庆市社会局），重庆市档案馆，0060*2*1195—2，1946—1949年
　　② 《合作社订定存放款利率得低于市场高于法定》，《四川合作界》，1946年第2卷第2—3期合刊，第39页
　　③ 《市府关于各区保合作社透支借款的数量分配表、办理原则、借据的训令、指令》，成都市档案馆，第38全宗，第7目录，第288号，1946年
　　④ 王武科《战时合作事业》，正中书局，1948年，第15页
　　⑤ 毛子城《四川两年来之合作事业》，《四川建设》，1944年第2期，第92—93页

社盈余贷款也是消费社重要资金来源，重庆消费合作联合社的资金支持主要体现在盐款贷放方面。《重庆市消费合作社联合社对社员社贷放盐款规则》规定，各镇消费社遇资金不敷周转可向联合社申请放款，数额以"不超过借款合作社自缴资金数额之一倍"为原则，最高额以二十万元为限，期限半个月，前款未清时不能续借；放款利息、手续费用较低。具体而言，"甲、月息三分；乙、委托银行代理收付盐款手续费，按揭款额每月收百分之二；丙、本社承借转贷手续费照借款额每月收千分之五。"过期偿还贷款时，"除一切利息手续费照旧计算之外，应增加过期罚息三分之一（按日计算）"；放款计息方面又要求："甲、每次借款以十五天计算未足十五日者，按十五日计算，超过十五日者，按日计算，其超过之日起并加罚息二分，利息结算至分位为止，分位以下用四舍五入法处理。乙、起息日期自申请垫付款之日起算，止息日期以交付还款之前一日为止。"① 然而，联合社贷款也存在诸多限制，如要求接受联合社贷放盐款的合作社必须由保证人出面担保，遇违约情事"由保证人代负承还借款及零星契约之全部责任"。② 1945 年，消费合作联合社与重庆合作金库签订《活期存款透支契约》，规定透支期限内，金库停止支付或减少透支时，透支人必须"即当照办"；透支本利未还前，保证人"决不自行退保"，透期内透支人"不遵前例各条办理或到期不将透支款项本利还清"，保证人"愿抛弃先诉抗辩之权负全责任代为清偿。"③ 这实际上增加了保证人的压力，导致一般人或组织不愿为合作社进行担保，联合社的贷款自然颇成问题，无法得到贷款的消费社欲维持基本运营，其难度可想而知。

---

① 《重庆市消费合作社联合社对社员社贷放盐款规则》，《重庆市消费合作社联合社借款规定及向合作金库贷款合作与债务等问题（一）》（重庆市社会局），重庆市档案馆，0060*2*1218，1944—1949 年

② 《重庆市消费合作社联合社对社员社贷放盐款规则》，《重庆市消费合作社联合社借款规定及向合作金库贷款合作与债务等问题（一）》（重庆市社会局），重庆市档案馆，0060*2*1218，1944—1949 年

③ 《活期存款透支契约》，《重庆市消费合作社联合社借款规定及向合作金库贷款合作与债务等问题（一）》（重庆市社会局），重庆市档案馆，0060*2*1218，1944—1949 年

消费社发展初期，提倡股一定程度上起到了弥补资金不足的作用。1942 年，成都市即设立提倡股"拨充各镇社消费部贷款基金"，各机关、学校、工厂、军队消费社"一律由所属机关筹拨专款自筹资金从事经营"。[①]《消费合作社推进办法》要求机关团体部队在对合作社给予人力、物力、财力补助的同时，还要求酌认提倡股，倡导设立信用部收受社员存款、预支贷款，[②] 机关消费社经费因此一般不成问题，如成都市公教社提倡股就达到了 1080300 元，因此设立了五个分社，社员达到了 6451 人，家属共有五万余人。[③] 以重庆市为例，因提倡股的作用，机关消费社增长速度较快，社股远远超过乡镇消费社，1944 年更是达到了最高峰。

表 5-2：六年来重庆市消费合作社数量表（1939 年至 1944 年 11 月底）[④]

类别 \ 进度		1939 年	1940 年	1941 年	1942 年	1943 年	1944 年
镇消费合作社	社数	1	34	50	51	66	66
	社股	308	14178	40964	46498	68137	62398
	社员	2094	114868	243391	535455	2271803	5038228
机关消费合作社	社数	2	30	75	352	426	511
	社员	1191	12149	37689	146704	202421	240920
	社股	2762	106593	436370	3771874	8694784	11949852
合计	社数	3	64	125	403	492	577
	社员	1499	26327	78653	13202	270558	303318
	社股	4856	221461	679761	430429	10966587	16988080

不难看出，公教社与乡镇社的资金增加额度较为明显，但缺少提倡股

① 《推进本市生产与消费事业办法》，《成都市合作事业五年计划第一年业务计划书、合作事业概况、承放贷款、生产消费、合作促进小手工业办法》，成都市档案馆，第 38 全宗，第 7 目录，第 62 号，1942 年

② 《消费合作社推进办法》，王世颖、林嵘《合作法规》，大东书局，1947 年，第 51—52 页

③ 《公教消费合作社》，许昌龄《四川合作事业概览》，四川省合作事业管理处，1941 年，第 60 页

④ 曹海秋《六年来重庆市的消费合作社事业》，《消费合作》，1944 年第 1 卷第 2—6 期合刊，第 1 页

支持的各镇社增幅相对有限。就各镇消费社股金总额而言，"至少者为六七万元，间有十万余元二十余万元者，而以沙坪坝之四十余万元为最多，其间以十余万资本之合作社占数最多"。① 一些经营较好的合作社如东升镇合作社就将"十万资金剩余转贷他人"，但资金短少的合作社只能"向外商借高利资金"。为节省开支，时人还主张"由社会局督饬各社裁去冗员，紧缩开支"。又因联合社"资金短少，物资有限"，消费社实际"不能满足各乡镇社之需要"，② 吴朗西为此要求联合社"成立信用业务的机构，以为各社资金运用的总枢纽而便利各社资金的周转"。③ 随即成立的信用部，其主要职责是负责股金管理。④ 针对各乡镇社还存在"不肖职员违法挪用私放"资金的现象，重庆社会局特订现金管理办法，规定："一、各社存社零用现金不得超过三千元；二、各社每日收入现金应按存入附近国家银行或储金汇业局或合作金库，如事实上有困难时亦得存入其他殷实银行，但均须事先呈报本局核准；三、各社如有正当用途必须支取存款时应由经理会计出纳及理事主席共同盖章方可支取，但此项规定共同签盖人员非有正当理由不得拒绝以免影响业务。"⑤ 现金监管办法虽有利于规范资金管理，但因资金的总体匮乏而难以真正发挥效力。

第三节　消费合作社业务经营管理

消费社保持正常运营必须以一定盈利为前提，而能否盈利实与业务经营密不可分。正如时人所指出，业务经营"为合作社之经济命脉，合作社之能否发达，系以业务为转移，而业务之经营，又靠人力财力之推动"。⑥

---

① 《重庆市各乡镇合作社调查总报告》，《合作业务通讯》，1943 年第 24—25 期，第 8 页

② 《重庆市各乡镇合作社调查总报告》，《合作业务通讯》，1943 年第 24—25 期，第 11 页

③ 吴朗西《发刊词》，《消费合作》，1944 年第 1 卷第 1 期，第 1 页

④ 《合作消息》，《重庆合作》，1944 年第 2 卷第 5—6 期，第 20 页

⑤ 《重庆市社会局训令》，《重庆合作》，1943 年第 2 卷第 11—12 期合刊，第 13 页

⑥ 林涤非《管教养卫与合作事业》，《四川省合作通讯》，1939 年第 3 卷第 4—5 期合刊，第 20 页

鉴于业务经营的重要性，国民政府制定了合作社的业务经营范围，厘清了经营管理职能，制定了盈余分配方案，规范了营业人员行为，一定程度上保证了业务经营的有序进行。正因一些运营规则主要由政府或主管机关制定而成，合作社在经营管理方面呈现出十分明显的"官办"色彩。

一、业务区域及定价策略

一般而言，各级合作社业务区域设置以"行政区域"为限，除省际、省级、县级合作社外，还有经济联系甚密的乡保合作社，后者"仅限于联合之数保或数乡之行政区域"，但专营社及联合社"以能实行其业务需要为准，得不依现行行政区域"。① 事实上，以行政区域为标准的划分忽视了一些特殊情况的存在，如流动性甚强的军队消费社就"无法用行政区域范围，仅适合专营社。② 由于县级社的人才缺乏与物资奇缺决定专营业务不可能"胜任愉快"，时人为此认为消费合作网"不妨依合并之方式附设于县各级合作社中"以避免业务重复。③《合作社法实行细则》则打破了行政区域的限制，规定合作社成立"以社员能实行合作之范围为准，在同一能实行合作社之范围内，非有特殊情形呈经主管机关核准，不得设立二以上同一业务之合作社"，成都市邮政储蓄金汇业局成都分局消费社即因业务重复而不得不"依法解散"。④

消费社的经营业务包括生产业务、代办业务、购销业务、公用业务、信用业务等，如联合社业务即包括："一、代办业务，代社员社购备日用品；二、购销业务，向各出产地购备日用品分配社员社；三、生产业务，自行设厂制造各社员社之必需品"。代社员社购进货品或订购货品必须预交原价

---

① 《合作问答》，第19—20页，成都市档案馆，第38全宗，第7目录号，第86号，1936—1946年

② 《省合作事业管理处合作社联报单、专营理由书、各社登记表、职员调查表、呈报及省市府训令、指令》，成都市档案馆，第38全宗，第7目录，第373号，1942—1944年

③ 谢允庄《消费合作社成败原因之检讨》，《合作月刊》，1941年第26—27期，第14页

④ 《市邮政储汇局消费合作社检寄章程、法令、社员可否加入另一合作的公函及市府复函》，成都市档案馆，第38全宗，第7目录，第157号

一部或全部。①国民学校员工消费社办理的业务包括供销业务，"碾米、农作、饲养、园艺、缝纫、编织、印刷"等生产业务，"公共食堂、公共宿舍、公共浴室、公共俱乐部、公共住宅"等公用业务，"小额存款、短期放宽、定期储蓄、临时收付"等信用业务。②其中以购销业务为主，购销货品包括指米、油、盐、柴、炭、衣、面及其他杂货。不过，城镇之间经售品种稍有差别，乡镇社侧重于米油盐及杂货，机关社更看重日用品及广货，学校消费社主要购买的是文具及广货，工厂社关注米、油、盐等，公司及银行合作社则比较倾向于杂货，③如国民学校倾向购销食糖、食品、燃料、花纱、布匹、日用品、书报、文具、簿本、纸张等。《四川省各县市公教消费合作社章程准则》规定，按社员需要可经售其他次要物品，但以不涉及奢侈品及有碍卫生物品为限，次要物品则购进原料自行加工制造；社员非经理事承认不得向社外购买经售物品，违反规定者需缴纳违约金，情节重大者按规定除名，购买物品仅以供给本人及家庭消费为限。④与此同时，城镇不同阶层消费社的货品需求又有所不同。因工人生活于都市，消费社需求货品主要是米粮油盐酱醋燃炭手工制造品以及普通制造品；机关消费社则要求货品具备美观、时髦、耐用等品质，货品大多来源于大工厂最新货品；市民消费社购买的是米油盐薪炭酱醋茶以及一些奢侈品，货品来源于产区、外埠都市或合作供销处机关等。⑤总之，消费社经售的物品"以粮食油盐柴炭日常生活必需品为主，其余衣料鞋帽文具等日用品次之，其涉所奢侈或有碍卫生之物品禁止经售"。⑥

①《有限责任四川省成都市消费合作社联合社章程》，《成都市消费合作社联合社变更登记创社记录章程、社员名册的呈报及省市府指令、训令》，成都市档案馆，第38全宗，第7目录号，第84号，1936—1944年
②《国民学校员工消费合作社推进办法》，王世颖、林嵘合编《合作法规》，大东书局，1947年，第53—54页
③王蕾《重庆市消费合作社之分析》，《工业合作》，1942年第3卷第6期，第50页
④《四川省各县市公教消费合作社章程准则》，许昌龄《四川合作事业概览》，四川省合作事业管理处，1941年，第49页
⑤易善兼《合作社销售技术之研究》，《重庆合作》，1944年第2卷第5—6期，第5—6页
⑥《成都市消费合作社推行方案》，《成都市政府月刊》，1941年第1卷第1期，第77页

　　至于货品定价问题，它既要考虑市场价格波动风险，也要考虑社员购买能力。一般而言，货品定价按照三种不同的政策执行，市价政策即售价"不少于市价，而与之相同"，优点是可增加社员收入，发挥其储蓄作用，且参照市价定价不易招致商人妒忌，还可"免与商人发生摩擦"。但缺点也比较明显，因与商店无异而"不能引起社员兴趣"，遇市场暗中减价，反显合作社价格过高"引起社员不良印象"。成本政策即以货品成本价格销售，虽可增加售货、增进社与社员之间的关系，遇成本计算错误时却容易发生亏本现象，也容易引起商人的反对；折中政策即售价"低于市价，高于成本"，优点在于有红利、不致发生亏损、社员对社易形成良好形象，不过缺点也甚明显，易引起商人反对，若售价仅略低于市价，社员对社亦无好评。鉴于此，屠绍祯确立了定价两个原则：一、"应视社员富裕情形而定价"，如普通富裕阶层不关心购买红利，则可采成本政策"以博富裕社员的好评"，车夫、码头工人、苦农消费社采用"成本政策或折衷政策为妥"，中等人民"以采取市价政策为宜"；二、依据货品性质定价，"凡必需品定价不能过高"，奢侈品的定价必须高。[①]

　　既然以减轻社员生活负担为旨归，消费社货品销价更倾向于采取市价政策或折中政策。四川省农村合作委员会早就指出，货品交易宜采市价政策以避免商人嫉视与社员的转售。[②]四川省物价调整委员会与合管处共同规定，货品照购进价格交消费社按社员实际需要酌情加上各项开支进行分售，售价以高于购进价格低于市价为原则，或依物价调整委员会规定的售价进行销售，[③]省物价调整委员会曾将平价柴52922捆拨交公教社发售，价格就略低于市价,平准处查封的囤米囤油也交由公教社进行"平价发售"。[④]《消费合作社推进办法》仅是原则性规定：遇物价增长、社员生活负担过

---

①　屠绍祯《论消费合作社的销售业务》，《合作事业》，1940 年第 2 卷第 12 期，第 44—45 页

②　四川省农村合作委员会《合作指导手册》，1937 年 10 月，第 51—52 页

③　《省物价调整会推进消费合作社》，《新新新闻》，1941 年 8 月 2 日，第 7 版

④　《公教社平价柴日现已启封分批拨发》，《新新新闻》，1941 年 12 月 27 日，第 7 版

重时，采行廉价制，[①] 并没有严格的参照标准。一般而言，重庆市各消费社的货品定价多按经理或平价委员会或理监事联席会议核定标准执行，售价因此各异，"有按进货成本仅加上运输费者，有按进货成本加上运费并加上毛利几成者，亦有按市价八折或九折者"。[②] 1941 年 5 月 24 日公布的《修立物价调整委员会实施平价合作事业管理处推进消费合作工作联系办法》规定，物价调整委员会依平准价格或原价批发，各消费社酌加开支后分售社员，价格以略高于购进价格但低于市价为原则，或依物价调整委员会规定售价销售，市价低于物价调整委员会批发价格时，则就实存数量呈请物价调整委员会设法救济。[③]《陪都及迁建区消费合作督导办法施行细则草案》又规定烟煤菜油及棉布由物资局定价，食盐由盐务总局定价。[④] 在货品经售的过程中，消费社售价普遍较市价略低，成都每社进销货品"悉照原进成本实价加运费、管理费、法定子息，低于市价发售"，专卖机关"统加百分之十到十五出售"，如属委托代贩或经销物品"取手续费百分之五出售"。[⑤] 现以 1943 年 1—6 月、1944 年 1—9 月的情况予以说明，详情见下表：

---

① 《消费合作社推进办法》，王世颖、林嵘合编《合作法规》，大东书局，1947 年，第 49—52 页

② 王蕾《重庆市消费合作社之分析》，《工业合作》，1942 年第 3 卷第 6 期，第 50 页

③ 《修立物价调整委员会实施平价合作事业管理处推进消费合作工作联系办法》（1941 年 5 月 24 日），成都市档案馆，第 32 全宗，第 1 目录，第 13 号

④ 《中央党政机关公务员工及其家属生活必需品定量分售实施办法》，《合作业务通讯》，1942 年第 17 期，第 10 页

⑤ 章国殷《成都市合作事业剪影》，《新新新闻》，1943 年 7 月 3 日，第 12 版

表5-3：重庆市四十个消费合作社物品售价与市价比较表（1943年1月—6月）①

物品名称	花色牌号	单位	市价（元）							合作社价（元）							合作社价低于市场价之差额		
			一月平均数	二月平均数	三月平均数	四月平均数	五月平均数	六月平均数	六个月平均数	一月平均数	二月平均数	三月平均数	四月平均数	五月平均数	六月平均数	六个月平均数	金额（元）	百分比
机经土纬白布	宽2尺2寸	市尺	5.90	6.45	7.770	7.70	12.00	14.15	8.98	4.79	5.64	5.87	6.26	6.20	13.40	7.03	1.95	21.71
机经土纬灰布	宽2尺2寸	市尺	10.30	10.95	11.00	10.13	17.85	17.85	18.01	7.17	7.26	7.80	8.28	9.88	16.81	9.53	3.48	26.75
标准布衬衫	中等	件	140.00	142.00	145.00	195.00	210.00	240.00	178.67	113.11	119.49	187.05	145.24	153.43	163.45	139.45	30.22	21.95
男线袜	32支	双	30.00	30.00	30.00	35.25	47.50	59.00	38.63	26.59	27.65	27.98	23.70	22.97	25.48	25.58	13.05	33.75
20两二号毛巾	裕华	条	17.00	17.00	17.00	17.50	22.00	25.20	19.28	9.37	8.86	8.28	11.30	13.30	20.60	11.99	7.29	37.81
牙膏	三星	支	17.50	18.00	18.00	18.00	18.00	65.00	25.75	13.77	14.95	14.89	15.18	15.31	10.55	15.61	10.14	89.38
牙膏	黑人	支	18.00	19.00	19.00	10.00	19.00	70.00	27.33	15.33	15.75	10.70	16.29	16.60	24.80	17.61	9.72	35.57

① 社会部合作事业管理局《全国合作社物品供销处第三期处务报告》，1943年8月，重庆市图书馆馆藏

续表

物品名称	花色牌号	单位	市价（元）							合作社价（元）							合作社价低于市场价之差额	
			一月平均数	二月平均数	三月平均数	四月平均数	五月平均数	六月平均数	六个月平数	一月平均数	二月平均数	三月平均数	四月平均数	五月平均数	六月平均数	六个月平均数	金额（元）	百分比
肥皂	坚固	连	7.13	7.50	7.50	7.33	7.50	7.50	7.41	5.46	5.99	5.05	5.95	5.99	6.99	5.81	1.57	21.19
菜油	中等	市斤	10.38	15.25	11.00	11.13	11.50	14.30	12.26	7.60	7.79	8.57	9.40	9.53	10.36	8.83	3.38	27.57
麻油	中等	市斤	15.00	15.25	16.00	25.00	30.33	36.20	22.96	13.99	13.89	13.85	14.41	10.73	20.81	15.62	7.34	31.97
酱油	中等	市斤	4.00	4.00	4.00	4.00	4.00	4.10	4.02	3.54	3.68	3.99	3.75	3.75	3.52	3.69	0.33	8.21
白糖	中等	市斤	14.00	20.50	15.70	15.43	20.07	27.10	18.81	13.30	10.01	14.33	15.00	16.85	21.92	16.27	2.54	13.50

（材料来源：根据本处每周星期三直接调查之市场价格及通信调查之各消费合作社价格。说明：1. 牙膏于四五两月缺货故用限价六月是用市价。2. 每月之平均数是一月中每个星期三价格之和除以每月之周数。3. 百分比是以市价六个月之平均数除合作社价低于市场价之金额。）

149

表5-4：重庆市四十个消费合作社物品售价与市价比较表（1944年1月—9月）[①]

物品名称	号牌花色	单位	市（元）值九个月平均数	合作社价（元）九个月平均数	合作社价低于市值之差额	
					金额（元）	百分比
机运土丝白布	宽二尺二寸	市尺	27.80	25.72	2.08	7.04
机经土丝灰布	宽二尺二寸	市尺	34.40	32.49	1.91	5.55
标准布衬衫	中等	件	961.23	645.70	315.69	32.84
布衬衫	中等	件	492.22	389.69	106.62	20.85
男线袜	32支纱	双	285.61	133.96	151.65	53.10
20两二号毛巾	裕华	条	149.42	77.09	72.23	48.31
布鞋	元口	双	178.13	117.89	60.94	34.08
布鞋	力士	双	192.88	98.70	101.13	52.45
牙膏	三星	支	231.69	25.66	136.03	58.71
固体牙膏	三星	盒	46.17	33.56	12.61	27.31
牙粉	中等	包	10.28	4.40	5.88	57.20
肥皂	坚固	连	34.40	27.74	6.66	19.36
菜油	中等	市斤	62.82	45.77	17.05	27.14
麻油	中等	市斤	125.43	77.12	48.31	8.52
酱油	中等	市斤	20.73	22.68	5.05	18.21
白糖	中等	市斤	65.47	53.89	19.58	17.69

（附注：本表材料系根据本处每周星期三直接调查之市场零售价格及通讯调查之各消费合作社零售价格。）

[①] 《重庆市四十个消费合作社物品售价比较表》，《合作业务通讯》，1944年第28期，第33页

根据上述两表，连续两年货品售价明显低于市价，社员节省费用从两元到近百元不等。然而在物价飞涨的战时环境下，购买一些货品仅区区几元的节省似乎难以达到吸引社员与合作社进行交易的目的。而问题的关键在于资金短缺，一些资金充裕的消费社自然"有办法向外融通资金"，"熟悉商情及与生意中人有来往"的进货员向市场进货，定价"加利只在一分至二分间"，因此"仍较一般市价为略低"，能够"维持相当营业额"；一些资本额度较小、管理人员素质较差的消费社则"无法或不愿向外融通资本"，进货员"亦无法在市场购进较便宜货品"，消费社仅能靠平价货品维持，每日"营业数额甚小，而用人及开支依旧"，月终结算损益"亏蚀立见"。既然"毛利减少"，营业费用及各项开支"仍然依旧"，消费社实际"无法避免亏损"。①

总之，战时消费社一般采取低于市价、高于成本的定价策略，一定程度上为消费社运营提供了价格基础。事实上，国民政府虽规定定价工作必须根据一定标准，但仅是原则性标准，因为在市场变幻莫测的情况下，它无法准确预测货品成本与合理利润，也就难以形成合理的定价基础。由于一些物品的定价由消费社负责确定，但消费社定价却面临着一些困难，如扮演中间转让货品的角色无法刺激消费社去寻求妥善经营、降低成本的方法，或因市场信息瞬息万变的难以把握，或不断受到商店等外力挑战，从而导致形成科学合理的定价机制颇为困难。

二、业务执行与经营规则

《消费合作社业务执行规则》规定，社务会设经理一人、副经理一人、职员若干人负责业务执行工作。经理秉承社务委员会之命综理一切业务，核定购货种类、数量及价格；副经理及其他职员在经理指挥之下参加业务会议、讨论业务问题、执行具体业务决策；召开业务会议时，不得无故请假，必须请假者必须经经理核准，三日以上须经理事会核准；遇经理不能

---

① 《重庆市各乡镇合作社调查总报告》，《合作业务通讯》，1943年第24—25期，第9—10页

执行职务时则由副经理代理。各部之下设总务、财务、进货、营业四部，总务部负责"收发撰拟缮录文件，营业开支，社内一切用款，管理工役，购置社内用品事宜"，财务部掌管"收支账目银钱出纳，现钱保管，账簿契约保管，财务稽核事宜"，进货部负责"采办货物，调查市面货色及行市，承接寄售货物，兼理代办货物事宜"，营业部掌管"货物保管售卖寄售批发，布置营业地点广告等事宜"；交易一律使用现金，不得已赊欠时，"事先得经理之许可者得于其许可范围内为赊卖"。[1]

就营业人员行为规范方面，《重庆市合作社营业规则准则草案》规定，营业人员"应在经理副经理及门市部管理人员指挥监督之下恪遵管理勤谨服务"；社员购货"无论成交与否均须竭诚接待'耐心料理'不得稍有怠慢行为"，营业时间内"如有亲友来访问应竭力缩短谈话时间，以免妨碍本身职务"，除因公务临时商询外，不得"藉故围集谈笑或剥食国务有碍观瞻"；同时要求"随时注意货物之整齐清洁"，向购货人说明货品性质及用途，缺货则"应即登载货名藉供参考"，营业交易必须"依先后次序不可忙乱致发生错误，购货人所购货物及找补款项应一一点交清，出门概不退换"，营业人员随时"留心各该部门货物，如发生有霉烂损坏者，应立即报请经理处理"，遇空袭时将"重要单据妥为收放"。[2] 国民政府加强业务监管的这些措施无疑有助于提高社职员的社务水平，增强业务经营能力。

三、盈余分配管理

就消费合作社这一经济组织而言，盈余分配机制是否科学合理，对消费社能否正常运转具有决定性的作用。消费社的盈余主要来源于与社员进行交易的盈利，分配原则因此不同于股份制企业的按资本比例分配，社员所得主要按照惠顾交易额进行分配。就盈余具体分配比例，《农村合作社

---

[1] 《消费合作社业务执行规则》，《消费合作与供给合作应用书表》，四川省农村合作委员会合作讲习会印，四川，无具体时间，重庆图书馆，第3—4页
[2] 《重庆市合作社营业规则准则草案》，《重庆合作》，1943年第2卷第3—4期，第8页

暂行规程》规定，公积金"不得少于每年纯益百分之二十"，遇累积额达到社股总额两倍以上时则由合作社自行规定，公益金"不得少于每年纯益百分之五"，余额"按社员交易多寡比例分配"，[①]确立了按交易额进行分配的原则。《合作社法》又规定，公积金存于"信用合作社或其他殷实银行"，公积金超过股金总额时，由合作社自定每年"应取之数"，公积金占百分之十以上，理事及事务员酬劳金占百分之十。[②]《合作社法实施细则》对此进行了进一步说明，规定公积金超过股金总额时，超过部分由社员大会决定作为经营业务或公共事业的费用。[③]《消费合作社推进办法》提倡多提留公积金或准备金。[④]《四川省各县市公教消费合作社章程准则》对盈余分配的规定稍有变化："（一）以百分之十为公积金，由代表大会指定机关存储公积金，除弥补损失外不得动用；（二）以百分之十作公益金，由社务会议议决作为办理福利事业之用；（三）以百分之十作职员分配金，按照社员之购买额比例分配之；（四）以百分之七十作社员分配金，按照社员之购买额比例分配之。"遇结算亏损时，以公积金、股金顺次进行抵补。[⑤]按照《成都市消费合作社章程准则》规定，公积金数额超过股金总额百分之五十时，其超过部分必须用于业务经营，社员不能请求分配；社职员的酬劳金略有降低，仅规定在百分之五以上；社员分配额占百分之七十五以上，按社员"缴纳生产物价格比例分配"。[⑥]《各机关员工消费合作社眷属生产部设立通则》规定，生产部根据所得收入进行工资分配，遇盈余过少时经理事会议

---

① 《实业部颁布农村合作社暂行章程》，中国第二历史档案馆《中华民国史档案资料汇编》第五辑第一编财政经济（七），江苏古籍出版社，1994年，第289页

② 《合作社法》，中国第二历史档案馆编《中华民国史档案资料汇编》第五辑第一编财政经济（七），江苏古籍出版社，1994年，第308—309页

③ 《合作社法施行细则》，中国第二历史档案馆《中华民国史档案资料汇编》第五辑第一编财政经济（七），江苏古籍出版社，1994年，第328页

④ 《消费合作社推进办法》，王世颖、林嵘《合作法规》，大东书局，1947年，第51页

⑤ 《四川省各县市公教消费合作社章程准则》，许昌龄《四川合作事业概览》，四川省合作事业管理处，1941年，第50页

⑥ 《成都市消费合作社章程准则》，《成都市政府月刊》，1940年第1卷第1期，第87页

决后当作公积金。^①然而，重庆市各乡镇仍有少数消费社因嫌"依交易额分配麻烦，干脆即按股分配盈余"。^②

从盈余分配方案可以看出，按照惠顾额返还红利，这种类似价格补贴的分配机制，其出发点是激发社员的购买欲望。根据 1941 年重庆市各社年终结算统计，机关消费社以中央银行职工消费社最多，共 45000 余元，乡镇消费社以沙坪坝消费社最多，盈余 45600 余元。^③因大多数消费社成立初期需要较大的资金投入，但提留百分之七十作社员分配金，导致积累有限的公积金、公益金难以扩大经营规模；而且即使提留百分之七十的社员分配金，相较于庞大的社员数而言，对单个社员的实际帮助作用其实并不大。按此，作为微利经济组织的消费社难以扩大经营规模也自属必然。

四、业务经营管理思想及实践

消费合作社主要采行经理责任制，经理的职责包括按期向理事会报告业务，执行业务决策，同时还负责："1.调查社员之需要量及在购买市场之远近及商业情形；2.假定合作社进货地点，比较假定进货地点与当地商场价格之差额；3.估计营业收入及必需开支以测将来营业之盈亏。"^④抗战时期各社经理"多为商业中人，颇富实际商业经验"，业务较小机关社的经理由理事兼任，业务范围较大者由社员"另行聘请他人负责"，学校、工厂、公司、银行社的经理"亦大多如是"。^⑤在业务经营过程中，逐渐形成了比较完善的经营管理思想。

（一）经营原则

经营原则是消费社从事经营活动的基本指导思想，包括诚实守信、质

---

① 《各机关员工消费合作社眷属生产部设立通则》，《合作供销》，1943 年第 3 卷第 5—6 期，第49 页
② 《重庆市各乡镇合作社调查总报告》，《合作业务通讯》，1943 年第 24—25 期，第 8—9 页
③ 《合作消息》，《合作业务通讯》，1942 年第 17 期，第 6 页
④ 四川省农村合作委员会《合作指导手册》，1937 年 10 月，第 50 页
⑤ 王蕾《重庆市消费合作社之分析》，《工业合作》，1942 年第 3 卷第 6 期，第 49 页

量优良、非营利性及按交易额分配盈余等原则。此外，运营过程实际还遵守了下列基本原则：

第一、"由小而大经营原则"。正如易善兼所强调，一般合作社兼营初始"不宜过大"，以人力财力为基础，最终实现"由小而大的逐渐发展"，盲目贪多"易遭失败"，因此一般消费社均遵循了业务经营成功后方才扩至其他部门的准则。[①] 这一原则的出发点即是降低消费社运营风险。物价平准处正是基于这种考虑，明确规定各社存积"应设法妥为保管，并得向保险合作社或其他保险机关投保各项损失险"。[②]

第二、避免竞争原则。消费社面临商店时遵守了"竭力躲避，不与商店竞争"的原则。消费社与商店相较，两者的劣势在于："（1）消费者最易欺骗，商人能以巧言令语，说服消费者；（2）消费合作社因记账手续复杂，费用较多；（3）消费合作社组织较商店复杂，应付有时不灵便。"屠绍祯因此主张消费社与商店竞争时，应"（1）切实告诉社员应拥护合作社，如用文字公告，须免避谩骂商人的辞语；（2）酌量减价，但不能低过成本；（3）用各种方法吸引社员来社购买"。避免竞争原则实际上将消费社置于弱者地位，缺乏有效的市场保障机制，因此经营异常艰难。

第三、诚实守信原则。屠绍祯反对购销冒牌货品，强调一般社员若"喜欢假牌和副牌的货品"，合作社"不妨供给这类的货品，并告诉社员副牌和老牌的辨别方法"。诚实原则还坚持了不偷货、不随意减价等原则，以免社员"怀疑合作社的东西比商店为贵"，让社员认识到从合作社购买物品"较商店经用经吃"。当然，诚实守信还体现在遵循统一度量衡制度，恪守广告、宣传的承诺，遵守"送货及时"、"准时付款"等方面。

第四、"吸引社员原则"。为便于社员购买，消费社社址一般设于人口密集地区。由于吸引更多民众入社的关键是保持较高的盈利，屠绍祯因

---

① 易善兼《合作社销售技术之研究》，《重庆合作》，1944年第2卷第5—6期，第1页

② 《物价平准处实施平价、合作事业管理处推进消费合作工作联系办法》，许昌龄《四川合作事业概览》，四川省合作事业管理处，1941年，第63页

此一再强调，最好方法是"仍在业务上设法"，同时还认为可在茶室联络情谊、教育民众、开展理发及设立俱乐部购置书报、棋子、乒乓、琴箫等供社员娱乐。无论茶室、理发室还是俱乐部，前提是"与合作社营业部相连"，未能"失去吸引社员来社的意义"。

　　第五、国货原则。源于"供给洋货不啻倾覆国民经济"的认识，大多消费社均向本地合作供销机关进购国产货品。屠绍祯认为，在全国各地普遍设立合作社之际，供给洋货"无异使农民破产"，因此强烈要求"绝对严守国货原则，不能供给洋货"，即使因此而"丧失一部分营业，是毫不足惜的"。总之，合作社必须以"国计民生"为出发点，绝不能"谋小利"。当然，"半国货"不在"禁止之列"。[1] 同时，消费社还遵循着"乐从重于服从""计划重于资金""实验重于公式""事业重于宣传""生产重于分配""管理重于技术""集体重于分散""配合重于分立""单纯重于多""调和重于充足""平价重于市价"等原则。[2]

（二）重视广告宣传与营业员素质的思想

　　为扩大自身影响力，消费社并不排斥商业营销手段，如小龙坎镇消费社就通过货品"一律打九折，以示优待"的方式进行。[3] 其实，战时消费社并没有明确的营销策略，主要采用传统广告形式来吸引公众。鉴于社员对合作社的关心程度"不像其他股东对他的商店那样热心关切"，易善兼要求利用"广告作用来辅助合作社之不足"。消费社之所以重视利用广告，主要在于："一、消费者很能受商业广告的引诱，社员亦不能例外，如合作社不从事广告和商人竞争，社员很容易受商店的欺骗；二、广告能创造需要，可以刺激社员购买心理"。因此，即使"没有同业商店广告的竞争"，合作社也应有"办理广告的需要"。易兼善同时强调，运用广告并非"炫耀社员耳目，以图厚利"，而是要以满足社员需求为旨归。事实上，合作

①　屠绍祯《论消费合作社的销售业务》，《合作事业》，1940年第2卷第12期，第42—43页
②　寿勉成《合作事业之经营原则》，《重庆合作》，1944年第2卷第10期（下），第1—3页
③　《合作消息》，《重庆合作》，1944年第2卷第5—6期，第20页

社与商店在运用广告方式上大不相同："一、商店的广告范围是对全体社会人士费用恒大，而合作社的广告对象，着重于社员，范围较小，费用宜少；二、商店的广告，可虚伪欺人，而合作社的广告则应诚实或简易说明，便远处能见。"[1]

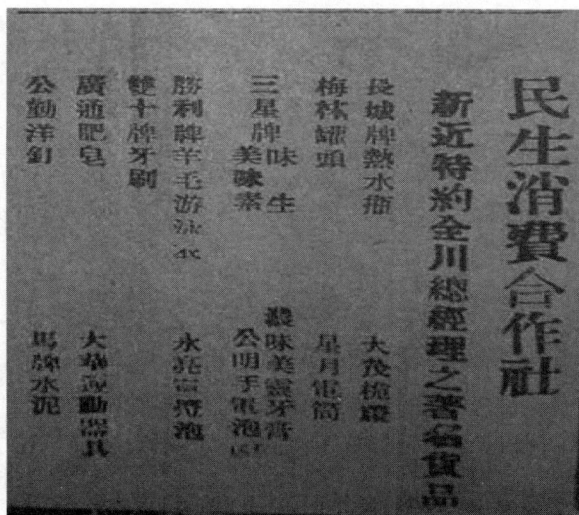

图 5-1：消费合作社广告图[2]

与易善兼观点相似，屠绍祯也强调，合作社"不从事广告和商人竞争，社员很会投向商店的"。屠绍祯他还提出了运用广告的具体细节：首先，言语方面，即由推销员、伙计学徒、联络员、理事、经理及送货员担任宣传；其次，文字宣传，即通过文字图画、新闻纸、杂志、货品、目录、传单、月份牌、明星画片、舟车广告、包裹纸、包装袋盒及货品印上文字宣传；再次，演示货品优点，借助化妆游行、音乐、窗饰、门饰、展览会与同乐会进行；最后，利用建筑，如广告牌、模型、油漆木牌及电灯电光辅导宣传等。屠绍祯还建议"制一特殊图式做标记，有如理发店门前的红白旋转筒，或如新生活运动及保险公司的标记"等，自制货品"亦应设备

---

① 易善兼《合作社销售技术之研究》，《重庆合作》，1944 年第 2 卷第 5—6 期，第 2—3 页
② 《民生消费合作社》，《嘉陵江日报》，1936 年 1 月 1 日

种商标，以利推销"。此外，还要求广告"宜大不宜小""地位要冲要""色彩要耀目""滑稽""深刻""简单""音韵"等。就"音韵"而言，即是要求"文字句语有音韵，以便看者记忆"。[①] 事实上，利用广告宣传还有利于增进社员合作意识，消除偏见。总体而言，消费社一般通过在报刊上登载广告的方式进行宣传，如图 5–1 所示。不过，广告内容较为简单。一般而言，消费社在广告内容中大多强调合作社宗旨，罗列商品名称，但并未详细说明价格与货品优势，如欲吸引民众入社，难度可想而知。

社职员的素质特别是营业员素质也是时人尤为关注的方面。由于消费社外表"完全是一种商业组织，很容易沾染营利机关的一切恶习"，有人因此主张社职员必须"勤加训练"，商业技术"不能不多学习"。[②] 屠绍祯也认为消费社的成败"完全在售货员是否成功"，因此完全有必要重视售货员品质、业务训练方面的培训。就品质而言，要求达到慎看、慎听、慎记、慎数、慎算、慎取、慎置、慎包，具备机警、心细等基本素质；训练方面，强调注重"手和眼的迅速""训练记忆力""吸收各种知识"，做事力求有系统、有步骤、更合理、更进步、更经济，进而养成节省时间、脑力、金钱与劳力等习惯；在货品交易时，要求售货员重视判断社员需要、了解社员个性嗜好，交易谈话务求简单，并接受劝告，态度应不厌烦、动作宜迅速、爱护货品等。[③] 然而，由于未有专门的机构进行全面系统的培训，社职员实际能够达到这些标准者可谓甚少。

（三）开展合作竞赛，提高经营效率

开展合作竞赛的主要目的是"从内在活力的诱发，以加强社会各单位的工作效率"，以"冀各社品质日臻完善，发挥战时消费合作的功用"。时人还意识到，合作竞赛可在"无形之间"促进社职员"对社改进的注意"，还可以"提起他们的工作兴趣，使由内心的反应，自动的持久的妥谋合作

---

① 屠绍祯《论消费合作社的销售业务》，《合作事业》，1940 年第 2 卷第 12 期，第 46—47 页
② 《谈战时消费合作社》，《合作评论》，1941 年第 1 卷第 12 期，第 3 页
③ 屠绍祯《论消费合作社的销售业务》，《合作事业》，1940 年第 2 卷第 12 期，第 48—52 页

社品质的改善"。鉴于消费社经营"大多总是各行其是，互不相谋以致他人的优点无缘接受，自己的缺点无法消除"的现状，时人力主通过竞赛"增加互相观摩的机会，发现彼此间的优劣点，以作本身改进之参考"。①

《重庆及江巴两县消费合作社工作竞赛办法》对经营消费业务的乡镇社进行了详细规定。具体而言，由合管局消费合作督导会议具体负责指导监督事宜，竞赛人数按一定比例进行，机关消费社以员工全数、乡镇社以乡镇住户总数百分之六十参加；社股竞赛依社员平均每人实缴股金数比较，机关社及乡镇社以每社员平均实缴五十元为竞赛标准，但不计入提倡股或营运公款；资金周转竞赛依合作社股金及营运资金周转率比较，以一周内周转三次作为竞赛标准；平抑物价竞赛依各社进货价格与售货价格的平均差度及分配盈余占交易额之百分率进行比较，采行廉价制"以毛利低于一分"，市价制"以盈余分配高于一分为竞赛之标准"；账务整理竞赛依社员交易记录明确程度竞赛，以社员分户账及货物分户账记载包括社员及货物全部，按日记明为竞赛标准；合理购销竞赛依粮食布匹油盐肥皂材料等物品进货额所占全部进货额百分率进行比较，以占百分之六十作为竞赛标准；评判依据由督导会议派员"将竞赛开始前一个月各合作社实际情形详确调查作为评判之依据"。竞赛成绩评定后，超过竞赛标准者予以奖励："一、得有四项以上优胜之合作社呈请社会部发给奖状，通知物品供应机关予以优先购买之便利，并对合作社工作人员予以褒奖；二、得有三项优胜之合作社由合作社事业管理局发给奖状，通知物品供应机关予以便利，并对合作社人员予以奖励；三、得有二项优胜之合作社由合作事业管理局发给奖状，并通知物品供应机关酌予便利。四、得有一项优胜之合作社由合作事业管理局发给奖状。"②

为进一步考核合作社的经营成绩，四川省还拟定了合作社成绩调查评

① 《改进消费合作社品质与工作竞赛》，《合作业务通讯》，1942年第17期，第3页
② 《重庆及江巴两县消费合作社工作竞赛办法》，《重庆合作》，1942年第2卷第6期，第6—7页

定表，从精神是否充足、组织是否完备、有无经济效用、有无社会影响、有无生命机能等方面进行考察。具体而言，第一，精神是否充足方面，即考察半数社员是否明了合作意义、是否自私自利、是否精诚合作，调查多数社员对社务关心程度、流会次数、缺席程度与踊跃情况；第二，组织是否完备方面，主要考察登记手续是否完备、盈余分配是否适当，社章权能清楚与否、社务是否整洁、营业设施是否齐备；第三，有无经济效用方面，主要看合作社利益是否为少数人把持、生活改善程度是否依赖社外力量援助；第四，有无社会影响方面，考察组社动机是否纯洁、社员是否逐渐递增、社员是否知晓联合利益、是否关心公益事业及关心程度；第五，有无生命机能方面，关注社务业务是否适当、社务是否有条不紊、业务是否适合社员需要、计划是否精密、账簿是否清晰、讨论会是否自动举办、工作热情能否持久、资金是否逐年增加等。①

参照这些标准办法竞赛之后，一些消费社的初期经营效果并不明显。1940 年，有限责任陈家碾蔬果生产消费社参加竞赛后，半数以上社员对合作意义"尚欠明白"；社员训练方面，"虽能按期参加讲习会，但自动举办之宣传训练等工作甚少"。②由于合作指导人员"各有各的指导方针"，业务人员"亦各有各经营办法"，工作推进又"互不为谋"，导致各社优点"无从接受，而自己的缺点也是始终不能警觉"，尽管"在数字的发展上，确是赫赫可观"，但成绩"仍非常的弱"，质量并未齐头"并进"。1942 年，屠绍祯因此希望合作竞赛能促使"业务经营都充分带有竞争的意识"，进而真正形成合理的经营方法。③

到 1943 年时，合作竞赛效果初现。如重庆市陪都及迁建区第一期消费合作竞赛效果明显，社员总数"已较前增加百分之六"，"约达机关员工总数百分之九十九强，超过竞赛标准百分之十九强"，乡镇合作社"社员

---

① 成都市档案馆，第 38 全宗，第 7 目录，第 86 号，1936—1946 年
② 成都市档案馆，第 38 全宗，第 7 目录，第 86 号，1936—1946 年
③ 屠绍祯《对消费合作工作竞赛应有的认识》，《重庆合作》，1942 年第 1 卷第 3—4 期合刊，第 2 页

人数较前约增加百分之九，约占乡镇总户数百分之六十强，超过竞赛标准百分之一强。"社股随之逐年增加，乡镇社每一社员增缴社股 1107 元；资金周转次数方面，百分之五十的合作社达到二次以上，最多周转次数甚至达到了十次，平均周转二次以上，较竞赛以前资金周转加速明显；平抑物价方面有百分之九十以上的合作社采行廉价制，毛利比率较竞赛前明显降低，甚有少数社不加毛利；整顿账务方面，各社账务更为完备，百分之九二十以上的合作社按时记账，百分之七十以上的合作社按期结算，百分之八十七以上的合作社账务记载均清楚无讹；合理购销方面，百分之八十以上合作社已采用社员交易手褶专对社员交易，对非社员交易数"亦以减至极少数"；各社按社员家属及需要量"平均分配"，遇量少不敷分配时，"采抽签或轮购方式分配，务以公平合理为准"。①

（四）加强业务人才培养

合作业务人才培养的一种重要方式即是消费社通过选派人员请求政府及主管机关组织机构加以培训，现以成都市各合作社干部讲习班为例进行说明。1944 年，在各乡镇社及市区消费社强烈要求加强人才培养的呼声下，成都市地方行政干部训练所讲习班顺应各社要求，特抽调各镇社及市联社会计、业务人员进行培训，以"灌输合作基本知识、讲授合作会计及业务经营机能，培育优良职员"为宗旨。各社予以积极配合，先后抽调会计人员二十五人，专营社及各区公所保送九人，抽调市联社及各镇社业务员二十六人，专营社及各区公所保送三人。

---

① 《合作消息》，《重庆合作》，1943 年第 7 期，第 8 页

表 5-5：四川省成都市地方行政干部训练所 1944 年合作干部讲习班讲习人员职别统计表 [1]

职别	人数	百分数
总数	60	99.9
会计员	32	53.3
业务员	26	46.6

（制表日期：1944 年 10 月，所长余中英。说明：本表所列各项目百分数所含小数系遵照规定取至小数点以下第一位止数一百分总数为 99.9 不足百分之百。2. 本班会计组学员为三十四名，未参加考试者二名，故以三十二名统计业务组学员二十九名，未参加考试者一名，故以二十八名统计合并申明。）

　　根据上表数据显示，讲习人员绝大多数本身就是业务员和会计员，其经验无疑对受训人员具有较大帮助作用。训练班分设所长、教育长、班主任、大队长一名，下设教务员、训导员、业务员三股，每股设股长一人，教务、训导、业务员各一人，干事七人，助理干事二人，司书二人，共计二十一人，由市训所、市府合作室人员进行派充。鉴于各乡镇社及市区消费社培训合作经营人才的强烈要求，成都市政府予以高度重视，讲习班人员均由政府重要人员担任，如成都市市长余中英即担任所长，曾任局长、区长及训练所教育长的陈向谟担任教育长，市政府合作室主任章国殷担任班主任，人事训所教务股长何清昌任教育股长。其他职员或曾任市府合作室第一股股长、或市府合作指导员、或市训所干事、或训导股股长、或市训所总务股股长等职。训练班开班之时省合管处处长袁守成、成都市市长余中英、市府秘书长刘磐潮等负责精神讲话，省合管处研究室主任、督察主任、市府社会科科长、市府民政科科长、市府合作室主任等讲授《合作原理》《民众组织及训练须知》《公文之处理程序要义等》《国民精神总动员各项法令章例》《总裁对社会有关定论》《本市镇合作社会计制度之检讨

---

① 《成都干训所合作人员讲习会三十三年报告书、讲师简历学员年龄、职务、成绩、学籍统计表、名册、测验题》，成都市档案馆，第 38 全宗，第 7 目录，第 284 号，1944 年

及应有之改进》《各项合作理论及实际问题》《各项合作法规章则及有关法令》《镇合作社社务纲要》《合作事业概论》《镇合作会计常识》《民众组织及训练须知》等内容，训导时"注意基本理论之研讨"；"注意业务之经常问题讨论"。由于各消费社比较注重经营管理的实际操作性，讲习班结束考察因也比较重视实用性考察，比如《合作会计》试题就要求详述"各科目日结表与联合日记分类"，如何编制、整理转账、计算毛利等。讲习会之后的具体考试成绩如下：

表5-6：四川省成都市地方行政干部训练1944年度合作干部讲习班人员成绩统计表 [①]

等级	各职人数			百分数		
总计	合计	会计员	业务员	合计	会计员	业务员
甲等	16	12	4	26.7	20	6.7
乙等	27	14	13	45	23.3	21.7
丙等	9	5	4	15	8.3	6.7
丁等	8	1	7	13.4	1.7	11.7
成绩平均数	73.6	68.6	78.6			

根据上表可以看出，训练后学员成绩良好。业务员、会计员成绩为甲等者占到了26.7%，特别是会计人员成绩的提高甚为明显，占到了20%。乙等成绩者也占到了近一半以上的45%。整体而言，各职员平均成绩达到了73.6分，业务员平均分数甚至还高于会计人员，业务员成绩的提高由此足见一斑。[②]总之，这些成绩是消费社重视人才培养并推动政府予以积极配合的结果。

（五）重视发展公用业务、专营与兼营业务

沙坪坝消费社总经理吴朗西就要求："第一拟发展各社员的公用事业，

---

① 《成都干训所合作人员讲习会三十三年报告书、讲师简历学员年龄、职务、成绩、学籍统计表、名册、测验题》，成都市档案馆，第38全宗，第7目录，第284号，1944年

② 《成都干训所合作人员讲习会三十三年报告书、讲师简历学员年龄、职务、成绩、学籍统计表、名册、测验题》，成都市档案馆，第38全宗，第7目录，第284号，1944年

如俱乐、宿舍、浴室、礼堂等以资增进社员的福利。第二拟成立信用业务的机构，以为各社资金运用的总枢纽而便利各社资金的周转。"[1]1940年，四川省26个县市消费社即以专营社居多，兼营一社；就经营品种、数量而言，从下表可看出，日用品以食盐、桐油、菜油较多，经营文具用品者六社，所占比重甚少。兼营社主要经营菜油、食盐，与其他合作社相区别的是仅多了干货一项而已。

表5-7：四川省各县市消费合作社概况统计表[2]

项别 种类		社数	社员数	货品名称及重数量	推行县份
总计		49	11975	食盐32833849元、谷880元、桐油1110491元、菜油21344165元、布8728825元、杂17096元、柴炭111440元、糖2165200元、棉花227000元、米100023750元、酒1614000元、药411312元、图书7044631元、纸张184500元、苏货2260元、文具48460元、印刷178200元、干货3020元	共26县
专营	日用品	42	10926	食盐32771349元、谷880元、桐油1110491元、菜油21233165元、布8728825元、杂货1624694元、柴炭1114440元、糖2165200元、棉花2270元、米100023750元、酒1614000元、药411312元	
	文具用品	6	889	图书7044631元、纸张1845元、苏货2260元、文具4846007元、印刷1782元、干货3020元	
兼营	日用品	1	160	菜油1110元、盐625元、干货850元	
	文具用品				

截至1940年3月15日，重庆市的消费社共89所，专营消费业务83

---

[1] 吴朗西《发刊词》，《消费合作》，1944年第1卷第1期，第1页
[2] 许昌龄《四川合作事业概览》，四川省合作事业管理处，1941年

所，兼营消费公用业务较少，仅 5 所，兼营消费信用业务 1 所。[①] 又如，川北盐务局职工消费社即分设理发、沐浴公用二部，代办公共食堂。[②] 重庆义大煤矿公司积极督导各社"尽先办理发沐浴洗染膳食等公用部门"。[③] 截至 1944 年，重庆各机关消费社兼营成衣、理发、洗衣业务共 27 社，兼办托儿所 1 社，兼营生产业务 3 社，兼办农场耕作畜牧养鱼业务 9 社，兼办缝纫碗具业务 2 社，这些兼营业务"不但减轻社员负担，而且增加社员收益"，特别是兼营信用业务"养成节约储蓄之美德"，低息贷放又"使社员不受高利贷之剥削"。为扩大兼营公用与信用业务，重庆社会局还特别调查了各社经营情形借以草拟消费社兼营公用与信用业务推进办法。[④] 在各消费社共同推动下，1944 年 10 月 24 日，重庆市政府核准公布了《重庆市消费合作社兼营公用业务办法》，将业务限定在住宅、理发、食堂、浴室、洗染、诊疗所等方面；规定盈余除弥补亏损及提取公益、酬劳金外，严格按照业务交易额比例进行分配，交易额不便分别计算时，则"将全部社员分配金拨充公积金或公益金"，公用业务有亏时则由其他部门盈余弥补；遇资金或房屋设备缺乏不能独自办理时，可与附近消费社联合办理，或暂与附近经营理发、膳食、沐浴、洗染、诊疗所等合法商店商订契约作为合作社的特约店，在资金筹足后"仍应独自办理"；特约店优待办法由"社店双方协定履行"，消费社对特约店有促进改善之权，特约店遵守"工商管理及其他有关法规，不得籍词以规避其任何应尽之义务"。[⑤] 正因重视经营管理与鼓励发展专营、兼营业务，一些消费社经营效益增加明显。1944 年，小龙坎镇消费社盈余达到二十余万元，交易总额达一百万元，甚

————————
　　① 《重庆市合作社社务业务概况》，《重庆市社会局合作指导室办事细则》，重庆市社会局编《重庆市合作事业一览》，重庆市社会局，1940 年，第 5—6 页
　　② 《川北局扩充职工消费合作社》，《盐务月刊》，1943 年第 15 期，第 22—23 页
　　③ 《采矿股、机电股、账务股、会计室等有关文件、矿桐公路通车报告、矿与交通银行互函矿公司员工消费合作社章程》（义大煤矿公司），重庆市档案馆，0247*1*18，1943—1945 年
　　④ 《重庆市三十二年度合作事业》，《重庆合作》，1944 年第 3 卷第 1—2 期，第 5 页
　　⑤ 《重庆市消费合作社兼营公用业务办法》，《重庆合作》，1944 年第 2 卷第 10 期（下），第 7—8 页

至还在小龙坎陪都大戏院举行一周年纪念大会，放映蒋、罗、丘开罗会议、蒋夫人访美、南疆风物、美国战时儿童教育等电影名片，同时聘请合作教育专家进行讲演。[①] 重庆市各镇社股金总额"至少者为六七万元，间有十万余元二十余万元者，而以沙坪坝之四十余万元为最多，其间以十余万资本之合作社占数最多"。[②] 然而，经营管理不善仍然是制约消费社发展的重要因素。当时，消费社"因管理不得其人而致失败者，比比皆是"，或"由于不甚适应环境之需要"，其中以"管理不良之结果者为多"，主要表现在"一、平时营业状况，不易明了；二、营业费用巨大，效率甚差；三、货物定价高低，漫无标准；四、货物消耗损失，为数过大；五、经理不能称职，伙友不负责任"。此外，培养的人才究属有限，经理人才"极难物色，若非来者之才干过差，即或每因经营私人事业而去"，[③] 这些问题直接导致消费社经营效益每况愈下。

第四节　消费合作社发展特征分析

太平洋战争爆发后，国民政府及主管机关制定的一系列政策措施推动消费社进入到一个快速发展时期，消费社无论在数量上还是规模上均得到了不同程度的发展，消费社进而成为仅次于信用合作社的合作组织。就整体发展而言，由于区域经济发展水平的不平衡、不同行业社职员知识水平的差异以及国民政府的政策倾向，消费社呈现出明显的行业差异性与地域发展不平衡性的特征。

一、行业发展不平衡

1939 年以前，重庆市及迁建区核准登记的消费社仅有 3 所，到 1940

---

① 《合作消息》，《重庆合作》，1944 年第 2 卷第 5—6 期，第 20 页
② 《重庆市各乡镇合作社调查总报告》，《合作业务通讯》，1943 年第 24—25 期，第 8 页
③ 谢允庄《消费合作社成败原因之检讨》，《合作月刊》，1941 年第 26—27 期，第 12—13 页

年增至 72 所，市民消费社 35 所，机关消费社 22 所，工厂消费社 22 所，工会消费社 2 所，公司消费社 2 所，银行消费社 2 所，民众团体消费社 2 所。截至 1941 年 12 月，消费社激增至 216 所，其中市镇社 84 所，机关消费社 75 所，学校消费社 49 所，工厂消费社 18 所，工会及银行消费社 16 所，社会团体消费社 11 所。由于机关职工"待遇过低"、生活负担过重，1940 年以来机关消费社的增长十分迅速，机关消费社 93 所，其中业务机关占 6 所，行政机关 38 所，军事机关 49 所。由于"军事机关员工之待遇较之行政机关又稍苦"，因此"组社之需要愈殷"。[①] 由下表可见，重庆市消费社增长速度较快。

表5-8：重庆市消费合作社统计表（截至 1941 年 6 月 30 日为止）[②]

	社数			社员数			股金数		
	累计数	原有数	增加数	累计数	原有数	增加数	累计数	原有数	增加数
总计	497	401	69	258097	18987	8410	10355170	5400453	4954717
市民	66	52	14	47450	28124	19326	2557213	818081	1739132
机关	270	230	40	112949	91138	21811	4871110	292557	1945539
学校	49	43	6	22987	20136	2842	510067	454522	55535
工厂	58	14	17	43271	24080	19191	1149642	660961	4880671
公司	16	11	5	8954	7021	1943	498969	187779	311190
银行	22	14	8	4804	2990	1814	559435	223585	335850
其他	16	10	6	17687	16198	1483	208754	179954	78800

不难看出，近 500 个消费社中机关社占到了 270 个，社员人数最多，股金增长速度最快，短时间内即增加近一半以上，远远高于市民、学校、工厂消费社增加数量。截至 1942 年 11 月 30 日底，由下表可见，各消费社

---

① 社会部合作事业管理局编《全国合作社物品供销处第二期处务报告》，社会部合作事业管理局，1942 年，第 16 页

② 《合作消息》，《重庆合作》，1943 年第 2 卷第 7 期，第 7 页

仍以机关消费社为主，股金数远远高于市民、人数较少的公司、银行及其他消费社，反映了国民政府优先发展公教系统消费社的政策倾向。

表5-9：重庆市消费合作社分类统计表（1942年11月30日）[①]

类别	社数	社员数	股金数
市民	48	87681	808591.00
机关	280	11188	2925571.00
学校	43	20136	454522.00
工厂	39	23569	688491.00
公司	11	7021	187779.00
银行	14	2990	228585.00
其他	10	16198	129954.00
假社	6	952	36960.00
总计	401	189605	5400452.00

（附注：市消费合作社联合社一社社员社数42社股金总额157085元）

仅就1942年前半年情况而言，由下表可见，虽统计方法有所改变，重庆市消费社发展仍然呈现出类似的特征。

---

① 《重庆市消费合作社分类统计一览表》，《重庆合作》，1942年第1卷第3—4期，第13页

表5-10：重庆市消费合作社分类统计表（1942年1月—6月）①

类别	社数	社员数	社股金额
镇保	4	2890	158080
机关	80	246267	1663657
学校	9	4486	87630
工厂	5	1697	26210
银行	1	129	4040
公司	4	5417	69770
其他	6	809	79260
小计	109	3995	2088648
原有数	139	62899	1047904
累计数	248	102094	3136552

　　具体而言，重庆市市镇社员人数众多，"平均每一市镇合作社的422人，工厂职员消费合作社，各厂工人人数恒超过五百余人，尤以兵工厂工人人数为最多"，各工厂消费社社员人数"恒超过其他种类之消费合作社，平均每社约计2802人"。学校消费社"人数亦不为少"，"惟在实际上学生加入为社员者不多"，其实有社员，"甚或较公司银行之消费合作社社员为少"，每社平均640人，各机关人数各不相等，"少则仅十余，多则数千人。"公司及银行职工消费社"平均数为538人，还不及机关员工消费合作社人数"。就社员性别而言，"除女学校工厂女工及机关女职工以外，各社女性均为稀少"。因各家男子"代表家人"入社，男性社员数目"远较女性社员为多"。② 机关消费社之所以发展迅速，原因在于："第一是资金来源多数没有问题，第二是政府平价物资的取得比较容易点；第三是社员集居一处从事同一工作，社务推进，也很便利"。③ 七七事变后，因合作社采行总分社制，消费社"数量上稍微减少"，但"若以分社为单位社计算，则并不减少"。④ 不过，与生产合作社发展速度相较而言，重庆市消费社的

①　《重庆市消费合作社分类统计表（1）》，《重庆合作》，1942年第1卷第2期，第7页
②　王蕾《重庆市消费合作社之分析》，《工业合作》，1942年第3卷第6期，第48页
③　曹海秋《六年来重庆市的消费合作社事业》，《消费合作》，1944年第1卷第2—6期合刊，第21页
④　徐旭《合作与社会》，中华书局，1949年，第181—182页

增长速度更为明显，正如下表所示：

表5-11：重庆市合作社分类统计及百分比表（截至1943年底止）[1]

项目类别		合计	纺织	缝纫	机械	制革	服装	化学	其他
生产合作社	实数 社数	72	29	12	2	6	2	7	14
	社员数	7228	673	525	192	80	159	67	5532
	股金数	2222392	272572	186565	45753	236921	20432	674734	785415
	百分比 社数	100%	40.3%	16.7%	2.8%	8.3%	2.8%	9.7%	49.4%
	社员数	100%	9.4%	7.2%	2.6%	1.1%	2.2%	1.3%	76.2%
	股金数	100%	12.3%	8.3%	2.1%	10.6%	0.9%	30.4%	35.3%
项目类别		合计	机关	乡镇	学校	工厂	银行	公司	其他
消费合作社	实数 社数	503	264	66	40	60	23	27	23
	社员数	271558	111004	68137	22131	43051	7599	14459	5177
	股金数	10954578	4708821	2271803	464467	1301594	877345	816297	520251
	百分比 社数	100%	52.5%	13.1%	8.0%	11.9%	4.6%	5.4%	4.6%
	社员数	100%	40.9%	25.1%	8.1%	15.9%	2.8%	5.3%	1.9%
	股金数	100%	43.0%	20.7%	4.2%	11.9%	8.0%	7.4%	4.7%

可见，尽管社员数、股金总额远不及生产社，但增长速度较快。从行业方面来讲，纺织类消费社在各类消费社中占到了52.5%，社员数占到近40%。除机关消费社外，镇消费社其实也占有较大比重，但相较庞大的社员数而言，人均股金显得十分有限。与1942年相较，由于工厂工人生活困难，工厂消费社增长迅速。截至1943年，重庆市机关法团消费社437所，社员203421人，占全市各机关法团九百余单位中80%以上。除少数乡镇因情形特殊暂缓设立或正在筹设外，正式营业的镇消费社达到66所，社员68137人，约占全市普通居民（除机关法团职工户口外）总户数70%以上，[2] 其发展之好由此可见一斑。

---

① 《重庆市三十二年度合作事业报告》，《重庆合作》，1944年第3卷第1—2期合刊，第1—7页
② 《重庆市三十二年度合作事业》，《重庆合作》，1944年第3卷第1—2期，第3页

二、区域性发展不平衡

消费社的发展水平与城市工业发展水平、人口稠密度密切相关，正如谢允庄指出，消费社"大抵产生于城市之中"，"其一般的原因，虽为人口稠密及工价高昂，然而又须有一种工业的环境，方能促其充分发展"，合作运动与城市工业之间"几已完全成为正比例的发展"，主要原因在于"大工业的工人或同在一厂工作或同在一地居住，情投意合，同病相怜"，组织合作社"即如顺水推舟，极易进行"。[1] 寿勉成也表示，消费社"最好能以城市为中心，将城区及其近郊依交通及人口分布的情形，划为若干区，然后每个区设一消费合作社"。[2] 按此，由于抗战时期工业主要集中在重庆、成都及附近地区，消费社自然也主要集中在这些区域。同时，战时四川消费社还按照行政区域进行设置，省县两级消费社"以省县行政区域为范围"，联合社在"全县有半数以上之场镇设有消费合作社时组织"，省联合社"在全省有五分之三以上县设有县联合社组织"。[3]《成都市消费合作社推行方案》也规定，"以行政区域为范畴，并以一镇组一社为原则"，同时也灵活规定，"范围之广狭，得视其情形酌量订定"，并确定了由市区向乡镇拓展的先后顺序，如成都市就计划在"市区适当地点组织示范社五所，集中人力财力经营之以作实验，俟有成效后再行推广及其他区镇"。[4]《四川省各县市公务员学校教师消费合作社推行办法》第四条也规定，各县市公教消费社以"在县城市区或其附近为原则，必要时得于适当地点设立分社"，以机关学校"所在地为业务区域"。[5]《消费合作推进办法》从降低运输成本角度出发，要求"采取连锁商店方式，不分机关职业分布于各住宅

---

　　① 谢允庄《消费合作社成败原因之检讨》，《合作月刊》，1941 年第 26—27 期，第 13—14 页
　　② 寿勉成《消费合作与平抑物价》，《合作界》，1940 年第 4 期，第 3 页
　　③ 《合作指导实施纲要》，许昌龄《四川合作事业概览》，四川省合作事业管理处，1941 年，第 41 页
　　④ 《成都市消费合作社推行方案》，《成都市政府月刊》，1941 年第 1 卷第 1 期，第 77 页
　　⑤ 《四川省各县市公务员学校教师消费合作社推行办法》，许昌龄《四川合作事业概览》，1941 年，第 62 页

区为原则，其有以机关团体或职业为单位之必要时，应设于多数社员住所附近"。①《陪都及迁建区消费合作督导办法施行细则草案》则将重庆市划为七个消费合作督导区，第一督导区包括桂花街、大阳沟、北坛庙、蹇家桥、观音岩、安乐洞、驿马站；第二督导区包括镇江寺、大华楼、龙王庙、马王庙、米亭子、木关街、四方井、体仁堂、三洞桥、唐家沱、寸滩、观澜溪、五里店及江北区；第三督导区有王爷庙、东华观、东昇楼、段牌坊、弹子石、龙门浩、玄坛庙、牛角沱、鸡冠石、铜元局、南坪场、海棠溪、黄桷垭、清水溪、大兴场；第四督导区负责宝善寺、金马寺、石板坡、新市场、遗爱祠、黄沙溪、巴县区及温县区；第五督导区包括大溪沟、张家花园、曾家岩、上清寺、两路口、中二路、香国寺、陈家馆、刘家台、石马河、李子坝、猫儿石；第六督导区包括化龙桥、歌乐山、高店山洞、新桥、上桥、瓷器口、沙坪坝、小龙坎、董家溪、石桥铺；第七督导区包括青木关至北碚各地。② 其实，督导之区域即是消费社分布之地。由下图可以看出，重庆市消费社主要集中在嘉陵江与长江交汇之处的渝中区，并呈向市区外拓展之势。

---

① 《消费合作社推进办法》，王世颖、林嵘《合作法规》，大东书局，1947年，第48页
② 《陪都及迁建区消费合作督导办法施行细则草案》，《合作业务通讯》，1942年第17期，第5—6页

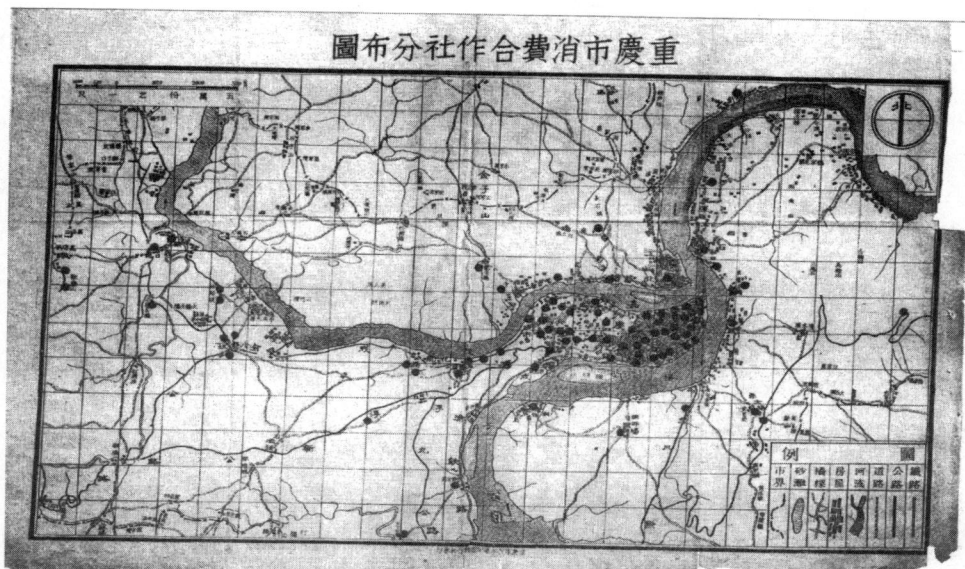

图 5-2：重庆市消费合作社分布图 [①]

　　按一镇组一社原则，成都市经营消费业务的乡镇主要有得胜镇、水津镇、大安镇、紫东镇、春熙镇、长胜镇、诸葛镇、光大镇、光华镇、青羊镇、明远镇、黄埔镇、中市镇、万福镇、南大镇、平安镇、仁厚镇、实业镇、江源镇、北大镇、五岳镇等。1945 年 2 月 3 日公布的《国民学校员工消费合作社推进办法》又对业务区域进行了划分，除规定每一镇组织一社外，还规定必要时在适当地区设立分社。一般乡镇保社的经营"无论任何区域，消费业务必为其重要业务之一，至市区内之镇保合作社，几全为消费业务"。[②] 总体看来，四川消费社主要分布在重庆、成都、自贡、绵阳、南充等市以及县镇一级的行政区域，特别是成都、重庆市区及附属乡镇分布较为密集。由于消费社多以单个城市进行，各城市之间难以形成业务上的网络体系，建立全国性的消费合作联合社因此缺乏现实基础。

---

　　① 　重庆市社会局《重庆市合作事业一览》，重庆市社会局，1940 年。注："•"之处即为重庆市各消费社所在地。

　　② 　毛子城《四川两年来之合作事业》，《四川建设》，1944 年第 2 期，第 91 页

第五节　会计制度及相关问题

会计制度这一概念涉及较广，内容庞杂，学术界并未明确界定。有学者认为会计制度是"处理会计业务所必须遵循的规则、方法和程序的总称，是从事会计工作的规范和标准"。[1] 还有论者认为会计制度是"组织和从事会计工作所应遵循的规范。……是依据会计法律和会计行政法规，以实际会计工作的要求来制定的"。[2] 抗战爆发后在基本法规之下运营的消费社会计规则[3] 适应战时而生，约束了会计人员行为，规范了财务收支管理，与其他法规一起形成了颇为完善的经营管理制度。

一、会计制度发展演变历程

1912 年，南京临时国民政府财政部颁定《会计法草案》，制定者意识到"凡会计立法不定，财政整理则无从着手；凡会计立法不定，国家预算则无从办理；而如果会计立法不能确定，其监督之权责不能实行"。《草案》向西方会计立法日益接近，同时明确了政府的作用。[4] 1914 年 10 月，北京政府议决通过《会计法》，对会计年度与决算期限进行了规定，并将一切收入与一切支出纳入总预算以便统一管理。[5] 然而，执政初期的南京国民政府主要沿袭北京政府的会计制度，直至 1927 年 5 月，才设立统一会计委员会，并相继制定《国民政府会计则例》。1928 年 3 月，国民政府发布《会计则例》。具体而言，国民政府时期的会计制度大致经历了以下几个发展阶段：首先，统一会计制度时期：1931 年实行"超然主计制度"，1932

① 廖洪《新编会计制度设计》，中国审计出版社，1997 年，第 1 页
② 于玉林《现代会计结构论》，东北财经大学出版社，1997 年，第 224 页
③ "会计工作的规范性标准，是社会公认的会计业务处理行为标准，包括会计基本假设，一般会计原则，会计要素的确认、计量、记录、报告的一般标准和具体会计处理标准。"参见刘仲文《会计理论与会计准则问题研究》，首都经济贸易大学出版社，2000 年，第 125—126 页
④ 郭道扬《会计史研究》第二卷，中国财政经济出版社，2004 年，第 365 页
⑤ 郭道扬《会计史研究》第二卷，中国财政经济出版社，2004 年，第 370 页

年正式颁布《中央各机关所述统一会计制度》，12月24日又颁布《关于展期实行中央统一会计制度的训令》，决定从1933年施行"统一会计制度"。1933年7月22日，颁发《统一会计制度实例五种》，统一了会计制度办法。《中央各机关及所属统一会计制度》的规定则更为详细，逐渐形成了统一的会计制度体系。其次，1935年至1938年为会计制度一致规定时期。国民政府主计处对《中央各机关及所属统一会计制度》进行了修订，会计方法更具实际操作性。[1]总之，《会计法》"更趋于专业化、具体化，易于操作"；"科学化""系统化"特征甚为明显。1938年，国民政府又颁布了《决算法》。[2]这些会计法规无疑有助于规范包括消费社在内所有民间经济组织的会计行为。

就合作社会计而言，20世纪20年代平民学社即曾设会计一人管理银钱出入。[3]由于政府并未对合作社会计进行专项立法，合作社会计因此不得不按照《会计法》等相关法规进行。不过，中国合作学社、华洋义赈救灾总会却分别出版了《简易合作簿记》《农业合作社会计规则及簿籍程式》，但因两者迥异，实有划归统一之必要。1935年12月，实业部函请全国经济委员会、合作事业委员会两团体选派精通会计、熟悉合作业务的代表七人组织成立合作会计制度委员会，并共同拟定了会计相关准则。1936年10月，《合作社会计制度设计计划》要求，合作社会计制度必须严格按照会计原理制定以"适合实际需要"，必要时延聘会计人员负责管理。此外，信用合作社账簿记账方法及决算方法、简易合作簿记与农业合作社会计规则及簿记程式相继厘定。一般而言，各社初期采用简易合作簿记，困难时期采用农业合作社会计规则，各类书表采行合作社及联合社应用书表与应用办法。[4]合作社中监事会与指导人员肩负对一种或两种以上的会计事项

---

① 郭道扬《会计史研究》第二卷，中国财政经济出版社，2004年，第379—381页
② 郭道扬《会计史研究》第二卷，中国财政经济出版社，2004年，第378页
③ 《平民学社章程》，张允侯等《五四时期的社团》（四），三联书店，1979年，第34页
④ 章元善《合作与经济建设》，商务印书馆，1938年，第103—105页

进行特种查账任务。①

二、消费合作社会计规则

随业务经营的扩大与账务的日益复杂，合作人士逐渐意识到建立会计制度的重要性，认为会计制度"实为经营合作社的不可缺少之要素"，可"避免舞弊中饱"，利于"施行严密之牵制，各部人员互相监督，藉防发生弊端，免致社员遭受意外之损失"，否则，遗漏误算偷窃之事"必层出不穷"。总之，无完善的会计制度容易使合作社"蒙受严重之损失"，②重庆市乡镇社职员也认为，账簿记载清楚与否"均与会计之是否专任有莫大关系"。③一些人更将合作社经营管理失败的主要原因归结于"会计管理之未臻完善，内部牵制组织之缺乏严密"，强调会计制度严密与否与社务兴衰"关系极大"，会计严密、记载正确自然"一切弊端，亦不易发生"。合管局早也意识到会计制度的重要性，并特设消费合作实务人员函授班讲授合作会计科目，④局长寿勉成并强调，"会计制度之完备与否关系合作社财务管理之是否健全"，还从会计记账、会计查账方面提出了具体的年度计划，即第一年度各乡镇社于年终前"一律依照政府规定之会计准则记账，并应试行查账制度"；第二年度各保社正式推行查账制度；第三年度各社严格执行查账制度，一律制就完整会计报表送请合作主管审查。⑤

为保持会计的独立性，社会局要求各社经理人员"不得兼办合作社出纳或会计事务"，⑥并特设稽核二人、助理员八人专负"稽核及改进之责"。⑦在保持会计人员独立性的前提下，重庆市消费社会计设有专任会计、兼任会计两类，前者"整日在社做账"，优点是"账簿多较完全，记载亦较清

① 《审查合作社账目办法》，《合作法规》第103—106页，四川省档案馆馆藏

② 康乃温《消费合作社之会计制度》，《西北合作》，1942年第4—5期，第20页

③ 《重庆市各乡镇合作社调查总报告》，《合作业务通讯》，1943年第24—25期，第9页

④ 《合管局举办人员训练一瞥》，《合作事业》，1940年第2卷第5—11期合刊，第118页

⑤ 寿勉成《我国合作运动之展望》，《合作事业》，1941年第3卷第1—4期，第4—5页

⑥ 《重庆市社会局训令》，《重庆合作》，1942年第1卷第3—4期，第11页

⑦ 《合作情报》，《重庆合作》，1942年第1卷第3—4期，第6页

楚，每日记账，每月结账"；后者由指导员、政府机关职员或其他人员兼任，每日"来社二三小时"，但"账簿多不完全，记载亦有挤压"，两类会计重庆市"约各有半数"。① 一般而言，联合社会计人员主要职责是负责表据格式拟定、表报编造、传票账簿制定、单据审核、凭证簿籍表报整理保管等工作。② 此外，国民政府还积极"督促采用统一之合作会计规则及账簿样式"。③

　　然而，会计制度在具体执行过程中却存在着各种问题。以重庆市为例，除机关社会计人员由"专人充任或调人兼理容易解决外"，其余市民合作社"大都没有得到合理的解决"，会计制度"大部分还没有达到合理的途径"，原因主要在于会计人才缺乏。由于"会计是一种专门的技术人员，待遇过低，是请不到，待遇太高，合作社又负担不起"，合作社因此只能退而求其次，由"权充会计人员"记账，结果"弄成一笔糊涂账，错误百出"。时人因此主张，"第一自然是从训练人才着手；第二要改良会计制度及记账着手，使是简单明了"。④ 同时，在重庆市各镇消费社会计人员方面，"竟有一部分合作社之会计员，由其他机关公务员兼任，更有为社会局之合作指导员兼任者"，加之会计人员一般"只能在晚间公余时间到社，过数日到社做账一次，不独账表不能如期编造，即账簿亦过于简单，以图省事"。因此有人建议"取缔合作指导员或其他机关职员兼任，应规定以专任为原则"。鉴于"每日账务究属有限"的情况，时人进而主张"设一专任职员按日作账"，准许"一社会计员兼负邻近社之会计"，依靠两社待遇"不难聘到技能优良之人才"。⑤ 然而，问题的关键在于会计人才的缺乏并未及时解决。鉴于此，1943 年 4 月，全国合作人员训练所会计人员训练班"招考

---

① 《重庆市各乡镇合作社调查总报告》，《合作业务通讯》，1943 年第 24—25 期，第 8—9 页
② 《重庆市消费合作社联合社办事总则》（1945 年 3 月 12 日第三届第八次理事会通过），《消费合作》，1945 年第 1 卷第 7—12 期，第 80—85 页
③ 《采矿股、机电股、账务股、会计室等有关文件、矿桐公路通车报告、矿与交通银行互函矿公司员工消费合作社章程》（义大煤矿公司），重庆市档案馆，0247*1*18，1943—1945 年
④ 张攻非《重庆市合作社组织与指导》，《重庆合作》，1942 年第 1 卷第 3—4 期，第 6—7 页
⑤ 《重庆市各乡镇合作社调查总报告》，《合作业务通讯》，1943 年第 24—25 期，第 11 页

高中以上或具有同等学力有志从事合作事业之青年"进行会计人才培训，训练期为四个月。① 同时，社会局也命令各社保送社员一至二名进行训练，考核合格后"返原社工作"。②

此外，消费社还制定了会计规则以规范会计人员行为。各种会计规则之中，以《保证责任重庆市沙坪坝消费合作社会计规则》最为详尽、最具典型性。沙坪坝消费社会计规则的特征体现在以下几个方面：

1. 明确了会计人员的职责

按照会计规则规定，会计人员由理事会委任，接受经理监督，未经理事会同意不能兼任款项出纳或财务掌管事务，对款项收付及财物购销负审核之责，在会计年度按期办理结算分造报表、编造法定会计报告呈报主管机关，并存社备查。出于资金安全的考虑，还规定会计主任核付单据金额为一百元以下，一百元以上除会计主任核付外，还必须经总经副理批复才能照付，达到相当数额时，必须缮制传票记账；同时要求进货单据经手人及仓库点收人盖章，购置器具用品由经手人及总务组验收人盖章并注明用途，必须经过会计组审核后才能作为编制传票或记账的根据。透过这些规定可以看出，明确了会计人员的职权，同时约束了会计人员权力，有利于避免腐败现象发生。

2. 会计凭证的规范化

会计凭证有原始凭证与记账凭证两类，原始凭证关于现金收入部分，要求根据各项取据存根及送金簿等缮制报呈表，经手人、收款人填具报告单及供应弥补门市分类结单等，现金支付部分，包括购进货物各项费用发票收据或其他足资证明的单据等；转账方面，如转账凭单、转账证明单及会计报告书表等。记账凭证又分为现金收入传票、现金付出传票、转账传票、分部转账凭单，传票根据原始凭证编制凭单，原始凭证是根本，但原

---

① 重庆市档案馆，《采矿股、机电股、账务股、会计室等有关文件、矿桐公路通车报告、矿与交通银行互函矿公司员工消费合作社章程》（义大煤矿公司），重庆市档案馆，0247*1*18，1943—1945年

② 《合作消息》，《重庆合作》，1943年第7期，第8页

始凭证若"（一）未照前项规定经总经副理及会计组盖章批发者；（二）事项关系人（即经手人点收人或验收人）应盖章而未盖章者；（三）书据未写明'沙坪坝消费合作社'抬头者；（四）书据之数字或文字涂改未经原出据人盖章证明者；（五）书据并表示数量单价金额之数字不符或文字与码字不符者；（六）仅有发表而无收据或发票上又未盖号名之'收讫'图章或俱书'收讫'未盖印章者；（七）与法令不合者"不得编制传票。

3. 记账结账程序的规范化

规定会计人员根据原始凭证编制传票，手续未完备则传票不得记账，遇有簿表缮写错误，应于错写之处划细微紧密红线双行注销更正，在注销数字的红双线末端（右）盖章证明，不能以刀挂皮擦或涂减；各项账表不应划线之处误画线条时，在线条两端作 × 记号以注销并盖章证明；簿内重要空白页数将空白各页划交叉线注销，遇误空一行须将误空行划线交叉线注销，并在交叉线中心点盖章证明；结账方面，现金日记簿结算规定如下：

（一）本账记载完毕后将收付两方各结总数记于页末最后第三格，并在摘要内收方写"本日共收"，付方写"本日共付"字样；（二）收昨日现金结余数字记入收方页末最后第二格，并在摘要栏内写"昨日结存"字样；（三）将本日共收与昨日结存相加，其总数分写于收付栏内页末最后一格，并在摘要栏内各写"合计"字样；（四）将合计数字栏内减除本日共付数字即为本日库存现金之数，此数应用红笔记于付方页末最后第二格并用红笔在付方摘要栏内写"本日结存"字样；（五）前项手续完清，设应于账簿上剩余行格以斜红线一道划销之，并在收付总数上划平行红线一道，合计数之止再划红线一道，合计数之下划红线二道以关销。①

---

① 《保证责任重庆市沙坪坝消费合作社会计规则》（修正版），《沙坪坝消费合作社三周年纪念特刊》，1943 年 9 月，第 113—124 页

　　不难看出，记账程序、明细科目的详细规定保证了计量的客观性、真实性与准确性，同时也不失操作性。可以说，沙坪坝消费社会计规则明确了会计人员职责，有利于加强财务监管，对当时法规体系进行了有益补充。

　　为统一各社会计规则及应用账表，重庆市社会局要求各消费社遵照经济部颁布的"合作社会计规则丙种""重庆市消费合作社会计规则""消费合作账簿表单之应用及记法说明书"予以严格执行。《重庆合作》杂志社还对会计知识进行了不遗余力宣传，向各社散发会计专号供其参考，并将账表格式统一交由市消费联合社大批印发。[1]1944年4月15日，重庆市四十五消费社会计人员讨论会议决，会计人员"不得徇情作帐"，否则"负赔偿责任"，还要求货品进购应"数量记载清楚，于月终盘查存货时，尤应切实监督点验"，并负责编制折损明细表等。[2]1945年，四川省要求"树立会计制度，颁划一合作社会计制度"，即："一、统一合作社会计账表供应；二、训练合作会计人员，指导记载方法，并按期呈报县市合作主管机关备查；三、厉行稽核制度"。[3]约而言之，这些会计规定、会计规则无疑有利于发挥会计监督管理职能，改善财务混乱状况，还可避免会计人员虚报造假，一定程度上完善了消费社财务管理制度，保证了各种经费的合理使用。

① 《重庆市三十二年度合作事业》，《重庆合作》，1944年第3卷第1—2期，第4页
② 《重庆市各镇消费合作社会计人员讨论会记录》，《重庆合作》，1944年第2卷第5—6期，第9—10页
③ 《川明年度合作计划》，《新新新闻》，1944年11月24日，第10版

第六章 个案研究——以重庆市沙坪坝消费合作社为中心的考察

沙坪坝消费合作社虽非重庆市最好的消费社，但在乡镇消费社中却具有典型代表意义。与其他乡镇消费社相比，沙坪坝消费社经营状况良好，存续时间达四年之久。沙坪坝消费合作社特别重视社职员品德、联络相互感情、财务收支管理、供货监管，并严格按照章程规则办事，这也是它成为国统区内经营状况最好乡镇消费社的重要原因，因此对于它的发展轨迹进行梳理有助于我们了解乡镇消费社的经营管理状况。本章主要围绕沙坪坝消费社经营状况、经营管理展开，并在此基础上做一些简单评析。

第一节 沙坪坝消费合作社成立及发展概况

抗战时期的沙坪坝是重庆市文化之区，区内学校林立，人才云集，为合作社的创立与经营奠定了坚实的人才基础。此外，时人创办《沙坪杂志》积极从事合作思想宣传，并利用各种机会向文化素质较低者传授合作知识。1939年冬，由139人负责筹组沙坪坝消费社，目的"不仅为了解决少数人经济问题物质问题，并且想以事实来证明合作功能的伟大"。1940 年 1 月 18 日，沙坪坝消费社正式成立，社员百分之八十为各大学教授，理事主席、总经理分别由胡焕庸、吴朗西担任，三十四名青年负责具体实务工作。从社内顾问名单可以看出，其中不乏合作界名流及政治界人士，包括包华国（社会局局长）、何廉（南开经济研究所）、吴克刚（社会部）、段锡朋（中央训练委员会）、翁文灏（经济部）、章元善（中国国际救济委员会）、张伯苓（南开大学）、张洪沅（重庆大学）、寿勉成（社会部合作事业管理局）、熊祖同（经济部日用必需品管理处）、郑达生（经济部燃料管理处）、谭熙鸿（经济部）、顾孟余（中央大学）等人，[①] 这些顾问文化素质较高，合作意识浓厚，可称一时之选。社员主体由重庆大学、中央大学教师构成，如张伯苓、胡焕庸等人均为重庆市文教界知名人士，[②] 同时与政府人士包华国、吴克刚等人交往甚密，沙坪坝消费社在获取政府支持方面，优势因此自然明显，这也是后来消费社发展迅速的重要原因。

　　经营之初，沙坪坝消费社社员及家属深感合作社"不是买卖的交易"，而是"很亲切的交换友谊的情感"。然而，经营不久即面临各种困难，预定五十担大米因碾米厂经营不善而破产，合作社付给流动资金三分之一定洋因此损失。又因"一面在继续涨价，社员很需要米，一面不能做米的业务，而且其他的物资又没有增加"，合作社"不免有门庭冷落"之感，社职员均"感到不安"。业务活动虽未停止，但不幸之事却接踵而至。1940 年 7 月 4 日，日机"狂炸文化区，烧夷弹波及于煤栈"，总经理吴朗西带人担负"跳水爬碳盖土"等社务工作，以"希望救出仅有的煤球和烟炭"，理事主席胡焕庸也亲赴废墟协助抢救，力求将损失降低至最小。8 月 5 日，

---

　　① 《保证责任重庆市沙坪坝消费合作社顾问名录》，《沙坪坝消费合作三周年纪念特刊》，1943 年 9 月，第 60 页
　　② 重庆市沙坪坝区地方志办公室《抗战时期的陪都沙磁文化区》，科学技术文献出版社重庆分社，1989 年，第 152 页

消费社开始发售平价米，一定程度满足了社员物资生活需要。[①] 鉴于困扰消费社的主要问题是资金的"短拙"，因此沙坪坝消费社工作第一步即是"引起社员的信任"，第二步"增加社外的信用"，即依靠理事会借款及赊欠货物，实现外部资金为社内全部资金一倍以上的目标；第三步培养社外信用、"加强社员信任"，兼办信用部，争取在三月内资金总额达到一百万元；第四步完全"得到社会的同情"，进而促进整个国民经济建设的发展。[②] 按照四步方针运营的同时，沙坪坝消费社一开始还极为重视社职员道德品质，追求办事手续简单迅速，注意社职员之间的联络，并严格按照"人人为我，我为人人"原则办事，要求职员注意进货价格、需求量以引起社员购买兴趣，并积极推行发票制度以促进工作迅速落实，进而节省费用、增加盈余，最终实现社员的普遍化。[③] 然而，1940 年业务计划未能按期完成，原因在于：首先，人才缺乏。理监事之下工作人员"每晚工作至午夜，尚不能完成一日工作"，社务"繁冗及人力之不够"，这实为"专门之工作人员之不能或无力延聘为其唯一原因"。加之初创之期，"拙于资金，对内基础未稳，对外信用未立，全部工作人员全赖于友情以维系"；胡焕庸、吴朗西等虽"谆谆善导""督导有方"，但各组工作仅是"勉能应付"而已。其次，营业数额小难以吸引社员购买。"限于事实困难及人力不足，未能使各社员得到满足及便利"，营业额尚"全年不满二十万元，平均每社员每年在社内消费额百元"，未能"引起社员对社内物品购买之兴趣"。再次，进货困难。因"百物昂贵、物价瞬息百变"，加之资金短少"不能向产地或生产者直接购进"，消费社进购货品因此十分有限。最后，一些社员及其家属合作意识淡薄。由于"创设于陪都文化区域"，社员教育程度水准

---

① 刘崐水《三年工作的追忆》，《沙坪坝消费合作社三周年纪念特刊》，1943 年 9 月，第 13—14 页

② 刘崐水《我们怎样经营沙坪坝消费合作社》，《消费合作》，1944 年第 1 卷第 1 期，第 11—13 页

③ 《有限责任重庆市沙坪坝消费合作社二十九年度业务报告》，重庆市社会局《重庆市合作事业一览》，重庆市社会局，1940 年，第 34—35 页

实非"其他一般合作社可能比拟"，取得的进步即是"深有合作兴趣之大部分社员努力所致"，但尚有一些社员家属对社员履行义务、享受权利"未能全部了解"，导致"购买未能集中"。①

沙坪坝消费社中途虽"屡经挫折"，但因"设法补救"，社务业务"照常进行"，各方面"均有进展"。1941 年，社员增至 1639 人，股金增至 1977000 元。与 1940 年相比，增长较快，详见下表：

表 6-1：沙坪坝消费社 1940 年与 1941 年社员、社股对比表

	社员	百分比	社股	%
1940 年	1501 人	48%	1644500	45%
1941 年	1689 人	52%	1977000	55%

然而，当社员数达到一万以上时，却未能"尽量采购日常必须各物，供应所有社员之使用"。为达到"日常消费能得一合理而经济之解决"，合作社不得不向和成银行"透支借款约五万元"。尽管资金增加了五万元，但"亦无补于事"，不得不凭借所有货物及生产物品"向中央金信托局保险全年三万六千元"，连同社股及银行透支向合作金库贷款，百货、食品、南货、油盐、面粉、燃料、文具等因此"皆得相当购入，以资供应"。购货除向全国合作物品供销处、农本局福生庄、各工厂接洽外，"于不得已时向各大公司接洽"，全年进货总额、销货总额与 1940 年相较增长迅速，分别达到五十二万、六十八万余元。前后两年购销货物的具体情况如下表所示：

表 6-2：沙坪坝消费社 1940 年与 1941 年进货销货对比表

项目	进货总额	%	销货总额	%
1940 年	170168.50	24%	186688.63	23%
1941 年	526468.67	76%	688028.33	77%

① 《有限责任重庆市沙坪坝消费合作社二十九年度业务报告》，重庆市社会局《重庆市合作事业一览》，重庆市社会局，1940 年，第 35—36 页

清算经营结果，共获毛利 110732.05 元，除去保险费、营业费、社务费、特别开支、空袭损失外，实得盈余 40976.15 元，减除官息年利一分共计 1718.45 元后，红息 39257.7 元。按照章程的规定，社员购物总额在百元以上可得到红息 5.67 元，余则按此类推，具体分配如下：

表6-3：沙坪坝消费社 1941 年盈余分配表

	社员红息	职员酬劳	公积金	公益金	合计
百分比	75%	10%	10%	5%	100%
应得数	294432	39257	3925	19628	392577

按此，社员所得红息甚多，但存留的公积金、公益金较少，导致沙坪坝消费社积累过少而难以扩大经营规模，因此"虽有长足进展"，但预想中的合作事业"尚未见诸事实"，如盐炭面粉类物品因资金短缺"无法整批购运"，重要地区设立分社亦因"资金困难，致成泡影"；延揽人才方面，又因生活指数激增，社职员"每月数十元至百余元之待遇，自不能充分延揽专门人才；即原有熟练员生，亦多以生活不安，另谋他业"。社职员因此希望合作行政机关"加紧合作人员之训练与注意从业人员生活之改进"，尤其希望"各界人士及全体社员时予指导"。[①] 尽管如此，1941 年重庆市乡镇消费社中，盈余最多者仍是沙坪坝消费社，达到了 45600 余元，[②] 远远高于其他乡镇消费社收益。1942 年，盈余总额 141773.03 元，扣除社股股息 4511.16 元后，实际收益 137261.87 元。[③] 合作竞赛之后，各镇社竞赛成绩以沙坪坝消费社得分最高，[④] 成为当时"许多不健全的合作社中的比较可以满意的一个"。[⑤] 沙坪坝消费社进而成为社会部合管局的指定示范社，还在

① 《沙坪坝消费合作社三十年度业务报告书》，《沙坪坝消费合作社三周年纪念特刊》，1943 年 9 月，第 26—28 页
② 《合作消息》，《合作业务通讯》，1942 年第 17 期，第 6 页
③ 《有限责任重庆市沙坪坝消费合作社盈余分配案》，《沙坪坝消费合作社三周年纪念特刊》，1943 年 9 月，第 59 页
④ 《合作消息》，《重庆合作》，1943 年第 7 期，第 8 页
⑤ 《战时消费合作的使命》，《沙坪坝消费合作社三周年纪念特刊》，1943 年 9 月，第 5 页

业务区域内的汉渝路设立了第一分社。[①]

　　沙坪坝消费社发展"略具成绩"，但依然存在着"办不好"的讥评。如有人认为消费社在三年间虽不断发展，但离实现社员一般需求的"圆满供应"，实在"差得很远"；从盈利额度看，1943 年每月平均营业额达到六十万元，全镇内四千多学校、工厂等单位的人口不少于五万人，平均每人每月消费不过十二元，分次增股"还是有限"。同时，合作社尚存两种困难："第一，必需的物品不能充分配购供应。第二，有关社员福利的事业，无法举办。"[②] 事实上，沙坪坝消费社在物资奇缺、物价猛涨的条件下，短短三年之内能取得如此成绩实属难能可贵。经过一段时间发展之后，吴朗西甚至主张建立合作食堂，即"稽核各学校工厂的伙食团，组织一合作食堂委员会"，负责经济出纳保管、米炭购买、肉类菜蔬生产、厨役监督管理、食堂设备管理等工作；消费社还建成合作新村一座，尽管"资力有限，房屋很少"，实是居住合作的一次有益尝试；消费社还积极推动保育合作事宜，欢迎"儿童保育工作热心而有经验之社员"参加。1943 年，还增设了生产部、信用部。[③] 沙坪坝消费社成立三年后，"规模宏大，组织完密，业务甚为发达"，实因"政府当局之奖掖扶持，办事人员之经营有方，以及社会人士之热心爱护"而成。吴克刚则将成功原因归结于多数社社职员"互相原谅，共同培植"之结果，[④] 如理事主席胡焕章"平时督导该社极严"，即使担任中央大学教务长之际，每逢星期日照常到社"召集主要职员，查询不稍松懈"。[⑤] 截至 1944 年 8 月，沙坪坝消费社余额存款明显增多，详见下表：

---

　　① 《沙坪坝相国寺二消费合作社增设分社》，《消费合作》，1945 年第 1 卷第 7—12 期，第 83 页
　　② 吴朗西《沙坪坝消费合作社前途的展望》，《沙坪坝消费合作社三周年纪念特刊》，1943 年 9 月，第 11 页
　　③ 吴朗西《沙坪坝消费合作社前途的展望》，《沙坪坝消费合作社三周年纪念特刊》，1943 年 9 月，第 11—12 页
　　④ 《战时消费合作的使命》，《沙坪坝消费合作社三周年纪念特刊》，1943 年 9 月，第 5 页
　　⑤ 《合作消息》，《重庆合作》，1942 年第 2 卷第 6 期，第 8 页

表6-4：沙坪坝消费社 1944 年 8 月储蓄余额表 ①

单位：元

储蓄类别	金额
活期存款	312250.45
特种存款	106688.79
定期存款	1005999.04
纪念存款	142300.00
口知存款	69877.30
暂时存款	454610.00
合计存款	2091725.58

在沙坪坝消费社影响下，其他消费社纷纷成立，社员分布从沙坪坝学校区域开始扩展至整个沙磁文化区，甚至连歌乐山也有消费社的个人社员与团体社员。截至 1944 年，沙磁区共有社员 5524 人，资金总额达 914932元，经营范围从最初单纯销售货品逐渐延伸到生产、供应、信用等业务，进货范围也突破了重庆市主城区域，开始在遂宁、达县等地进货。正因经营管理日臻完善、业务日渐扩大，沙坪坝消费社成了全国消费社的示范社。②

第二节　沙坪坝消费合作社的经营管理

沙坪坝消费社发展如此之好，实与组织结构安排合理、职能划分明确、社员品德较高、重视财务收支管理与业务训练密切相关，同时也是消费社一直加强社内自律的结果。本节主要围绕沙坪坝消费社简章、经营规则办法展开，在梳理其职能结构、社务管理的基础上分析沙坪坝消费社的经营

---

　　① 《沙坪合作》，第 11 期，参见重庆市沙坪坝区地方志办公室《抗战时期的陪都沙磁文化区》，科学技术文献出版社重庆分社，1989 年，第 153 页

　　② 　重庆市沙坪坝区地方志办公室《抗战时期的陪都沙磁文化区》，科学技术文献出版社重庆分社，1989 年，第 152 页

管理思想。

一、管理结构与职权划分

沙坪坝消费社发展到一定阶段后，以团体名义加入者有中央大学、重庆大学、南开中学、中工职校、省职女校、中国药产提炼公司、第六诊疗、毛职厂生产合作社、军委会政治部印刷厂、红十字会、电力公司沙坪坝办事处、经济部平价购销处沙坪坝煤站、大西南制药厂、重庆医院、第六收容所、经济部中工制革鞣料厂、重庆窑业原料工厂、国华药厂、大华铸造厂、昆仑纸厂、三民机器厂、心绥皮革公司、军委会电机修理所等二十六处。[①] 正因团体社员社日渐增多，业务经营管理颇成问题。为了加强业务监管，沙坪坝消费社实行经理责任制，正副经理下分设会计、总务、营业、进货四组，各组分设主任一人专司各项应办事宜。各组"因人数较多，消耗较大"，开始缩减人员至十七人，具体如下：经理（正副）各一人，（一）会计组（主任一人）（1）出纳（事务员一人）（2）收款（事务员一人）（3）助理（事务员一人原为二人）；（二）总务组（主任一人）（1）文书（事务员一人）（2）庶务（事务员一人）（3）仓库（事务员一人）（4）人事（主任兼）；（三）营业组（主任一人）（1）营业（练习生六人原为十六人）（2）调查（主任兼）；（四）进货组（主任一人）（1）进货（经理与主任兼）（2）调查（经理与主任兼）。[②] 在此基础上，消费社又对各组及职员责任进行了细分，规定主任记录每日工作经过，职员办理各组部具体事务；采购组采购部分负责各类货物及原料批购、各类货物样品征集定制、代销或代购货物接洽、押运、运输、交涉、转运及报关缴税等事项；调查部分执掌物产产销调查、货物价格变动调查、货物涨落调查及其他采购调查；统计部分负责零售物价、采购物品统计及其他采购统计事宜；生产部执掌

---

① 《沙坪坝消费合作社三十年度业务报告书》，《沙坪坝消费合作社三周年纪念特刊》，1943 年 9 月，第 26—27 页

② 《沙坪坝消费合作社三十年度业务报告书》，《沙坪坝消费合作社三周年纪念特刊》，1943 年 9 月，第 26—28 页

物品加工制造、货物改装分零及其他市场事项；总务组文书部负责文件拟缮收发及档案保管、股票填发、社员入社退股登记、职员任免迁调、请假考绩登记、会议召集及记录、社事公告、股票填发等；人事部负责人事升调、薪给、奖惩、请假、恤养、登记、保证书履历表审查与保管等事项；保管部负责供应物品的仓储、物品整理包装加工、物品供应与保管事宜；庶务部负责工役管理调拨、业务用具物件与图书购置保管、印刷分发、膳食、训练进修等事项；公用部执掌社员用具或设备购置、供需物品或工具代办管理；会计部负责会计规程账表单据编订、决算账表编造、主要帐及有关补助账登记、日记表月计表编造等事项。① 正因各组各部分工清晰明确，严格履行自身职责，沙坪坝消费社社务业务才得以迅速发展。

与其他乡镇消费社不同的是，沙坪坝消费社采取社务、业务并重的经营管理方针，进一步扩大了总经副理权限，规定总经副理综理社务业务，监督社职员事务办理，组织各种会议，拥有批准议决权与最后决定权；各主任遇有重大建议或措施时，必须通过书面形式呈请总经副理同意之后才能施行，一切对外公牍、报告、契据等未经总经副或常务理事主席签字盖章也不能发生效力；总经副理还有权要求各组部协调办理各项事务，负责核定不同意见、批阅存查社务费用、按月造具统计表、核批购置日用物品等；与此同时，对社职员的规定也更为严格，要求社职员对机密事务及未经公布公文函电负守密之责，按规定时间作息，不迟到早退，非因婚丧疾病不托问请假；办公时间内除因公接洽外，接见宾客时间不得超过十五分钟。此外，会议形式日渐齐备，常务理事会议之下设工作会议、业务会议、谈话会、临时会等，其中工作会议负责业务设计、工作检讨以及各组部联系等工作，会议每半月举行一次；业务会议每月两周举行一次，要求社内全体社员共同出席；谈话会目的是"增进工作兴趣，提倡业务正当娱乐"，

---

① 《沙坪坝消费合作社办事细则》，《沙坪坝消费合作社三周年纪念特刊》，1943 年 9 月，第125—132 页

每二周举行一次，进行演讲口技音乐等娱乐活动，[①] 这些活动增进了社职员之间感情与合作社的组织凝聚力，使得社职员的联系更趋紧密。

理监事职权方面，与其他相关法规十分类似。《重庆市沙坪坝消费合作社理事会办事细则》规定，沙坪坝消费社理事会由十一名理事组成，[②] 要求理监事之间加强协作，"一、理事或监事之一方不能单独处理事项之共同决定；二、社务业务及财产上变更事项之共同决定"。[③] 为克服经营人才缺乏的窘境，沙坪坝消费社还特别开设初级业务人员训练班培训人才，同时通过谈话会、业务会、同乐会与读书会"随时给以进修的机会"，[④] 不断提高了社职员的经营管理能力。

二、注重社职员品德、融洽社职员感情

沙坪坝消费社经营之好还与严格用人制度密切相关。沙坪坝消费社经营遵循三条用人原则：品德第一，能力"次之"；具有上进心，须是"忠厚人"；具有事业信心。他们相信技术人才"不一定肯为本社作久远的功效，对于事业有认识有信心，虽然技术进步较缓，才有牺牲公正的精神"进行服务。[⑤] 为增进社职员之间的感情，1944 年 10 月 11 日，沙坪坝消费社第五届第五次常务理事会通过了《重庆市沙坪坝消费合作社公用部社员交谊室简则》，确定交谊室以"增加社与社员间之联系并协助社员间之交谊"为宗旨。规定在供应部交易时间内开放的交谊室提供各类书报杂志及茶水供给社职员及其家属自由阅取。为方便社职员之间的交流，社内喜庆事宜时还举行茶会交流，但同时也有条件限制："1. 在下午四时以后之四小

---

① 《沙坪坝消费合作社办事细则》，《沙坪坝消费合作社三周年纪念特刊》，1943 年 9 月，第 125—132 页

② 《本社理事会办事细则》，《沙坪坝消费合作社三周年纪念特刊》，1943 年 9 月，第 75 页

③ 《本社社务会议简章》，《沙坪坝消费合作社三周年纪念特刊》，1943 年 9 月，第 75 页

④ 刘崑水《我们怎样经营沙坪坝消费合作社》，《消费合作》，1944 年第 1 卷第 1 期，第 11—13 页

⑤ 刘崑水《我们怎样经营沙坪坝消费合作社》，《消费合作》，1944 年第 1 卷第 1 期，第 11—13 页

时内举行者；2. 最多不超过三十人者；3. 为一般交易联系及学术讨论者；4. 不作浪费行为而能履行节约者。"此外，交谊室对大多利用者"概不收费"。[①]

三、重视财务收支管理

为加强财务收支管理，沙坪坝消费社特别拟定《支出凭证单据规则》。《支出凭证单据规则》规定，购买杂货物品除必须取得商店货单、附正式收据外，还必须遵守：

（1）在发单上须注明物品之种类数量单价及共计数，如有折扣并须注明折扣数及实收数；（2）发单上须注明商号地址，购买时年月日及附款本社名称；（3）发单须由经手人及货物仓库管理员、杂货为总务组物品出纳员验收后署名盖章，并注明货物种类及杂物用途，如满五千元以上时，并须通知会计派员验明；（4）单据之记载文字不得用铅笔写，字迹应缮写清楚，不得涂改，纸张亦须整齐；（5）各项单据应按国难时间印花税率贴组印花（惟物资供应机关及联合社所开，发票不在此列）；（6）如不另开收据时，其发单上必须加盖该商号公司之图章，填写收讫两字以示收讫。[②]

可以看出，支出凭证单据规则是会计规则的进一步细化，完善了会计凭证具体内容，明确了支出凭证填写的具体要求，同时也规范了会计人员的行为。

与此同时，《沙坪坝消费合作社办事细则》在《本社支出凭证单据规则》的基础上又进行了详细说明，明确了各组部收入支出票据报表的使用。例如，规定供应部营业收入凭各柜分类计数单，供应部分或全部收入凭门

[①] 《重庆市沙坪坝消费合作社公用部社员交谊室简则》,《沙坪合作》, 1944 年第 11 期, 第 12 页

[②] 《本社支出凭证单据规则》,《沙坪坝消费合作社三周年纪念特刊》, 1943 年 9 月, 第 124 页

市分类结单，公用部名类收入凭收入或转账传票，生产部各类收入凭收入或转账传票，信用部各类收入凭收入或转账传票，总务股各类收入凭各式日报表，采购组各类收入凭进货单及收入票单，会计组各类收入依照分别科目审核单据制成收入传票或转账传票；就拟定签发款项支出票据方面，规定总务组各类支出事前必须有预算及请购单，核准后领用预付金再凭发票收据等送会计组缮制传单账或由出纳员支付，采购组支出事前填就采购单，经核准后领用预付金，再凭发票收据定单等送请会计组缮制传票转账或由出纳员支付，会计组支出照规定分别科目审核单据，单据制就支出传票或账单传票；同时还规定总务上的零星费用必须事前领零用现金支付，支票支出一万元以下必须领用来人支票，一万元以上五万元以下特用记明支票付给，五万元以上必须由收款人直接会计具领不得替代，各类支出由出纳员分类列账记载并编制收支日报表送经理审核。[①]可以看出，规定详细而具体，规避风险意识明显增强，严格了财务管理与会计管理。

为保证合作新村资金租赁安全，按照沙坪坝消费社公用部合作新村租赁契约的规定，房屋利用费必须先行缴纳决不拖欠，并且必须一次性缴清保证金，同时邀请社员二人作为连带保证人；拖欠利用费、违反社章、合作新村章程致房屋遭受损失时，保证人负完全责任；租赁期间另招他人同居时，必须将同居人履历提交理事会，并征得其同意，必要时增加利用费或保证金；若房屋及附属品或公共设备毁坏遗失，必须恢复完原状或赔偿费用；同时，违背社章、合作新村章程及《租赁契约》时由理事会议决处理或解除契约。[②]

四、加强供货监管与货品自行生产

沙坪消费社经营货品以平价米为限，供应对象包括："甲、抗战军人为

---

① 《沙坪坝消费合作社办事细则》，《沙坪坝消费合作社三周年纪念特刊》，1943年9月，第125—132页

② 《保证责任重庆市沙坪坝消费合作社公用部合作新村租赁契约》，《沙坪坝消费合作社三周年纪念特刊》，1943年9月，第96—97页

限；乙、本社原有社员；丙、领有居住证者；丁、家境确实贫寒有保甲长证明者。"①《供应部售货规则》对此进行了修正，规定以社员及家属、团体社员及家属为售货对象。货品销售以实价计算，暂以贩售为经营原则。为避免套购、竞购现象发生，严格限制社员购买量，并按照政府与理事会的规定进行特种售价办理；货品分配方面：按照各社员售货额比例分配；按照社员人数平均分配；按照各社社员家属人数比例分配；按照特种登记先后轮回分配；按照调查社员需要量比例分配。遇货品不敷分配时，则"一、根据社员人数实行抽签法；二、根据社员号数轮流之；三、预告时日当众分配之；四、预定方式到期通知之；五、由理事会决定之。"从减轻消费社运营风险角度考虑，消费社还严格限制社员退货，即使遇必须退回时，社员也必须立收款收据、申明果品名称数量单价总额，在加盖社员私章经副理批核后才能退款。②

　　为了满足社员多种生活需要，沙坪坝消费社尤为重视货品的自行生产，为此特设生产部，负责文具、食品、缝纫、皮革、药品的制造加工，仅是在必要时才接受非营业合作机关承制之物品。生产部内设立工务、制造、科技、会计、办事员若干负责具体事务，制造厂所根据业务需要设立厂所指导员一人，同时招收练习生或艺徒进行训练；工务股负责工人管理、工具保管、工厂设备设计事宜，采购、供应两组主任共同决定批售价格。为激励技术人员创新，消费社还给予技术人员一定的技术津贴或奖金。③当然，沙坪坝消费社并不排除向承销厂商进货，反而强调两者之间应密切合作，要求合作社与承销厂双方"站在互惠地位"进行合作，消费社向承销厂"报告销售状况，社员心理及贡献应予改良之处"，厂方设法"减低成本，增加产量"，价格由双方共同商定，以不高于批发价格为原则；厂方必须给承销人一定的应得利润，标准是售价百分之十，遇市面涨落随时增

---

　　① 《本社经售平价米简章》，《沙坪坝消费合作社三周年纪念特刊》，1943 年 9 月，第 82 页
　　② 《本社供应部售货规则》，《沙坪坝消费合作社三周年纪念特刊》，1943 年 9 月，第 88—89 页
　　③ 《本社生产部章程》，《沙坪坝消费合作社三周年纪念特刊》，1943 年 9 月，第 97 页

减；当承销人大量供给易销货物时，社方不允再进同色、同质、同一用途货品。不过，意外风险除轰炸损失另议办法外，其他各种意外损失概由社方负责。[①] 在战时遭遇意外可能性较大的环境下，这一规定无疑增加了消费社的经营风险。总体而言，正因严格执行相关规定，四年间的社员生活"改善至八十倍左右"，提高了经营效率，如社职员工作时间已由"十六小时减少到十二小时"。[②]

---

① 《沙坪坝消费合作社承销厂商出品简章》，《沙坪坝消费合作社三周年纪念特刊》，1943 年 9 月，第 82 页

② 刘崑水《我们怎样经营沙坪坝消费合作社》，《消费合作》，1944 年第 1 卷第 1 期，第 18 页

第七章　四川消费合作社的历史意义与现实困境

在民间舆论倡导与实践的共同推动下，国民政府通过国家立法支持消费合作社发展，期望包括消费社在内的各种合作社："一、以合作方式组织民众，集中民众力量，消除一切反民众利益之恶势力，以建立真正之民主政治；二、以合作系统实现统制经济，抵制剥削民众之资本经济，以建立有计划有秩序之新经济机构；三、以合作组织统一民众意识，打破一切欺骗民众之错误观念，以建立适时代之新文化；四、在统一意志整齐步伐条件之下，根据上述原则，以谋中华民族之复兴，并谋整个社会之改造"。[①]在国民政府与社会各界的共同努力下，消费社取得了显著成效，一定程度上适应了战时政治经济的需要。但由于通货膨胀日益严重、资金支持有限、政府监管不力以及管理人才缺乏等因素的制约，国民政府推行的消费合作运动事实上并没有达到上述预期目标。

第一节　四川消费合作社的历史作用

抗战爆发后的四川消费合作社在国民政府推动之下，一定程度上减轻了城镇公教系统及普通居民的生活压力，保证了城镇公教系统的正常运转，

---

① 　侯哲荦《合作理论》，黎明书局，1937年，第199—200页

满足了一些普通居民最基本的物质生活需要，同时发挥了平抑物价、调剂物资的经济功效，爱用国货的倡导又激发了社职员的爱国热情，为抗日战争的胜利做出了巨大的贡献。

一、消费社发展迅速，适应了抗战需要

随着包括消费社在内的各种合作社不断发展，合作运动日益"普遍化"，合作风纪日益社会化，社员合作意识、民主意识也普遍得到增强，开始主动"弹劾经理，稽查账据货物"，通过告密检举与善意建议促使督导人员"不敢蔑法违及大众旨意行事"。由于消费社进购货物均有一定保证，成都市一定时期内尚无"如商场中暴涨，囤集操纵，图发横财，以图私欲的恶劣现象"。[①] 从增长速度与数量上看，消费社与生产社"皆有迅速之发展"，自 1937 年至 1944 年 4 月底，消费社在各类合作社中所占百分比已由 0.4 % 增至 11.7%。[②] 截至 1943 年底，重庆市各镇消费社每社"至少者九百余人，间有一千余八十二千余人者，而以沙坪坝消社之五千余社员为最多"，其中"千余社社员者占多数"。从社员与乡镇户的比例来看，乡镇社"有百分之五十加入合作社者，有百分之八十加入合作社者"，虽"全数加入合社尚未见到"，但"至少亦有百分之五十户加入合社"。极少数不加入者也仅是因为："（1）离合社社址太远；（2）觉加入合社不能买到其多物品；（3）合社过去数次经营均亏损失败，一部分市民不愿加入；（4）对合社不感觉需要。"[③] 截至 1943 年 6 月底，成都市公教消费社 27 个，消费社联合社 1 个，单位社 75 个，其中团体社员 58 社，个人社员 103023 人，社员股金 2580551 元，提倡股 1701000 元，股金总额 628551 元；镇社 60617 户之中消费社就占到了 13675 户，占全市总户数的 75% 以上，按每户平均人口四口半计算，共计 334374 人，占全市总人口的 73%。[④] 1944 年，重庆

---

① 章国殿《成都市合作事业剪影》，《新新新闻》，1943 年 7 月 3 日，第 12 版

② 《合作消息》，《重庆合作》，1944 年第 2 卷第 5—6 期，第 20—21 页

③ 《重庆市各乡镇合作社调查总报告》，《合作业务通讯》，1943 年第 24—25 期，第 8 页

④ 《合作消息》，《重庆合作》，1944 年第 2 卷第 5—6 期，第 20 页

江北、四方井镇等消费社"营业尚称不恶",[①]加入重庆市消费合作联合社的社员数"达六十余社",社员及家属人数"占全市人口有百分之七十以上"。[②]透过这些数据不难发现,快速发展的消费社,一定程度为公教系统及城镇居民提供了最基本的物质生活需要,优化了战时有限物资的配置,间接地支持了前方军事抗战。

二、减轻了社员负担,增强了爱国感情

消费社配合了国民政府经济政策的实施,一定程度上平抑了物价。如成都市合作指导室命令,各消费社、乡镇社"承销平价食粮照批价加十分之一,发售红利不得擅抬物价,严禁对非社员交易",否则,除查处之外,还"取缔今后承销平价物资权利"。[③]据不完全统计,合作主管机关除平价购领与折发代金外,1943年至1945年免费配发谷5920万石、麦828万余石,[④]无疑这些举措一定程度保证了公教系统、普通居民的粮食供应。因消费社货品销售价格采行高于成本、低于市价原则,由下表可见,社员从中得到的实惠从几十元到上百元不等,还在一定程度上节省了社员开支,改善了社员生活。

表7-1：全国合作社物品供销处最近所售物品价格与市场价格比较表[⑤]

（1943年7月）

货品名称	花色牌号	单位	市价（元）	本处价（元）	本处价低于市价之金额	百分比
纺绸衬衣	—	件	540.00	300.00	240.00	44.44

---

① 《合作消息》,《重庆合作》,1944年第2卷第5—6期,第20页
② 吴朗西《发刊词》,《消费合作》,1944年1卷第1期,第1页
③ 《成都市政府公报》,《工作报告》,1943年第2期,第31—32页
④ 抗日战争时期国民政府财政经济战略措施研究课题组《抗日战争时期国民政府财政经济战略措施研究》,西南财经大学出版社,1988年,第50页
⑤ 社会部合作事业管理局《全国合作社物品供销处第三期处务报告》,1943年8月,重庆市图书馆馆藏,第12页

货品名称	花色牌号	单位	市价（元）	本处价（元）	本处价低于市价之金额	百分比
黄卡机短裤	—	条	220.00	185.00	35.00	15.91
斜纹布短裤	—	条	195.00	175.00	20.00	10.26
男线袜	金狗	打	900.00	650.00	250.00	27.78
遂宁二号毛巾	裕华	打	380.00	300.00	80.00	21.05
牙粉	市场三星牌本处凤凰牌	100包	200.00	80.00	120.00	60.00
肥皂	市场坚固连皂本处人人连皂	60连	795.00	550.00	245.50	30.36
肥皂	市场坚固元皂本处人人元皂	100块	1202.50	620.00	582.50	48.44
酱油	市场天味酱油本处人人酱油	担	750.00	600.00	150.00	20.00
酱油	市场天味酱油本处人人胜利酱油	担	550.00	400.00	150.00	27.27

（说明：一、表列各项物品是本处七月份所售物品中之一部。二、百分比是以市场价格除本处售价低于市价之金额。三、凡本处所售物品花色牌号之为市上所无者相等者比较之。）

在政府支持下的重庆消费合作联合社，经营纯益明显增加，如下表所示，1946年1—6月，扣除各项开支之后达到了6041201.23元，盈余增加意味着社员分配收益增加，自然减轻了社员社的经济压力，有利于稳定公教系统及普通市民的生活情绪。

表 7-2：重庆市消费合作社联合社损益概况表 [1]

（1946 年 1 月 1 日至 6 月 15 日）

摘要	小计	合计
收益类		
投资收益	9600.00	
代办收益	512699.39	
增值收益	7000000.00	
收益总额		7522299.39
损失类		
各项费用		
总务费用	9424289.92	
财产费用	4095465.70	
保险费用	93750.00	
损失总额		13563500.62
本期纯益		6041201.23

　　同时，消费社优先购销国货、抵制外货的倡导有利于培养社职员的爱国感情。实际上，时人早就意识到消费社可"杜绝仇货"，发挥"推销国货土产的作用"，平时可成为"保护自身利益的组织"，战时则是"保护国家和社会全体经济利益有力的机关"，为此要求有计划地抵制仇货与推销国货。[2] 四川省农村合作委员会也指出，经营物品应尽先利用社员产物，然后利用国货，严禁销售洋货。[3]《成都市消费合作社推行方案》也规定，进货"应迳向物品制造者或生产者农业产销合作组织批发合作社国货公司切取联络直接交易"。[4] 川康盐管局府岸盐务处职工消费社购进布匹即"概

---

　　① 《重庆市消费合作社联合社向市合作金库介入中农行转贷紧急贷款国币八千万元运用结果报告及偿还计划》（1946 年 6 月 15 日），重庆市图书馆藏，1946 年

　　② 竹马《赶办战时消费合作社》，《农村合作旬刊》，1937 年第 2 期，第 4—6 页

　　③ 四川省农村合作委员会《合作指导手册》，1937 年 10 月，第 50—52 页

　　④ 《成都市消费合作社推行方案》，《成都市政府月刊》，1941 年第 1 卷第 1 期，第 77 页

以国货为限"。[①]1943年冬，易善兼也认为合作社"要严守销售国货原则，不能供给洋货"，因为供给洋货"不但使社员尚奢侈，且有倾覆国民经济，丧失国家权利之危险"，提倡国货可"挽回利权发展国民经济"。[②]购销国货观念的倡导，无疑有助于激发社员购买国货的爱国热情，从精神上极大地支持抗战，一定程度上适应了战时政治经济环境需要。

第二节　四川消费合作社的运营困境

抗战爆发后，四川省消费社无论数量还是规模上均取得了较大成绩，一定程度满足了城镇公教系统、普通居民物质生活需要。但由于全面抗战后社会政治经济大环境的恶化，消费社运营面临诸多困境，如"人事变动较大，且动受主管长官和总务人员的干涉"，机关社业务区域"混处于镇合作社范围之内"，普遍存在与镇社业务"重复"现象，同时又有"一人兼职数处者"，或"一人同时加入几个机关合作社做社员的事实"。[③]上述诸多问题明显地影响了消费社的运营效果。1946年，有人甚至极端地认为，消费社对"整个商业经济亦尚未收改良之实效，致消费者仍受商人之剥削"。[④]之所以出现此类状况，除前已论述的内部运行机制不健全这一原因外，还主要是外部运营环境恶化、物资短缺、政府监管不力、管理人才缺乏、资金支持乏力等因素综合作用的结果。

一、通货膨胀严重，物资供应困难

在国共合作的八年期间，国民政府共发行纸币103190亿元，[⑤]是之前

---

① 《川康盐管局府岸盐务处职工消费合作社登记、调查表、章程、名册、会议程序业务计划、预算书、印模、日用图记的呈报及市府指令》，成都市档案馆，第38全宗，第7目录，第182号，1942年

② 易善兼《合作社销售技术之研究》，《重庆合作》，1944年第2卷第5—6期，第1—2页

③ 曹海秋《六年来重庆市的消费合作社事业》，《消费合作》1944年第1卷第2—6期合刊，第21页

④ 中国合作事业协会《抗战以来之合作运动》，中国合作事业协会出版，1946年，第72页

⑤ 蒋建平、柳思维《中国近代经济史问答》，广西人民出版社，1986年，第249页

的八千多倍。从 1937 年到 1938 年，法币发行速度平均每年增加 40.6%，到 1939 年，平均每年增加 87.2%，1942 年以后则每年平均增加 132.5%。[①]再如，从 1940 年下半年至 1943 年 12 月，货币发行额度突破 100 亿大关，从 107 亿元上升到 754 亿元，物价上涨率从此高于货币发行增长率，到 1944 年 6 月，发行额达到 1228 亿元。[②]抗战胜利后，国民政府准备还都南京，发行货币额度依然逐年成倍增加，一些厂矿企业因此相继破产倒闭。以重庆嘉陵江一带的煤炭、钢铁、机器工业为例，1943 年春就停业了 100余家，18 家铁厂中有 14 家停炉。四家制钢厂中，"一家已停顿，三家只能勉强支撑"。机器工业方面，436 家机械厂到 1944 年只剩下 200 余家，即使剩下者其开工率也不足 50%。[③]到 1944 年 11 月，重庆嘉陵江附近的机器工业只剩下 67 家运转，嘉陵江地区的煤月产量由 8 万吨减至 6 万吨，以致重庆等地大闹煤荒，岷江区的煤产量也由 60 万吨减至 30 万吨。[④]1944年重庆民营工厂总数由 1942 年的 1077 家下降到 533 家，[⑤]日常生活必需品的生产呈逐年下降趋势。由于合作社"各种业务必须平衡发展，布成网的形态方能完成一合作经济之体系，达到改造这个社会经济之目的"，[⑥]货品的缺乏也严重制约了消费社的发展。如重庆市物资供销机关由于"对乡镇消社请求货品批准太少"，导致各社"进货陷于停顿状态之中"，食盐购买及销售数量虽"均有一定"，但菜油"配给太少"，各社"均感不敷分配"。联合社业务经营因范围缩小，消费社"亦少向进货"，生产联社进货"亦属有限"，多数合社不得已只有"向市场零星进货"，消费社的失败很大程度上是因为"无法进货，交易减少"。[⑦]即使是全国合作供销处也因通货膨

① 杨培新《旧中国的通货膨胀》，人民出版社，1985 年，第 34 页
② 中国人民政治协商会议西南地区文史资料协作会议《抗战时期西南的金融》，西南师范大学出版社，1994 年，第 8 页
③ 杨光彦《重庆国民政府》，重庆出版社，1995 年，第 261—262 页
④ 彭明《中国现代史资料选辑》第五册（1937—1945），中国人民大学出版社，1989 年，第 319 页
⑤ 杨光彦《重庆国民政府》，重庆出版社，1995 年，第 262 页
⑥ 寿勉成《我国合作运动之展望》，《合作事业》，1941 年第 3 卷第 1—4 期，第 6 页
⑦ 《重庆市各乡镇合作社调查总报告》，《合作业务通讯》，1943 年第 24、25 期，第 9—10 页

胀难以为继，一些消费社因而失去了可靠的货品来源。同时，由于"不能依其本质性能扩展自己生产"，消费社因此至多"不过成了一片内容贫困的杂货店"，有的"简直假名做投机生意"。[①]

抗战胜利消息传来之后，"物价暴跌为患之烈，实较往日之暴涨为尤胜"，导致"工商业顿行停滞，歇业倒闭"，甚至连资金充裕的工厂商号也已感"应付不易"。[②] 鉴于此，国民政府对合作事业"益加重视，期使加速复兴战后社会经济，安定改善国民生活"，并设立中央合作指导委员会负责指导事宜。[③] 全面内战爆发后，庞大的内战军费使国民政府根本无力顾及消费社发展，加之优惠政策渐次解除，消费社的优势逐渐丧失。1947年，鉴于消费社经营"困难甚多"的情况，社会局开始着手始整理消费社，决定"除原先已经实有成设而作继续存在外，暂不增设"。[④]1948年，中国合作运动纲领将农业合作列为工作的重心，[⑤] 仍然重点推动农村合作社的发展，政府政策重心的变化制约了城镇消费合作社的发展。

二、金融体制制约，资金支持有限

抗战爆发后的消费社在购买货品、运输货品、销售货品过程中，因资金需要量增大、周转速度缓慢、盈余额度低，造成资金积累相对有限，运营压力不断加重。由于"资金的多少，关系合作社业务之盛衰"，合作社基础"完全建筑在资金上面"，资金充足与否直接关系到消费社能否正常运营。在四川各种消费社之中，机关社除社股之外，"大部是由机关措拨专款辅助发展"，资金一般"不大成问题"。市民社却因无"公款来辅助"，资金筹措"颇费踌躇"，认股过多则"市民无力担负"，过少又无法经营，

① 徐旭《合作与社会》，中华书局，1949年，第184页
② 《省市府关于合作金库筹备建立、登记证、纳股金、营业税、建立透支契约、紧急贷款、改进工作的指令、训令》，成都市档案馆，第38全宗，第7目录，第180号，1946—1947年
③ 陈岩松《中华合作事业发展史》（上册），商务印书馆，1983年，第166页
④ 《社会局整理消费合作社今后业务放弃零售偏重批发》，《征信新闻》，1946年第445期，第2页
⑤ 《中国合作运动纲领农业合作列为重心》，《新新新闻》，1948年2月23日，第2版

因此不得不"采缓进政策，分次增股的方法来补充"。[①] 事实上，机关社社员认股能力依然薄弱，重庆市各社之中尽管平均每一社员增缴 135 元，却"未达竞赛标准"。[②] 整体而言，重庆市消费社资金"原极贫乏"，每社股金总额"平均不到五千元"，又因"本身信用未立，无法法外融通"，向批发商零星批购货品"经过了不少的中间人"的盘剥，由此形成的高货价试图"引起社员购买的兴趣，事实不可能"，加之社员和合作社"隔离日远"，合作社因此"多是无法维持"。[③] 总之，各社"除少数资金足敷运用外，大都有捉襟见肘之势"。[④] 甚至连合作行政机构也因经费紧缺而不得不采取"紧缩政策"，导致一时之间合作行政机构"存废难定"。[⑤]

合作金融体制不健全也是制约消费社发展的重要因素。寿勉成指出了当时合作金融存在问题，即"一则旨在营利，二则割裂破碎，三则限于农村，四则额小期短，五则产销不放"。[⑥] 成立的合作金库在"理论上虽甚合理，但与辅设机关之关系，未尽妥善"，因此，"虽系混合经济之性质，却暴露了直接公营之弊端"。[⑦] 1941 年，如下表所示，在四川省 103 个县市中，"直接公营"机关对消费社根本未放一分贷款，消费社存款额度也十分有限，仅有区区 153270 元，[⑧] 这从根本上决定了消费社难以扩大经营规模。

① 张攻非《重庆市合作社组织与指导》，《重庆合作》，1942 年第 1 卷第 3—4 期，第 6 页

② 《合作消息》，《重庆合作》，1943 年第 7 期，第 8 页

③ 曹海秋《六年来重庆市的消费合作社事业》，1944 年第 1 卷第 2—6 期合刊，第 19—20 页

④ 《采矿股、机电股、账务股、会计室等有关文件、矿桐公路通车报告、矿与交通银行互函矿公司员工消费合作社章程》（义大煤矿公司），重庆市档案馆，0247*1*18，1943—1945 年

⑤ 《合作消息》，《重庆合作》，1944 年第 2 卷第 5—6 期，第 19 页

⑥ 寿勉成《现阶段我国合作政策的检讨》，《合作界》，1941 年第 5 期，第 3 页

⑦ 彭师勤《如何树立我国的合作制度》，《合作事业》，1941 年第 3 卷第 1—4 期，第 17 页

⑧ 《充实信用合作社业务》，许昌龄《四川合作事业概览》，四川省合作事业管理处，1941 年，第 90 页

表7-3：1941年四川合作社放款存款金额表

社别	小额放款		各种存款	
	经营社数	金额	经营社数	金额
信用合作社	12890 社	185615300 元	10673 社	79136627 元
生产合作社	38 社	3722800 元	12 社	309480 元
产销合作社	1 社	1238600 元		
消费合作社			4 社	153270 元
其他	71 社	12497034	55 社	6697551 元

　　合作金库的贷款额度也十分有限，1946 年 10 月，成都市各区合作社向市合作金库透支借款分配额度如下：第九区合作社 800 元，第四区合作社 800 元，市合作社联合社 1000 元，第二区合作社 800 元，第六区合作社 800 元，第一区合作社 600 元，第二区四圣祠南街联立保社 600 元，第八区成平街联立保社 600 元，合计 6000 元。[①] 数额之所以如此少，主要在于合作金库"过于顾虑资金之安全"，社员因此"多感失望，每有因借到数额不能如其预期计划，乃转变用途，零星浪费，致失其生产之效用"。[②]

　　与此同时，消费社从银行获得贷款也相当困难。中国农民银行放款办法最初仅"限于专营之生产供给信用"社，对乡镇社而言却"不甚适宜"。相继颁定的法规又规定，无论何种合作社贷款，必须"由农行查核认可之殷实商号作保证始能酌予复核放贷款"，成都市一些合作社因无"殷实商号"担保而失去了贷款机会。直至 1942 年 5 月，农行的放款办法才将"消费公用等放款统一列入"，各镇社消费业务仍因无人担保而不得不"自筹有限资金经营"，但各镇社社员动辄"以数千计兼之"，生活用品"成本高昂，周转自感困难"。[③] 大体而言，一般消费社借款数额较少，期限甚短，重庆

---

①《市府关于各区保合作社透支借款的数量分配表、办理原则、借据的训令、指令》，成都市档案馆，第 38 全宗，第 7 目录，第 288 号，1946 年

② 林协文《我国合作金库制度之检讨》，《广东省银行季刊》，1941 年第 1 卷第 3 期，第 232 页

③《成都市合作事业概况》，《成都市合作事业五年计划第一年业务计划书、合作事业概况、承放贷款、生产消费、合作促进小手工业办法》，成都市档案馆，第 38 全宗，第 7 目录，第 62 号，1942 年

市消费社向金融机关借款"因限期最多一年，资金运用比较困难"，[①]各乡镇社除"少数合社有银行活存往来、将每日结余现金及剩余资金存放银行外"，多数合社"均无银行往来，与合作金库多未发生关系"。[②]消费社的业务贷款也呈逐年下降趋势，由下表可见，开始远远落后于江苏、安徽、河北、甘肃等省；截至1948年底，四川贷款仅有一百多万元，占0.01%，即使将重庆市算入在内，仍只占到0.06%。

表7-4：各省市消费合作业务贷款统计表[③]

（1948年4月底）　　　　　　　　单位：国币千元

省份	贷款总额	省份	贷款总额
总计	10123761	台湾	—
江苏	204500	广东	—
浙江	871	广西	—
安徽	2309795	云南	2557764
江西	6492	贵州	—
湖北	461	辽宁	—
湖南	—	辽北	—
四川	1047	吉林	—
西康	2000	热河	—
河北	714305	绥远	—
山西	—	宁夏	—
河南	—	南京	4120453
陕西	—	北平	25237
甘肃	41450	青岛	24000
青海	11000	重庆	5386
福建	—		

同时，四川省政府对消费社的资金投入也逐渐减少，由下表可见，贷款额度远远少于信用、农业、供给社，其地位下降由此可见一斑。

---

① 王蕾《重庆市消费合作社之分析》，《工业合作》，1942年第3卷第6期，第49页
② 《重庆市各乡镇合作社调查总报告》，《合作业务通讯》，1943年第24—25期，第8页
③ 徐旭《合作与社会》，中华书局，1949年，第179—180页

表7-5：四川合作业务贷款比较表（1948年4月底）[①]

单位：国币千元

业务类型	贷款数额
农业生产	2288144
工业生产	—
运销	4110
供给	57453
消费	1047
公用	358
信用	38699
其他	769991
结欠总数	3159801

三、政府监管不力，管理人才缺乏

抗战爆发后，政府及主管机关颁定的一系列法规为消费社发展提供了制度性保护。然而，"国家的存在是经济增长的关键"，同时也是"经济衰退的根源"，[②] 当时或多或少存在政府执行力度不够、敷衍塞责的现象，假冒合作社的情况时有发生，如成都各区哥老会"多假合作，互助及口口团名义，各处开山立堂，每名索底金二十元，份金二元，而私人应收费用，亦复不少"，监管不力由此可见一斑。[③] 监管不力也表现在地方政府并未严格执行物价政策、反而徇私枉法大量囤积物资方面。当时川内"各县均有禁米出现，闻若干地方，米价仍极低，地方政府乃乘机以储公谷名义，从事大量囤积"。[④] 到1942年，四川省各县采取"阳奉阴违"的办法应付粮食管理办法，大多"不能彻底执行，贯彻到乡保，以致囤积的依然囤积，

---

① 徐旭《合作与社会》，中华书局，1949年，第179页

② ［美］道格拉斯·C.诺斯《经济史中的结构域变迁》，上海三联书店、上海人民出版社，1991年，第20页

③ 《中坝提倡春节节约》，《新新新闻》，1941年1月31日，第2版

④ 《米价暴涨又一因 各县假借名义大量囤积》，《新华日报》，1940年9月9日，第2版

隐匿的依然隐匿，规避的依然规避"。① 加之川内物资运输困难，成本过高"又不能与市面竞销"，平价机关"虽时有供应，然亦不能满足其需要"，直接导致"无货应市"。② 此外，监管不力还体现在强制认股、强制摊派方面。难怪成都市政府推进合作事业时，市民冷言相向，认为"只见其害，不见其益"，甚至连市参议会议员也有"'羞与再谈'之感"，一个重要原因即是"人事太不健全了，层层的舞弊，层层的剥削，摊派股款实是无孔不入"，市民因此认为合作社实际是"让多数人出钱，由少数人营利"，因此希望政府"勿挨户强迫摊股"。③

同时，资金挪用现象普遍存在又是监管不力的重要表现。资金有无挪用的判断标准是："（1）合作会计及司库是否独立，经理或理事主席是否兼管现金或司库；（2）司库是否经营商业及其商业规模之大小；（3）是否有银行存款往来，每日结余现金是否送存就近银行或合作金库；（4）司库是否为经理制家人或内亲；（5）进货员是否由专人负责职等。"按此标准对重庆市各乡镇社调查后发现："（1）少数合作社经理兼为司库出纳现金而经理本身又皆经营商业者；（2）少数合社司库虽然专人负责，然皆为经理之家人或内亲。"④ 经理家人或内亲兼任司库就为资金挪用提供了温床，由于各乡镇社管理者大多是小商业者，遇资金不足周转时则"由经理负责向外融通"，资金余剩亦"由经理货与外人，取还方便手续简单"，股金挪用现象"似属难免"，但一些合作社停业均因"股本为经理或司库挪用所致"，如山洞及海棠沟两社即是如此。当时股金挪用主要表现为两种情形，一是"暗中挪用即经理或司库将合社股款暂作其私人商店进货或其他用途"，二是"公开挪用股款一万元，司库挪用一万余元，无法赔出，经理躲避，而

---

① 《为实施粮食管理告川省同胞书》，秦孝仪《革命文献》第110辑，台北"中央"文物供应社，1987年，第118页

② 张攻非《重庆市合作社组织与指导》，《重庆合作》，1942年第1卷第3—4期，第6页

③ 《关于合作》，《新新闻》，1944年12月28日，第6版

④ 《重庆市各乡镇合作社调查总报告》，《合作业务通讯》，1943年第24—25期，第8页

致暂时停业改组"，① 这些情况的出现实为合作主管机关监管不力所致。

之所以出现政府监管不力，一个重要原因即是合作管理人才的缺乏。1943 年，陪都及迁建区消费社数量虽"增至六百余社"，但能经常性担任外勤者"仅三四人，且区域辽阔，实难普遍兼顾"，督导人员一年之内"约仅能到合作社二次而已"。② 合作讲习会、训练班培训的人才似乎难以满足消费社日益增长的人才需要。正因人才缺乏，乡镇社职员经常为乡绅、保镇长所把持。重庆市各乡镇社的理事"大都为当地副镇长兼任"，监事主席"大部为派出所所长兼任"，经理"由理事主席兼者，有另聘镇长兼任者"。③ 细言之，各镇消费社实是"警保人员在地方上居于实际领导的地位"，大多数合作社"每每和镇公所成为一体"，社职员"多由镇保负责人兼任，一切颇有听命于镇长或保长之势，几乎可以说是镇公所的附庸"。而镇保长却因"本身工作的繁重，无暇为合作社而努力"，加之"素质不齐，对合作社的态度也绝不一致"。一般而言，工作能力、管理水平低下的镇保长事实上难以根据市场变化进行合理的决策。根据镇保长对合作社的态度，可将其略分三类："一为把合作社工作当做例行公事，但求应付主管机关，根本不了解合作是什么；一为把合作当做做慈善事业，凭一时的热忱出来提倡，一遇打击，即不愿再干；一为把合作社当作生财的利器，以遂其假公济私的企图。"这些因素成为制约消费社发展的最大"障碍"。④ 当然，乡镇社筹备之初固能"得到镇保公所以政治力量之协助"，但缺点也更为明显，如观音岩合作社监事主席即因警局派出所所长担任而导致"停业历二月余"，镇保长究竟"是否对合作有认识及其有账务事业之热心，谅成问题"。⑤ 同时，公教系统消费社事实上也为公教系统内部职位较高者所

① 《重庆市各乡镇合作社调查总报告》，《合作业务通讯》，1943 年第 24—25 期，第 8 页

② 《陪都及迁建区消费合作社督导会议三十三年度工作计划》，《合作业务通讯》，1944 年第 26 期，第 28 页

③ 《重庆市各乡镇合作社调查总报告》，《合作业务通讯》，1943 年第 24—25 期，第 8 页

④ 曹海秋《六年来重庆市的消费合作社事业》，《消费合作》，1944 年第 1 卷第 2—6 期合刊，第 19—20 页

⑤ 《重庆市各乡镇合作社调查总报告》，《合作业务通讯》，1943 年第 24—25 期，第 10 页

控制。如有限责任中央信托局消费社理事会主席杨延森即是中央银行经理，其余五位理事职位分别由中央储蓄会副经理、中央银行营业主任、中央信托局出纳主任、中央信托局运输处主任、购料处技士、保险处主管员担任；监事会主席由中央信托局副理担任，其余四人为中央储蓄会经理、中央信托局文书主任、中央银行营业科副主任及中央信托局办事员。[①] 在通货膨胀的背景下，社职员可怜的薪金实际根本无法留住优秀的经营管理人才，也无法激发社职员的热情，如 1944 年，成都市各镇员工薪金经理为薪金 200 元，一级会计 160 元，二级会计 140 元，营业员 150 元，工役 30 元，还给予四、五、六市斗食米津贴与 400 元、200 元不等的战时津贴。[②] 但相较于飞涨的物价而言，几百元津贴补助实际上无力从根本上改善社职员的生活状况。

　　简而论之，四川消费社渐趋沉寂是多种因素综合作用的结果。大多数消费社普遍存在着成都市消费社所面临的问题："1. 资金过少，周转不灵；2. 必须物品除盐米外供给不常；3. 管理不善及营私舞弊尚有纯视为私人营业牟利者，且各社主持不得其人更善详细计划，廉价货品实少购入；4. 每区一社购买不便而区域过广，市民每因途远不愿往购。"[③] 此外，它还与社员合作意识淡薄密切相关，由于"风气未开"，民众"不知消费合作之利益，认股无多，资本既少不充，不能购买大宗物品"。[④] 重庆市各社社员对合作社"仍旧视为廉价物品的商店，不问自己对合作社尽过多少义务，偶不满足即掉头而去"，同时"常有对合作社恶意攻讦的事实"。[⑤] 国共全面

　　① 《中央信托局成都分局合作社社员名册呈报及市府指令》，成都市档案馆，第 38 全宗第 7 目录，第 273 号，1944 年

　　② 《市府关于提高合作社员工待遇、制定薪金标准的训令》，成都市档案馆，第 38 卷第 7 目录，第 12 号，1944 年

　　③ 《省市府关于合作金库筹备建立、登记证、纳股金、营业税、建立透支契约、紧急贷款、改进工作的指令、训令》，成都市档案馆，第 38 全宗，第 7 目录，第 180 号，1946—1947 年

　　④ 《省市府关于金库筹备、成立、登记、认购、退还股本、理监事选举、推行合作事业的训令、指令》，成都市档案馆，第 38 全宗，第 7 目录，第 258 号，1945—1947 年

　　⑤ 曹海秋《六年来重庆市的消费合作社事业》，《消费合作》1944 年第 1 卷第 2—6 期合刊，第 20 页

内战后期，川内各县市政府机关几乎完全瘫痪。1948 年 11 月 24 日，自贡市政府公务人员因物价飞涨、生活艰难而提出总辞职。12 月 3 日，市长赵世杰电告省政府宣布辞职。[1]1949 年 10 月，成都市民消费社社员认购股额不甚积极，大多久拖不缴。[2]1950 年，在成都市政府合作指导室、中央合作金库成都支库与市参议会、市商会、市政府、市合作金库、省合作联合社、农业公司、建设厅、棉纺织合作社、四川大学、工会、农民银行和成都支库等单位筹备成都市市民消费社时，入社社员"最多不过二十几人"，股金也"不过二十几块钱"，加因"时局紧张关系"，消费社事实上未能成立，股金因此不得不退还给社员，市消费社实际上完全成为"徒具招牌的一个空洞的、毫无经济的东西"；加之中央合作金库裁员命令"一再电达"，相关事务"不得不停顿下来"，同时也"不得不紧缩开支"。时人因此对市民消费社十分"失望"，认为与理想合作社"相差甚远"，强调这完全是"国民党整个合作政策的失败"。[3]重庆市联合社也因消费合作联合社、生产合作联合社"亏折过巨，无法继续经营"而不得不办理解散清算手续；乡镇社除东升镇、沙坪坝、大阳沟、石马河、黄桷垭等地"尚能维持"外，其余一律解散，[4]消费社日渐式微。

---

① 自贡地方志编撰委员会《自贡市志》，方志出版社，1997 年，第 47 页

② 《成都市市民消费合作社章程社员名册、股金收据及存根》，四川省档案馆，第 85 全宗，第 31 卷，1949 年

③ 《成都市市民消费合作社筹设概略》，《成都市市民消费合作社筹设概略发起人名单》，四川省档案馆，第 85 全宗，第 80 卷，1950 年

④ 《重庆市合作事业整理计划纲要》，《中央社会部市府本局关于推进合作事业的规定指示》（重庆市社会局），重庆市档案馆，0060*2*1195—2，1946—1949 年

结　语

　　抗战爆发后的四川消费合作社是国民政府为平抑物价、调剂物资、保持公教系统正常运转而倡导建立的经济组织，它是战时社会经济的重要组成部分，带有明显的自卫性、互助性与战时性特征。通过考察四川消费社的发展历程可以发现，消费社是在物资奇缺、物价飞涨的情势之下运营，受制于当时的社会经济环境，因此存在着诸多历史局限，但同时它也在一定程度上适应了社会政治经济的需要，具有重要的历史意义。

　　近代四川西方合作思想肇始于清末，兴盛于20世纪30年代初。抗战爆发后的四川消费社由于川政统一、游资增多、人才汇集等原因获得迅速发展。消费合作政策作为国民政府解决城镇公教系统、普通居民生活问题的重要经济政策，在运营过程中确立了民主运营原则与理监事制度。消费社社章规定，无论股金大小，每一社员仅有一票权，理监事由社员（代表）民主选举产生，解除职权由全体社员（代表）四分之三以上出席、出席社员（代表）三分之二以上同意方能解除，建立了比较完善的民主选举、议决、运营程序，同时还建立了登记制度、内部协商制度、盈余分配制度、会计制度等，这些制度性建构保证了消费社的正常运营。从治理结构上看，社内设有社员大会、理监事会，组织形式较为完备，职能分工明确，具有明显的现代性特征。在业务经营方面，消费社确立了现金交易、"由小而大"、避免竞争、诚实守信、"国货优先"等基本原则，又因重视广告宣传、提高营业员素质、开展合作竞赛、注重人才培养、发展公用与兼营业务，一些消费社效益提高明显，同时避免了中间商人的盘剥，降低了社员的生活成本，特别在"调剂物质、平抑物价、减轻职工生活负担，稳定工作情绪方面，稍微起了一些作用"。① 在战时恶劣的社会政治经济环境下，资金、人才十分缺乏的消费社取得这些成绩实属不易，一定程度上满足了城镇公教系统、普通居民最基本的物质生活需要，发挥了稳定社会秩序、支持抗战的协助性功效，因此应该给予充分肯定。与此同时，在战时市场经济不发达、民众合作意识淡薄的条件下，消费社之所以取得如此成绩，除了城镇居民自我需求这一动因之外，实际上还与国民政府的推动密切相关。国民政府的作用主要体现在两方面：第一，通过国家立法赋予消费社合法地位，为消费社运营提供了制度性保障，保证了消费社运营有法可依、有章可循；第二，制定物价政策、统制政策以及优惠政策为消费社发展提供了较好的政策环境，因此我们不能将政府的制度性规范简单地理解为行政的过度干预，而应视为政府在战时社会经济条件下采取的完全必要的经济举措，因此对其作用应给以充分肯定。

然而，国民政府自上而下推行的消费合作运动除存在人才缺乏、资金短缺等困难外，还明显存在着其他方面的局限与不足。首先，合作理论与现实国情之间的困境。近代知识分子对西方合作思想的介绍更多的是简单性移植，缺乏对中国运营环境的深刻思考。正如陈仲明所言，早期合作思想仅是"一种不加选择的外国货的转运贩卖工作，对国内社会经济实际情形的适应性，显然是非常不够的"。② 虽时人一再强调合作社"依然由自己来取求"，③ 应根据"国情与需要而产生"。④ 但并没有形成与中国国情相适

① 章国殷《四川合作金融的兴衰》，中国人民协商会议西南地区文史资料协作会议《抗战时期西南的金融》，西南师范大学出版社，1994年，第444页

② 陈仲明《民元以来我国之合作运动》，《民国经济史》，商务印书馆，1948年，第352页

③ 李放春《消费合作在中国应有的姿态》，《农村经济》，1936年第3卷第5期，第52页

④ 侯哲荛《合作化实验区组织方略》，上海社会书店，1934年，第5—6页

应的合作理论，反而对合作理论的意义进行了过度拔高，认为合作理论是"最和平的，最实际，最易实行的理论"，比"任何改革思想都取得了更普遍更现实的意义"，[①]强调合作运动是"自有史以来，世上所发现之各种社会运动，其在精神上与实力上有如合作运动若是之伟大者，殊不多见"。[②]然而，战时消费社是在市场经济不发达与民众合作意识相对淡薄的条件下推进的，理论上的过高期望与政府缺乏实践的矛盾严重制约了它的发展。其次，自主性不足，对政府依附性过强。由于乡镇长或地位较高者控制着重要职位，消费社无论是组建还是运营，均带有明显的"官办"色彩，一些机关消费社甚至沦为政府的附属经济组织。自主性丧失还体现在过度依赖金融机关贷款，因各社社股"俱属中小市民资金，既不充裕，周转向感不灵"，[③]转向金融机关贷款却颇受其制约，金融层面"依附"特性甚为明显。总之，政府既希望保持对消费社的直接控制，又希望充分发挥其自主经营效能，但在监管不力与指导不足的情况下，消费社实际在一定程度上形成了对政府的"依赖"，却并未形成对政府权力的博弈机制，社员的合理性诉求也因此没有得到应有的尊重。最后，惠及人群相对有限。消费社主要覆盖范围是城镇公教系统，普通民众"不能完全享受这供应处的幸福"，甚至连公务员也不能"购买这些相宜的东西"。[④]寿勉成也表示，一般民众未能享受到"合作社的利益"，"已经加入合作社的人，所得到利益也觉太小"。[⑤]事实上，"究竟有多少社会经济弱者在合作运动的开展下改善了生活，提高了地位，却是很难说，至改革社会经济的不良制度，矫正社会经济发展的不良倾向，那更是有心人的一种希望了"。[⑥]上述诸多不足形成的困境严重制约了消费社发展，并成为消费社走向失败的催化剂。整体而言，

---

① 李宗黄《新县制与合作》，《合作事业》，1941年第3卷第1—4期，第8页
② 朱朴《评合作运动》，《东方杂志》，1923年第20卷第5期，第60页
③ 《省市府关于合作金库筹备建立、登记证、纳股金、营业税、建立透支契约、紧急贷款、改进工作的指令、训令》，成都市档案馆，第38全宗，第7目录，第180号，1946—1947年
④ 《供应社的购买手续》，《新新新闻》，1942年4月18日，第8版
⑤ 寿勉成《中国合作经济建设的收获是什么》，《合作界》，1945年第16期，页码不详
⑥ 朱斯煌《民国经济史》，商务印书馆，1948年，第353页

消费社之所以失败，一方面由于政府初衷是保持公教系统正常运转，而非救济城镇普通民众，导致消费社缺乏民众基础而失败；另一方面，从外部运营环境来看，激烈的战事也制约了消费社的发展。1935年川政统一前，军阀之间连年混战；值此前后，国土大幅沦丧，经济破坏严重，物资极度奇缺。抗战胜利后的全面内战又消耗了大量人力财力，消费社在战火不断的社会经济环境下势难有广阔的发展空间。

综上所述，在战时动荡的社会政治经济环境下，消费社的短暂迅速发展一定程度上减轻了民众的生活负担，发挥了平抑物价、调剂物资的功效，特别在配合战时统制经济政策实施、稳定四川社会秩序方面成效显著，为抗战的胜利做出了巨大贡献，对此我们应给予充分的肯定。然而，由于国家的衰败、政党权威性的丧失以及政策性保护的解除，消费社实际无法在物资匮乏、资金严重不足、法规执行不力的窘境下保持持久运营，其功效的发挥自然也较为有限，这也决定了消费社势难从根本上改变城镇民众日益困苦的生活状态。随着国民党当局退踞台湾，四川消费合作社也随之黯然淡出历史舞台。

参考文献

（一）档案资料

1.《华洋义赈救灾总会四川分会 1938—1940 年农贷工作报告》，中国第二历史档案馆馆藏，中国华洋义赈救灾总会档，全宗号：573，案卷号：66

2.《成都市市民消费合作社章程社员名册、股金收据及存根》，四川省档案馆，第 85 全宗，第 31 卷，1949 年

3.《成都市市民消费合作社筹设概略》，四川省档案馆，第 85 全宗，第 80 卷，《成都市民消费合作社筹设概略发起人名单》，1950 年

4.《发起组织成都市第一市民消费合作社缘故》，四川省档案馆，第 85 全宗号，第 30 卷

5.《成都市市民消费合作社及筹备委员会股金收据存根、社员名册、发起组织成都市第一市民消费合作社缘故》，四川省档案馆，1949 年

6.《四川省合作事业管理处组织概况》，四川省档案馆，第 158 全宗，第 1 卷

7.《节约建国储金章程.中央信托局储蓄处》，四川省档案馆藏，历史资料6· 64/3，1939 年 8 月

8.《合作法规》，四川省档案馆馆

9.《关于消费合作社组织章程及有关事项》（四川水利局），四川省档案馆，第 162 全宗，第 2760 号，1941 年

10.《第二十二届国际合作节宣传大纲》，成都市档案馆，《成都国际电台消费合作社成立登记章程、业务计划、议决录、社员名册、图戳、支付预算呈报及市府指令》，民 38 全宗，第 7 目录，第 165 号，1944 年

11.《市戊寅消费合作社成立登记、章程及市府批示》，《保证责任成都市戊寅消费合作社章程草案》，民 38 全宗，第 7 目录，第 160 号，1938 年

12.《成都市合作讲习会暂行办法》，《合作讲习会受训暂行办法、计划书、收支预算、报告书、章程、〈合作法规纲要〉听取须知及省府训令指令》，成都市档案馆，第 38 全宗，第 7 目录，第 65 号，1942—1944 年

13.《四川省物价平准处组织规程》，成都市档案馆，第 32 全宗，第 1 目录，第 13 号

14.《市府关于成立机关员工、消费合作社、联合社派员指导的便函、呈报公函、会议记录》，成都市档案馆，第 38 全宗，第 7 目录，第 181 号，1943—1944 年

15.《合作问答》，成都市档案馆，第 38 全宗，第 7 目录，第 86 号，1936—1946 年

16.《省市府对公教消费合作社立案、取缔非法合作社、不送登记表、免征营业税呈报的训令、指令》，成都市档案馆，第 38 全宗，第 7 目录，第 20 号，1939—1941 年

17.《成都市合作讲习会章程》，《合作讲习会受训暂行办法、计划书、收支预算、报告书、章程、〈合作法规纲要〉听取须知及省府训令指令》，成都市档案馆，第 38 全宗，第 7 目录，第 65 号，1942—1944 年

18.《成都公商车辆调配所合作社立案章程、登记、调查表、议决录、社员名册、申请准购证的呈文及市府指令》，成都市档案馆，第 38 全宗，第 7 目录，第 195 号，1944 年

19.《〈合作法规纲要〉听取须知及省府训令指令》，成都市档案馆，第

38 全宗，第 7 目录，第 65 号，1942—1944 年

20.《成都市各镇保送合作讲习会听讲学员各类表》，《合作讲习会受训暂行办法、计划书、收支预算、报告书、章程、<合作法规纲要>听取须知及省府训令指令》，成都市档案馆，第 38 全宗，第 7 目录，第 65 号，1942—1944 年

21.《成都市合作讲习会听讲学员成绩表》，《合作讲习会受训暂行办法、计划书、收支预算、报告书、章程、<合作法规纲要>听取须知及省府训令指令》，成都市档案馆，第 38 全宗，第 7 目录，第 65 号，1942—1944 年

22.《第三区合作社理事主席辞职的呈报及市府指令》，成都市档案馆，第 38 全宗，第 7 目录，第 290 号，1946 年

23.《省市府关于金库筹备、成立、登记、认购、退还股本、理监事选举、推行合作事业的训令、指令》，第 38 全宗，第 7 目录，第 258 号，1945—1947 年

24.《省农村合作委员会关于筹办合作金库、召开理事会、筹备经过几展望的函与省市府训令》，成都市档案馆，第 38 全宗，第 7 目录，第 221 号，1936 年

25.《省市府关于合作金库筹备建立、登记证、纳股金、营业税、建立透支契约、紧急贷款、改进工作的指令、训令》，成都市档案馆，第 38 全宗，第 7 目录，第 180 号，1946—1947 年

26.《有限责任四川省成都市合作金库章程》（1946 年 3 月 1 日社员大会通过），《市合作金库立案章程、登记业务计划、通汇及委托代理收解款项合约、股本清册呈报及市府指令》，成都市档案馆，第 38 全宗，第 7 目录，第 218 号，1946 年

27.《推进本市生产与消费事业办法》，《成都市合作事业五年计划第一年业务计划书、合作事业概况、承放贷款、生产消费、合作促进小手工业办法》，成都市档案馆，第 38 全宗，第 7 目录，第 62 号，1942 年

28.《省合作事业管理处合作社联报单、专营理由书、各社登记表、职员调查表、呈报及省市府训令、指令》，成都市档案馆，第 38 全宗，第 7 目录，第 373 号，1942—1944 年

29.《市邮政储汇局消费合作社检寄章程、法令、社员可否加入另一合作的公函及市府复函》，成都市档案馆，第 38 全宗，第 7 目录

30.《有限责任四川省成都市消费合作社联合社章程》，《成都市消费合作社联合社变更登记创社记录章程、社员名册的呈报及省市府指令、训令》，成都市档案馆，第 38 全宗，第 7 目录号，第 84 号，1936—1944 年

31. 成都市档案馆，第 38 全宗，第 7 目录，第 86 号，1936—1946 年

32.《成都干训所合作人员讲习会三十三年报告书、讲师简历学员年龄、职务、成绩、学籍统计表、名册、测验题》，成都市档案馆，第 38 全宗，第 7 目录，第 284 号，1944 年

33.《川康盐管局府岸盐务处职工消费合作社登记、调查表、章程、名册、会议程序业务计划、预算书、印模、日用图记的呈报及市府指令》，成都市档案馆，第 38 全宗，第 7 目录，第 182 号，1942 年

34.《成都市合作事业概况》，《成都市合作事业五年计划第一年业务计划书、合作事业概况、承放贷款、生产消费、合作促进小手工业办法》，成都市档案馆，第 38 全宗，第 7 目录，第 62 号，1942 年

35.《中央信托局成都分局合作社社员名册呈报及市府指令》，成都市档案馆，第 38 全宗，第 7 目录，第 273 号，1944 年

36.《市府关于提高合作社员工待遇、制定薪金标准的训令》，成都市档案馆，第 38 卷，第 7 目录，第 12 号，1944 年

37.《市府关于各区保合作社透支借款的数量分配表、办理原则、借据的训令、指令》，成都市档案馆，第 38 全宗，第 7 目录，第 288 号，1946 年

38.《修立物价调整委员会实施平价合作事业管理处推进消费合作工作联系办法》（1941 年 5 月 24 日公布），成都市档案馆，第 32 全宗，第 1 目

录，第 13 号，1941 年

39.《成都市合作讲习会听讲学员入会须知》，《合作讲习会受训暂行办法、计划书、收支预算、报告书、章程、〈合作法规纲要〉听取须知及省府训令指令》，成都市档案馆，第 38 全宗，第 7 目录，第 65 号，1942—1944 年

40.《重庆市合作事业整理计划纲要》，《中央社会部市府本局关于推进合作事业的规定指示》（重庆市社会局），重庆市档案馆，0060*2*1195—2，1946—1949 年

41.《重庆市各合作社办理社员讲习会暂行办法》，《关于社会局训令、消费合作社联席会议记录、国民党重庆执行委员会指令、呈报社员名单、总务股办事细则、申请配购物品清单的文件》（中国植物油料厂重庆办事处），重庆市档案馆，0271*1*167，1942 年 4 月—1943 年

42.《关于社会局训令、消费合作社联席会议记录国民党重庆执行委员会指令、呈报社员名单、总务股办事细则、申请陪购物品清单的文件》（重庆植物油厂重庆办事处），重庆档案馆，0271*1*168，1942—1943 年

43.《钢铁迁建委员会消费合作社章程草案》，《关于职工消费合作社营业问题即其业务概况与立法请求加价盖顶营业时间》，重庆市档案馆，080182*1*408

44.《中国合作事业协会陪都及迁建区机关消费合作社联系会议简则》，《关于社会局训令、消费合作社联席会议记录国民党重庆执行委员会指令、呈报社员名单、总务股办事细则、申请陪购物品清单的文件》（重庆植物油厂重庆办事处），重庆市档案馆，0271*1*168，1942—1943 年

45.《重庆市消费合作社联合社借款规定及向合作社金库贷款合同与债务等问题》（三），重庆市档案馆，第 0060 全宗号，第 2 目录，第 1220 号 1944—1949 年

46. 重庆市档案馆，《采矿股、机电股、帐务股、会计室等有关文件、矿桐公路通车报告、矿与交通银行互函矿公司员工消费合作社章程》，重

庆档案馆，0247*1*18，1943—1945 年

47.《重庆市社会局、中央合作金库四川分库共同辅导重庆市各合作社联席办法》，《中央社会部市府本局关于推进合作事业的规定指示》（重庆市社会局），重庆市档案馆，0060*2*1195—2，1946—1949 年

48.《重庆市消费合作社联合社对社员社贷放盐款规则》，《重庆市消费合作社联合社借款规定及向合作金库贷款合作与债务等问题（一）》（重庆市社会局），重庆市档案馆，0060*2*1218，1944—1949 年

49.《重庆市消费合作社联合社向市合作金库介入中农行转贷紧急贷款国币八千万元运用结果报告及偿还计划》（1946 年 6 月 15 日），重庆市图书馆，1946 年

50.《三十一年度党务工作总报告》，《国民党重庆市执行委员会档》，重庆市档案馆，0051*2*679*22，1942 年

（二）硕博论文

1. 谷秀青《近代农村信用合作社的制度分析（1928—1940 年）》华中师范大学，2005 年硕士论文

2. 孙少柳《南京国民政府的农村合作运动与乡村社会变迁研究》湖南师范大学，2007 年硕士论文

3. 郗玉松《国民政府的农村合作运动研究——以乡村借贷关系的变动为中心》广西师范大学，2006 年硕士论文

4. 闵帅《近代两种农业合作运动之比较研究》湘潭大学，2003 年硕士论文

5. 李莉《南京国民政府时期农村合作运动研究——以农村金融合作为中心》南京师范大学，2002 年硕士论文

6. 雷芳《论南京国民政府的农村合作运动》河南大学，2002 年硕士论文

7. 侯春华《论抗日根据地的农业互助合作运动》郑州大学，2007 年硕

士论文

8. 张永刚《试论抗日战争时期晋察冀边区的合作社经济》河北大学，2003 年硕士论文

9. 周铁军《民国时期江苏省农村合作运动发展研究》南京农业大学，2008 年硕士论文

10. 万勇《民国时期安徽的农村合作运动——以和县乌江为中心的个案分析》安徽大学，2007 年硕士论文

11. 魏本叔《近代江西农村合作运动述论》江西师范大学，2003 年硕士论文

12. 王辉秀《二十世纪三四十年代四川省三台县合作社研究》四川师范大学，2006 年硕士论文

13. 成功伟《抗战时期川省农村合作运动研究》四川大学，2004 年硕士论文

14. 李玉敏《民主革命时期国共两党合作社经济政策比较研究》东北师范大学，2007 年博士论文

15. 朱永《中国早期的合作经济思想：1918—1937》北京大学，2000 年博士论文

16. 张士杰《近代农村合作经济的理论与实践研究（1918—1937）》南京农业大学，2008 年博士论文

17. 刘秉龙《中国合作经济研究》中央民族大学，2006 年博士论文

（三）论著

1. 重庆市档案馆、重庆师范大学合编《中华民国战时首都档案文献》第三卷《战时社会》，重庆出版社，2008 年

2. 重庆市地方志编纂委员会总编辑室《重庆市志》第一卷，四川大学出版社，1992 年

3. 赵泉民《政府·合作社·乡村社会——国民政府农村合作运动研究》

上海社会科学院出版社，2007 年

4. 廖洪《新编会计制度设计》，中国审计出版社，1997 年

5. 于玉林《现代会计结构论》，东北财经大学出版社，1997 年

6. 赖建诚《近代中国的合作经济运动——社会经济史的分析》，正中书局，1990 年

7. 赖建诚《中国合作经济运动在不同政权管辖区内的特质比较：1912—1949》，"中央研究院"近代史所编《近代中国区域史研讨会论文集》（上册），台北，1986 年

8. 全国供销合作社总社编《中国供销合作社史料选编》（第三辑），中国财政经济出版社，1991 年

9. 中国第二历史档案馆编《中华民国史档案资料汇编》第五辑第一编，财政经济（七）、（八），江苏古籍出版社，1994 年

10. 严芬芬主编《合作经济理论与实务》，北京出版社，1990 年

11. 李铁桥《消费与生活——消费合作运动》，中国工人出版社，1993 年

12. 周开庆《民国川事纪要》，台北四川文献研究社，1974 年

13. 朱汇森《中华民国史纪要》，台北"国史馆"，1989 年

14. 周勇《重庆：一个内陆城市的崛起》，重庆出版社，1989 年

15. 贾秀岩、陆满平《民国价格史》，中国物价出版社，1992 年

16. 孔敏等编《南开经济指数资料汇编》，中国社会科学出版社，1988 年

17. 张公权《中国通货膨胀史》，文史出版社，1986 年

18. 四川地方志编撰委员会编《四川省志·供销合作社志》，北京方志出版社，1997 年

19. 中国人民政治协商会议西南地区文史资料协作会议《抗战时期西南的金融》，西南师范大学出版社，1994 年

20. 罗伯特·A. 柯白《四川军阀与国民政府》，四川人民出版社，1985

年

21. 匡珊吉、杨光彦主编《四川军阀史》，四川人民出版社，1991 年

22. 抗日战争时期国民政府财政经济战略措施研究课题组编《抗日战争时期国民政府财政经济战略措施研究》，西南财经大学出版社，1985 年

23. 侯德础《抗日战争时期中国高校内迁史略》，四川教育出版社，2001 年

24. 候德础《论抗战时期的川省工业》，《抗日战争史论丛》，四川大学出版社，1985 年

25. 重庆市沙坪坝区地方志办公室编《抗战时期的陪都沙磁文化区》，科学技术文献出版社重庆分社，1989 年

26. 刘仲文《会计理论与会计准则问题研究》，首都经济贸易大学出版社，2000 年

27. 郭道扬《会计史研究》第二卷，中国财政经济出版社，2004 年

28. 蒋建平、柳思维编《中国近代经济史问答》，广西人民出版社，1986 年

29. 杨培新《旧中国的通货膨胀》，人民出版社，1985 年

30. 杨光彦主编《重庆国民政府》，重庆出版社，1995 年

31. 彭明主编《中国现代史资料选辑》第五册（1937-1945）（下），中国人民大学出版社，1989 年

32. 道格拉斯·C.诺斯.《经济史中的结构域变迁》，上海三联书店、上海人民出版社，1991 年

33. 自贡地方志编撰委员会编《自贡市志》，方志出版社，1997 年

34. 秦孝仪主编《革命文献》，《抗战前国家建设史料（二）》，台北"中央"文物供应社，第八十五、八十四辑，1976 年

35. 秦孝仪主编《革命文献》第 110 辑，台北"中央"文物供应社，1987 年

36. 郭铁民《中国合作经济发展史》上册，当代中国出版社，1998 年

37. 张允侯等编《五四时期的社团》（四），三联书店，1979 年

38. 四川省地方志编纂委员会编纂《四川省省志.综合管理志》，方志出版社，2000 年

39. 中国第二历史档案馆编《中华民国史档案资料汇编》第五辑第二编，江苏古籍出版社，1994 年

40. 杨德寿主编《中国供销合作社史料选编》第三辑，中国财经出版社，1986 年

41. 荣孟源主编《中国国民党历次代表大会及中央全会资料》（上下），光明日报出版社，1985 年

42. 蒋玉珉《合作经济思想史论》，安徽人民出版社，2008 年

43. 张绍俊《马克思主义合作制思想发展史》，中国商业出版社，1989 年

44. 米鸿才《合作社发展简史》，中央党校出版社，1988 年

45. 马振铭、高兴华《合作经济运行学》，青岛海洋大学出版社，1991 年

46. 吴易风《空想社会主义经济学说简史》，商务印书馆，1975 年

47. 冀甫译，贞戈校《傅立叶选集》第四卷，商务印书馆，1964 年

48. 傅立叶《傅立叶选集》第三卷，商务印书馆，1982 年

49. 柯象峯等译《欧文选集》上卷、下卷，商务印书馆，1965 年

50. 白东明《空想社会主义者代表著作评价》，吉林人民出版社，1984 年

51. 蒋自强、张旭昆、袁亚春、王如芳《经济思想通史》（第二卷），浙江大学出版社，2003 年

52. 杨坚白主编《合作经济学概论》，中国社会科学出版社，1992 年

53. 马林卡夫《论空想社会主义》，北京大学出版社，1987 年

54. 吴藻溪《近代合作经济史》上册，棠棣出版社，1950 年

55. 陈岩松《中华合作事业发展史》（上册），商务印书馆，1983 年

56. 迟孝先《中国供销合作社史》，中国商业出版社，1988 年

57. 秦孝仪主编《中华民国经济发展史》第二册，近代中国出版社，1983 年

58. 俞可平主编《治理与善治》，社会科学文献出版社，2000 年

59. 重庆市档案馆编《抗日战争时期国民政府经济法规》上册，档案出版社，1992 年

60. 清庆瑞主编《抗战时期的经济》，北京出版社，1995 年

61. 王世颖《合作主义通论》，世界书局，1929 年

62. 王世颖《农村经济及合作》，黎明书局，1934 年

63. 陈仲明《合作经济学》，中国合作经济研究社，1947 年

64. 于树德《消费合作社之理论与实际》，中华书局，1932 年

65. 陈仲明、罗虔英《合作经济学》，中国合作经济研究社出版社，1947 年

66. 钱然编《合作主义纲要》，上海法学社，1929 年

67. 王云五主编，王效文著《万有文库第一集——一千种消费合作》，商务印书馆，1929 年

68. 寿勉成、郑厚博编《中国合作运动史》，正中书局，1937 年

69. 孙中山《中山全书》三册，上海大中书局，1928 年

70.《十年来的中国合作运动》，1937 年

71. 侯哲莽《合作运动之理论与实际》，太平洋书店，1929 年

72. 王志莘《合作运动》，《中国经济年鉴》，商务印书馆，1936 年

73. 章元善《合作与经济建设》，商务印书馆，1938 年

74. 梁漱溟《梁漱溟集》，群言出版社，1933 年

75. 章元善《合作行政》第九集，1936 年

76. 寿勉成《中国合作经济政策》，出版地、出版年不详

77. 许昌龄《四川合作事业概览》，四川省合作事业管理处，1941 年

78. 伍玉璋《中国合作运动小史》，中国合作学社，1929 年

79. 谢扶民编著《中华民国立法史》，正中书局，1948 年

80. 王武科《战时合作事业》，正中书局，1941 年

81. 屠绍祯《消费合作之经营》，正中书局，1947 年

82. 侯哲葊《合作理论》，黎明书局，1937 年

83. 侯哲葊《消费合作经营论》，太平洋书店，1930 年

84. 王武科《战时合作事业》，正中书局，1948 年

85. 王世颖、林嵘合编《合作法规》，大东书局，1947 年

86. 章元善《合作与经济建设》，商务印书馆，1938 年

87. 徐旭《合作与社会》，中华书局，1949 年

88. 陈仲明、罗虔英《世界大战中各国合作运动总检阅》，合作供销月刊社，1943 年

89. 陈维藩《消费合作之研究》，上海教育日报馆，1936 年

90.《消费合作社业务执行规则》，《消费合作与供给合作应用书表》，四川省农村合作委

91. 社会部合作事业管理局编《现行合作法规汇编》，1942 年

92. 中国合作事业协会编《抗战以来之合作运动》，中国合作事业协会出版，1946 年

93. 四川省农村合作委员会编《合作指导手册》，1937 年

94.《社会部合作事业管理局全国合作社物品供销处第三期处务报告》，1943 年

95. 中国合作学社编《中国之合作运动》，黎明书局，1947 年

96. 郑厚博《中国合作运动之研究：中国之合作运动》，农村经济月刊社，1936 年

97. 王世颖《合作运动》，弘文印书局，1928 年

98. 喻志东《我国工业合作运动》，黎明书局，1930 年

99. 季德著，吴克刚编译《俄国合作运动》，商务印书馆，1931 年

100. E.W Hough 著，赵恩廊译《印度合作运动》，商务印书馆，出版

年不详

101. 侯哲葊《农村合作运动》，黎明书局，1931 年

102. 斯密斯·戈登著，王世颖译《丹麦合作运动》中国合作学社，1929 年

103. 爱琳诺霍芙《印度合作运动》，长沙商务印书馆，1939 年

104. 卫惠林译《世界合作运动》，民智书局，1929 年

105. 朱朴《评合作运动》，南华丛书社，1931 年

106. 尹树生《世界合作运动史》中华书局，1937 年

107. 万行浩、谭天愚《世界合作运动百年史纲》合作与农村出版社，1945 年

108. 张辅良《国际智识合作运动史》，商务印书馆，1929 年

109. J.P Warbasse《合作运动与世界改造》，中央合作金库，1948 年

110. 苏淮特别区合作社联合会编《合作运动辅导者必携》，苏淮特别区合作社联合会，1943 年

111. 吴克刚《法国合作运动史》，商务印书馆，1933 年

112. 王世颖译《世界合作运动鸟瞰》第二版，中国合作学社，1929 年

113. 童玉民《合作运动纲要》，新学会社，1931 年

114. 方显廷《中国之合作运动》，南开大学经济学院，1934 年

115. 日本评论社编《日本之合作运动》，正中书局，1933 年

116. 张镜予《中国农村信用合作运动》，商务印书馆，1930 年

117. 陶番姆（Topham,E.）、霍乌（Hough,J.A.）著，章元善译《英国合作运动》商务印书馆，出版年不详

118. 胡品芳、程芳译《意大利合作运动》，民智书局，1930 年

119. 王志薪编著《印度农村合作运动》，黎明书局，1933 年

120. 王云五主编《东方文库续编.现代合作运动》，商务印书馆，1933 年

121. 卢广绵《半年来西北区工业合作运动的开展》，中国工业协会西

北区办事处出版，出版不详

122. 寿勉成《合作与国民经济建设》，中央训练团党政训练班，1943 年

123. 季德著，吴克刚译，何炳松等主编《英国合作运动史》，商务印书馆，1931 年

124. 中国国民党中央执行委员会宣传部《合作运动宣传纲要》，《民国丛书》编辑委员会，1929 年

125. 都德·班色著，彭师勤译《班色论合作主义》，合作与农村出版社，1943 年

126. 王振武编《合作概要》，商务印书馆，1947 年

127. 泽村康著，唐易庵、孙九录译《苏俄合作制度》，商务印书馆，1935 年

128. 寿勉成《中国合作经济问题》，正中书局，1938 年

129. 徐渊若编著《日本之农村合作与农业仓库》，商务印书馆，1936 年

130. "行政院新闻局"编《一年来的我国合作事业》，出版社、出版地不详

131. 侯哲葊《合作运动之理论与实际》，太平洋书店，1929 年

132. 许心武译《建筑合作运动》，民智书局，出版年不详

133. 社会部合作事业管理局编《合作行政》，中央训练委员会，1943 年

134. 王效文《消费合作》，商务印书馆，1929 年

135. 侯厚培《消费合作浅说》，中国合作学社，1929 年

136. 王效文编译《消费合作纲要》，商务印书馆，1924 年 4 月初版、1926 年 6 月再版

137. 社会部合作事业管理局编《消费合作簿记》，中华书局，1947 年

138. 本位田祥男著，林骙、唐敬杲编译《消费合作运动》，商务印书馆，1924 年

139. 奥本松治著，孟昭杜编译《日本消费合作年表》，汉口国华印务公司，1934 年

140. 第三战区合作社物品供销联合办事处《怎样组织消费合作社》第三战区合作社物品供销联合办事处，出版年不详

141. 陈维藩《消费合作之研究》，上海教育日报馆，1936 年

142. 侯哲莽《消费合作原理》，大东书局，1929 年

143. 吴藻溪《消费合作经营论》，农村科学出版社，1940 年

144. 章鼎崎《消费合作社发票制度之研究》，中国合作学社，1933 年

145. 基特著，郭竞武编译《农业合作》，商务印书馆，1931 年

146. 基特著，楼同荪、于能模编译《消费协社》，商务印书馆，1927 年

147. 重庆市社会局编《重庆市合作事业一览》，重庆市社会局，1940 年

148. 成功伟等《合作组织与乡村社会：民国时期四川农村合作运动研究》，四川大学出版社，2017 年

（四）报刊

《东方杂志》《现代评论》《合作月刊》《合作事业》《重庆合作》《新新新闻》《消费合作》《四川省合作通讯》《四川合作》《成都市政府月刊》《新青年》《现代评论》《合作讯》《农村合作》《平民》《民众教育月刊》《合作界》《中央周刊》《陆军经理杂志》《社会导报》《工业合作》《农放月刊》《中央日报》《合作评论》《合作供销》《沙坪坝消费合作社三周年纪念特刊》《工作周讯》《四川合作金融季刊》《四川建设》《合作业务通讯》《合作生活》《盐务月刊》《西北合作》《成都市政府公报》《征信新闻》《新华日报》《西南实业通讯》等。

（五）期刊论文

1. 吴正详《安源路矿工人消费合作》《金融博览》，2007 年第 7 期

2. 王卫斌《苏区消费合作社与红色股票》《党史文苑》，2009 年第 21 期

3. 周重礼《闽浙赣省苏区的红色股票》《党史纵横》，2004 年第 4 期

4. 周重礼《七十年前的"红色股票"》《档案与史学》，2004 年 4 期

5. 谨言、中流《土地革命战争时期闽西根据地消费合作社》《福州大学学报》，1996 年第 2 期

6. 陈意新《二十世纪早期西方合作主义在中国的传播与影响》《历史研究》，2001 年第 6 期

7. 赵泉民《"主义"话语与 20 世纪中国合作经济思潮的兴起》《东方论坛》，2005 年第 1 期

8. 柳镛泰《农民协会和合作社：走向民粹主义》《1920 年代的中国"国际学术研讨会论文集》，2004 年

9. 毛传清《论五四前后合作主义在中国的传播》《华中师范大学（哲学社会科学版）》，1997 年第 11 期

10. 刘宝联《闽西第一个消费合作社》《福建党史月刊》，1985 年第 5 期

11. 岳谦候等《1930 年代中国农村合作运动讨论中的合作社兼营问题——以《大公报》所刊文章为素材的一个考察》《中国经济史研究》，2009 年第 1 期

12. 李仲明、刘丽《抗战时期中国高校的内迁》《文史精华》，1995 年第 7 期

13. 陈雷、戴建兵《统制经济与抗日战争》《抗日战争研究》，2007 年第 2 期

14. 朱丹彤《抗战时期重庆的人口变动及影响》《重庆交通大学学报（社科版）》，2007 年第 3 期

后　记

　　本书初稿完成于 2010 年，主体部分是我的博士论文，随后被纳入国家社科基金重大专项，并在此基础上了进行了较大修改。2010 年博士毕业距今已经十一年，在即将公开出版之际，回忆过往，点滴依然清晰。记得最初本想作北洋外交，但由于种种原因而最终放弃，因此焦虑不安而一度失眠。现在回想起来颇有几分云淡风轻，但当时的压力却是非常真实，个中压力至今仍记忆犹新。毕竟作为一个家境一般的农村娃，当时最迫切的希望就是按期毕业，能尽快为家里减轻负担。几经周折后选择了这个区域性较强的题目作为论文选题，随即奔波于成都、重庆和北京等地搜集相关资料，然后回到川大东八舍进行资料整理和框架构思，经过反复修改后最终形成定稿、完成答辩，十一年之后公开出版算是对自己这段岁月一个交待。

　　回想读博期间，最应感谢的是我的指导老师陈廷湘先生，先生治学严谨、学识广博、谦逊随和，三年里的言传身教让学生体会到了"学高为师，身正为范"真正的含义。先生虽事务繁忙，仍抽空悉心指导学生论文，无论从论文选题、资料收集撰写，还是整体谋篇布局、文字细节，都凝结了先生大量心血。感谢鲍成志老师、邓丽老师、韩小琴老师、蒲志芬老师，平时诸多麻烦之事，各位老师都热情办理。感谢我的硕士生导师云南大学高整军教授，学生虽已离云大多日，老师仍时常挂念学生论文与生活，经常的开导与鼓励让学生豁然开朗。

感谢师兄师姐与同窗好友，正因他（她）们的热情帮助，让我收获了诸多感动。感谢潘洵师兄、刘洪彪师兄、王友平师兄、鲁克亮师兄、成功伟师兄、周鼎师兄以及刘力师姐、罗玲师姐、杜乐秀师姐、周楠师姐给予的鼓励和帮助；感谢好友陈宾、温智、龚义龙、刘春、聂春燕、李浩、张强、刘昕杰、瞿巍，虽平时大家忙于资料收集与论文撰写，但每次聚会交流的场景仍历历在目！感谢好友任宣羽、高乃云、汤鹏主、王永生平时的鼓励与关心，学习之余的交流与短暂游玩让枯燥的学校生活多了几分快乐与感动！特别感谢现任职于四川大学的黄博、深圳大学的叶亢，正因两位本科同学的不断鼓励和复印邮寄资料，论文才得以顺利完成。

在查阅档案、收集资料过程中，四川省档案馆、成都市档案馆、重庆市图书馆、重庆市档案馆、四川大学图书馆、四川大学历史文化学院资料室、四川师范大学图书馆的工作人员提供了各种便利，在此表示衷心感谢。

感谢西南大学马克思主义学院，正因学院的慷慨解囊，拙著才能顺利出版。感谢九州出版社认真负责的编辑老师，正是因为他们的编校设计与修改润色，让拙著增色不少。

最后，谢谢含辛茹苦的父母在生活和学习上给予我极大的关爱和支持！感谢远在他乡的姐姐，尽管工资微薄，仍一直支持弟弟完成学业。感谢我的爱人肖姮姮女士，正因为她的宽容与支持，自己才有时间专心于学业；感谢爱子熊正的到来，活泼可爱的小朋友让自己的生活多了几分情趣，更多了一份牵挂、期待与责任。亲情、友情永远是支撑自己不断向前的动力。

熊　斌

2021 年 9 月写于重庆北碚